貴州省第一至五批國家珍貴古籍名録圖録

貴州省圖書館　編

國家圖書館出版社

圖書在版編目（CIP）數據

貴州省第一至五批國家珍貴古籍名録圖録 / 貴州省圖書館編.
-- 北京 : 國家圖書館出版社, 2018.7
ISBN 978-7-5013-6467-1

Ⅰ. ①貴… Ⅱ. ①貴… Ⅲ. ①古籍－善本－圖書目録－貴州
Ⅳ. ①Z838

中國版本圖書館CIP數據核字(2018)第147448號

書　　名　**貴州省第一至五批國家珍貴古籍名録圖録**

著　　者　貴州省圖書館　編

責任編輯　王燕來

設　　計　愛圖工作室

出　　版　國家圖書館出版社（100034 北京市西城區文津街7號）
（原書目文獻出版社　北京圖書館出版社）

發　　行　010-66114536　66126153　66151313　66175620
66121706（傳真）　66126156（門市部）

E-mail　nlcpress@nlc.cn（郵購）

Website　www.nlcpress.com → 投稿中心

經　　銷　新華書店

印　　裝　北京中華兒女印刷廠

版　　次　2018年7月第1版　2018年7月第1次印刷

開　　本　889 × 1194（毫米）　1/16

印　　張　13

字　　數　200千字

書　　號　ISBN 978-7-5013-6467-1

定　　價　260.00圓

編纂委員會

前　言

古籍文獻乃人類文明之瑰寶，是文化得以傳承之憑介。貴州省擁有卷帙繁富的漢文古籍和少數民族古籍，體現了未曾中斷的本土文化傳承脉絡，展示了貴州特有的“多元一體”、五彩繽紛、和諧共生的文化形態。

古籍普查登記的資料顯示，已知貴州省古籍藏量爲 26 萬餘册。在國務院批准公布的第一至五批《國家珍貴古籍名録》中，貴州省共有 16 家古籍收藏單位和個人的 171 部珍貴古籍入選，其中漢文古籍 33 部，少數民族文字古籍 138 部。這些珍籍善本中有唐宋寫本、元明刻本、明代孤本和西南名儒鄭珍、莫友芝、黎庶昌等人的稿抄本，還有極具貴州民族特色的彝文、水文、布依文珍貴古籍。

貴州省入選《國家珍貴古籍名録》的唐寫本《大般涅槃經》《大般若波羅蜜多經》、宋寫本《大般若波羅蜜多經》《放光摩訶般若波羅蜜經》、宋刻元遞修本《新編方輿勝覽》、元明遞修本《通志》、明代孤本《黄石公素書》《新刻武學經史大成》、清代孤本《新雕校證大字白氏諷諫》、清稿本《影山詞》等珍稀漢文古籍，均具有重要的歷史文物性、學術資料性和藝術代表性。

貴州省是多民族、多文化匯合交流之地，文化内涵有豐富性和多彩性。貴州省本土文化悠久而獨特的發展歷史，使得貴州省的古籍更具有鮮明的地方特色和民族特色。貴州省的漢文古籍具有鮮明獨特的地域特色和豐富多彩的文化價值内涵，這些古籍記録了貴州省各時期政治、經濟、文化和社會各方面發展演進的足迹，是先賢留給今人的一份珍貴而厚重的文化遺産。

在貴州省歷史發展的長河中，各少數民族創造了光輝燦爛的民族文化，留下了卷帙浩繁的文獻典籍。目前貴州省入選《國家珍貴古籍名録》的古籍中，少數民族文字古籍占了 80.7%，這充分説明民族古籍是貴州省古籍文獻收藏的特色和重點。清嘉慶年間彝文抄本《嫁歌歌詞集》；清水文古籍抄本《水西制度》

《六十龍備要》《吉星》《沏金·紀日》；清嘉慶布依文抄本《盤古前皇》、清咸豐布依文抄本《掌訣》、清同治布依文抄本《修橋補路》、清光緒布依文抄本《架橋還願》等均爲獨特和稀有的民族文化瑰寶，不僅對民族歷史、語言、藝術、習俗和宗教等方面的研究都有重要參考價值，而且對於研究貴州省歷史、西南歷史乃至中華遠古文明具有不可替代的作用。

"睹喬木而思故家，考文獻而愛舊邦"。在貴州省古籍保護中心成立十周年之際，貴州省圖書館將全省入選第一至五批《國家珍貴古籍名録》的存世珍品，以圖録的形式影印出版，讓蘊含在典籍中的文化基因和歷史智慧爲世人所用，使多彩的貴州民族文化得以傳承發揚，讓珍稀古籍化身千百，爲社會所共用。

編 者

2018 年 6 月

凡　例

一、收録範圍：本書收録貴州省各古籍收藏者所藏的，入選經國務院審批頒布的第一至五批《國家珍貴古籍名録》的古籍。

二、編排次序：漢文古籍部分按照經、史、子、集分類排列，各類之中，又按版本時間順序排列；民族古籍部分按照文種排列，各文種之中，又按版本時間順序排列。

三、著録内容：每種古籍著録《國家珍貴古籍名録》序號、書名、著者、版本、版框（或開本）尺寸、行款、收藏者等。

四、書影選擇：每種古籍選書影 1 至 3 幀不等，一般選擇正文卷端及能够反映版本特點者。凡一書首卷卷端有缺失、污損、補刻、抄配者，則選擇其他卷端原刻原印者。一書若有插圖、多色套印、鉛印、名人批校等，則增補書影，以揭示該書版本和特點。

目録

漢文珍貴古籍

經部

史部

子部

集部

彝文珍貴古籍

水文珍貴古籍

布依文珍貴古籍

漢文珍貴古籍

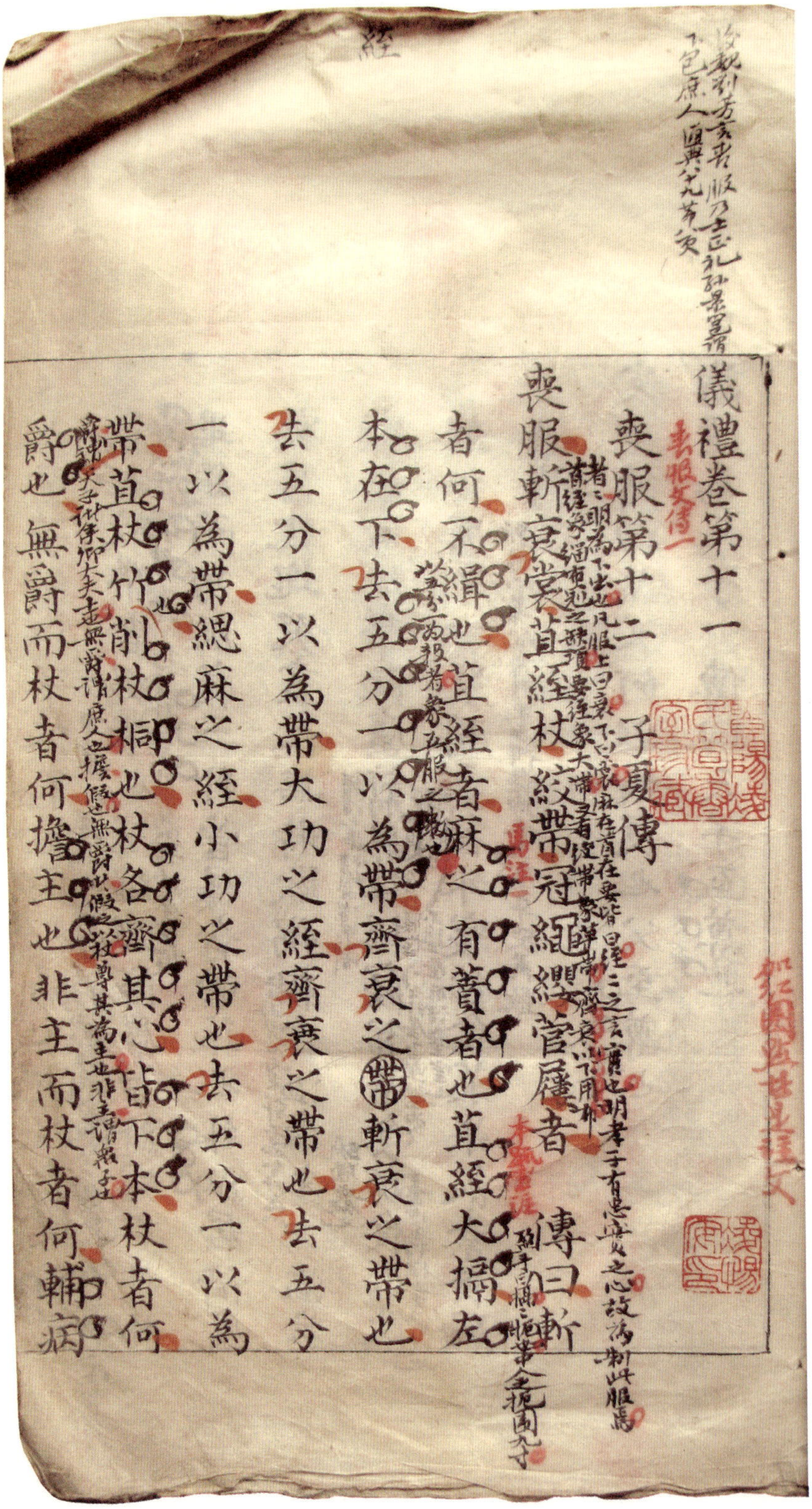
儀禮卷第十一
喪服第十二　子夏傳
喪服斬衰裳苴絰杖絞帶冠繩纓菅屨者　傳曰斬
者何不緝也苴絰者麻之有蕡者也苴絰大搹左
本在下去五分一以為帶齊衰之帶斬衰之帶也
去五分一以為帶大功之絰齊衰之帶也去五分
一以為帶緦麻之絰小功之帶也去五分一以為
帶苴杖竹也削杖桐也杖各齊其心皆下本杖者何
爵也無爵而杖者何擔主也非主而杖者何輔病

03303 儀禮標記□□卷　（清）鄭珍撰　稿本

框高 22.5 厘米，廣 17.1 厘米。半葉九行，行二十字，白口，四周單邊。貴州省博物館藏，存一卷。

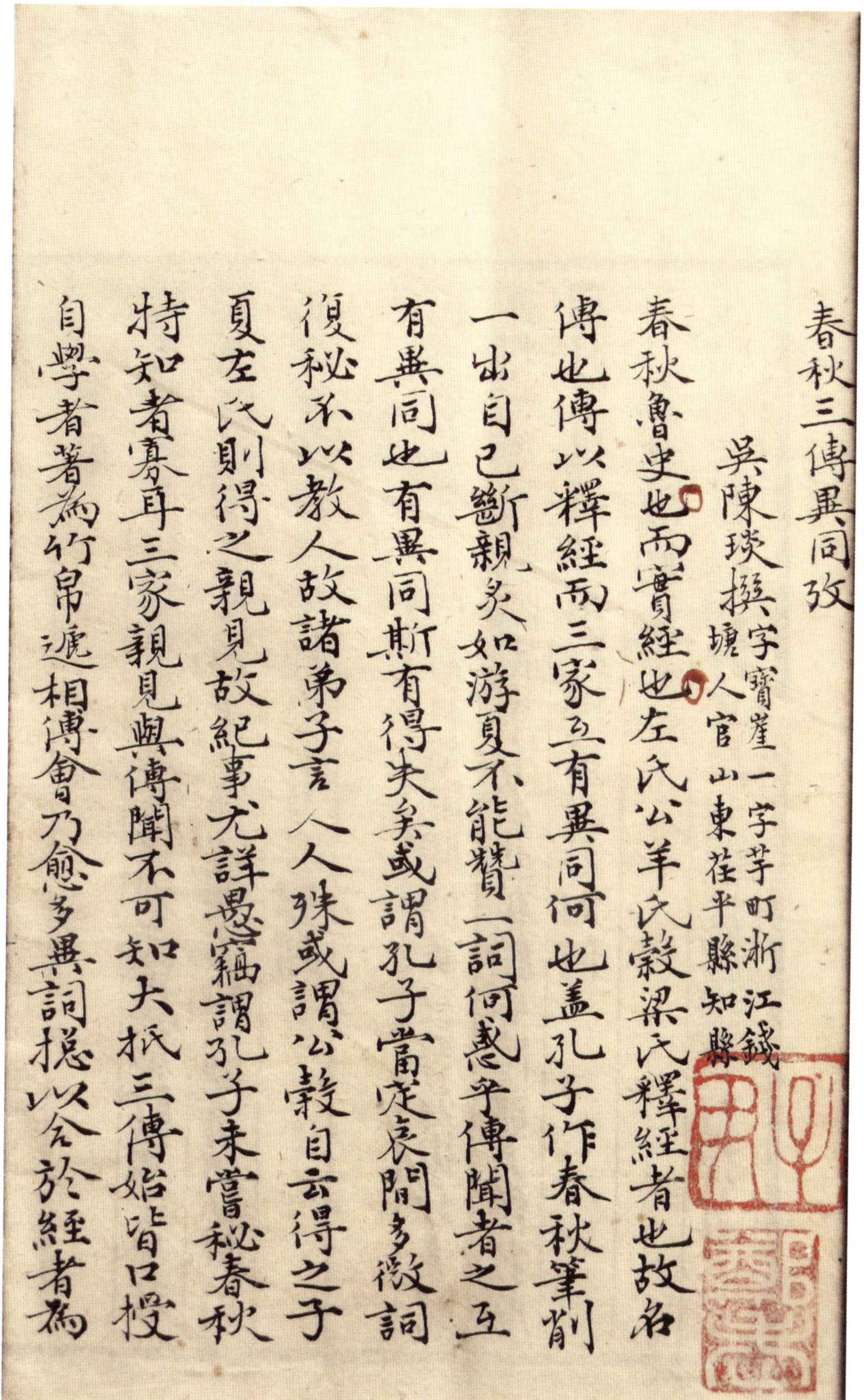

春秋三傳異同攷

吳陳琰撰 字寶崖一字芋町浙江錢塘人官山東茌平縣知縣

春秋魯史也而實經也左氏公羊氏穀梁氏釋經者也故名傳也傳以釋經而三家互有異同何也蓋孔子作春秋筆削一出自己斷親炙如游夏不能贊一詞何惑乎傳聞者之互有異同也有異同斯有得失矣或謂孔子當定哀間多微詞復秘不以教人故諸弟子言人人殊或謂公穀自云得之子夏左氏則得之親見故紀事尤詳愚竊謂孔子未嘗秘春秋特知者寡耳三家親見與傳聞不可知大抵三傳始皆口授自學者著為竹帛遞相傳會乃愈多異詞揔以合於經者為

10109 **春秋三傳異同考一卷** （清）吳陳琰撰 清鄭珍抄本

高 24.1 厘米，廣 15.6 厘米。貴州省博物館藏。

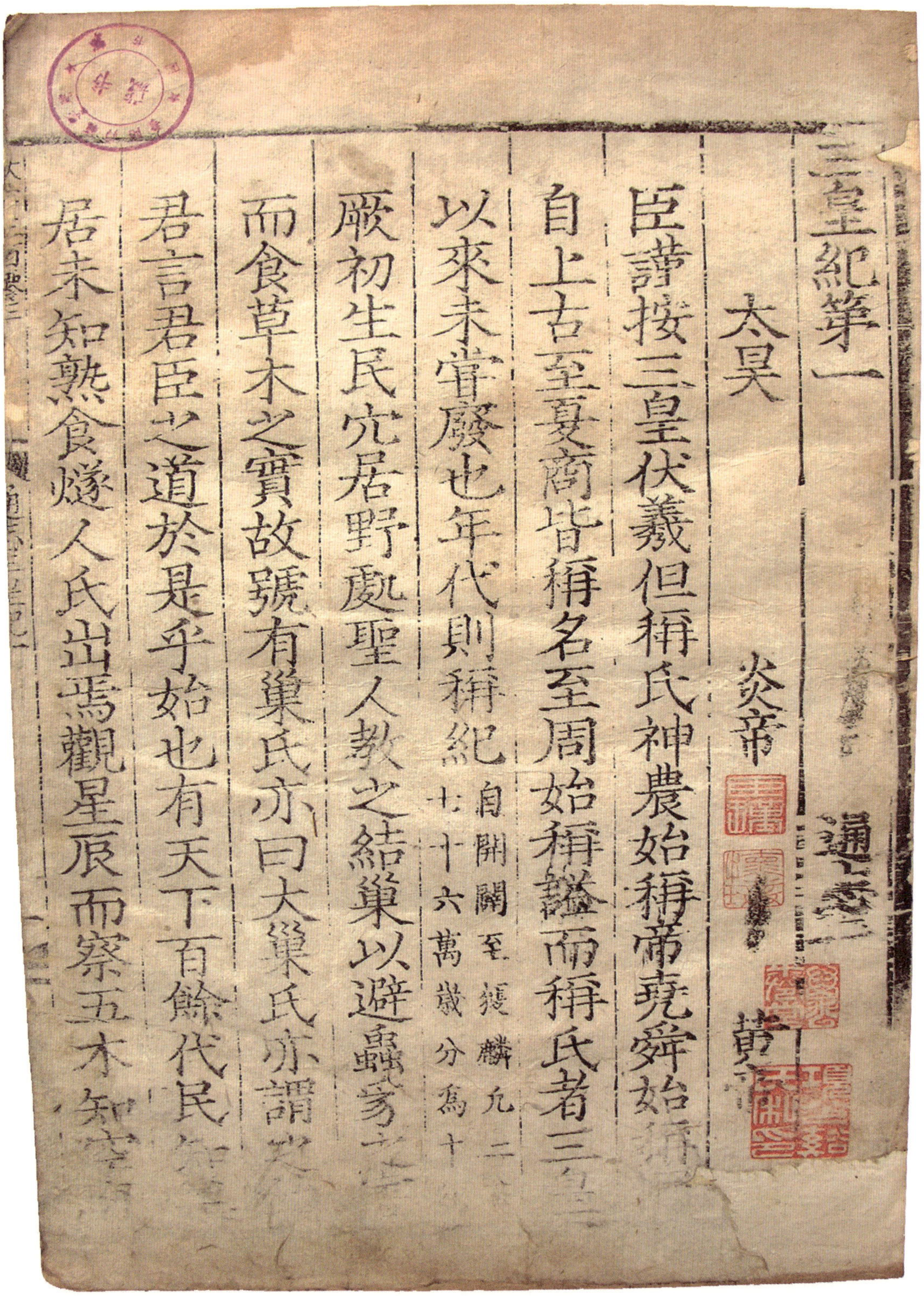
三皇紀第一
太昊 炎帝 黄帝
臣謹按三皇伏羲但稱氏神農始稱帝堯舜始
自上古至夏商皆稱名至周始稱謚而稱氏者
以來未嘗廢也年代則稱紀自開闢至獲麟凡二七十六萬歲分爲十
厥初生民穴居野處聖人教之結巢以避蟲豸
而食草木之實故號有巢氏亦曰大巢氏亦謂
君言君臣之道於是乎始也有天下百餘代民
居未知熟食燧人氏出焉觀星辰而察五木

02639 通志二百卷　（宋）鄭樵撰　元大德三山郡庠刻本

框高 29 厘米，廣 20.4 厘米。半葉九行，行二十一字，小字雙行同，白口，左右雙邊。貴州師範大學圖書館藏，爲元明遞修本。

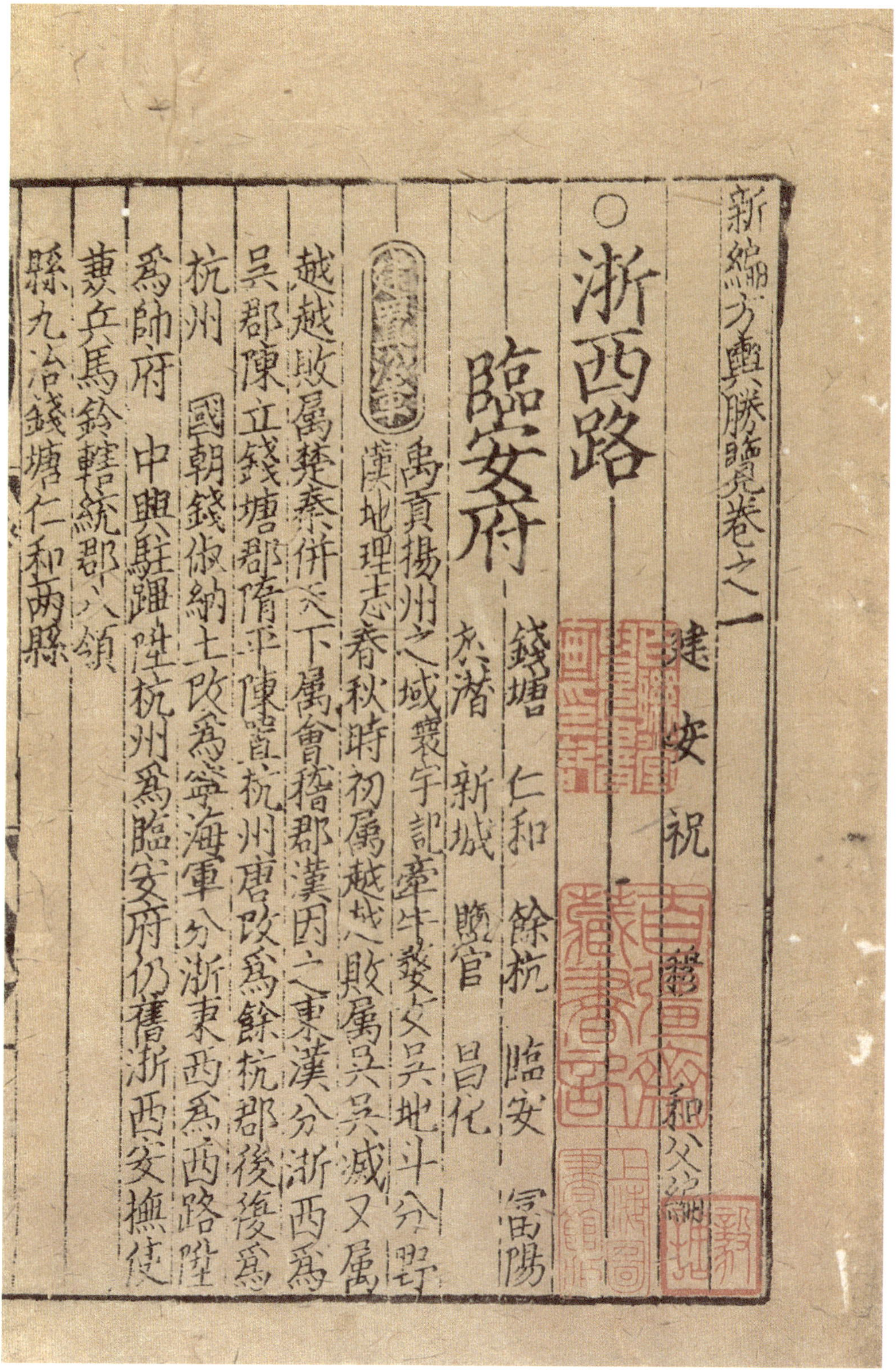
新編方輿勝覽卷之一　建安祝穆和父編
○浙西路
臨安府
錢塘　仁和　餘杭　臨安　富陽
於潛　新城　鹽官　昌化
禹貢揚州之域寰宇記牽牛婺女吳地斗分野
漢地理志春秋時初屬越越敗屬吳吳滅又屬
越越敗屬楚秦并天下屬會稽郡漢因之東漢分浙西爲
吳郡陳立錢塘郡隋平陳置杭州唐改爲餘杭郡後復爲
杭州　國朝錢俶納土改爲寧海軍分浙東西爲西路陞
爲帥府　中興駐蹕陞杭州爲臨安府仍舊浙西安撫使
兼兵馬鈐轄統郡八領
縣九治錢塘仁和兩縣

02873 新編方輿勝覽七十卷　（宋）祝穆輯　元刻本

框高 17 厘米，廣 11.9 厘米。半葉十四行，行二十三字，細黑口，左右雙邊。貴州省博物館藏。

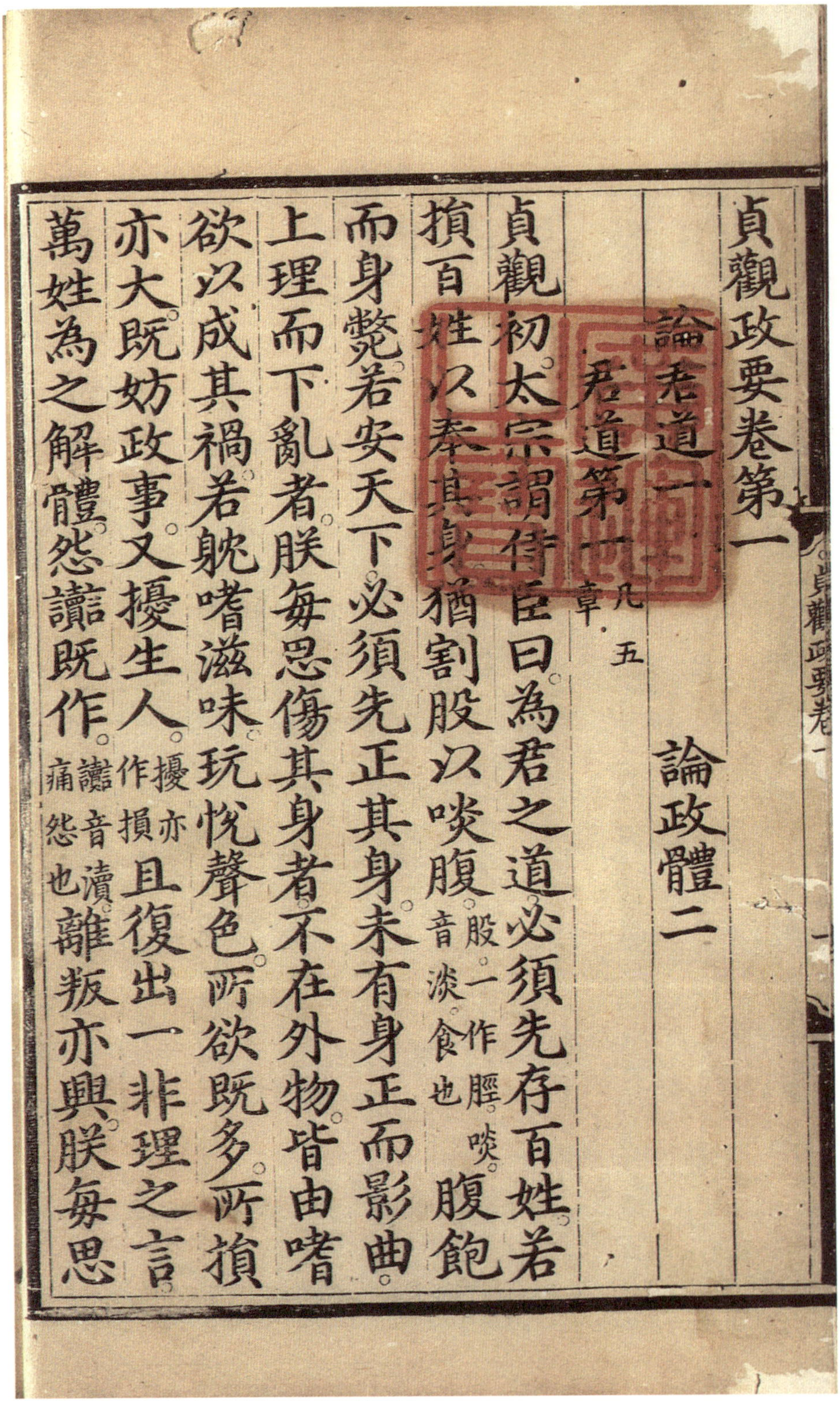

貞觀政要卷第一
論君道一　論政體二
君道第一 凡五章
貞觀初太宗謂侍臣曰為君之道必須先存百姓若
損百姓以奉其身猶割股以啖腹股一作脛啖音淡食也腹飽
而身斃若安天下必須先正其身未有身正而影曲
上理而下亂者朕每思傷其身者不在外物皆由嗜
欲以成其禍若躭嗜滋味玩悅聲色所欲既多所損
亦大既妨政事又擾生人擾亦作損且復出一非理之言
萬姓為之解體怨讟既作讟音瀆痛怨也離叛亦興朕每思

03836 貞觀政要十卷　（唐）吴兢撰　（元）戈直集論　明成化元年（1465）内府刻本

框高26.8厘米，廣19厘米。半葉十行，行二十字，小字雙行同，黑口，四周雙邊。貴州省博物館藏。

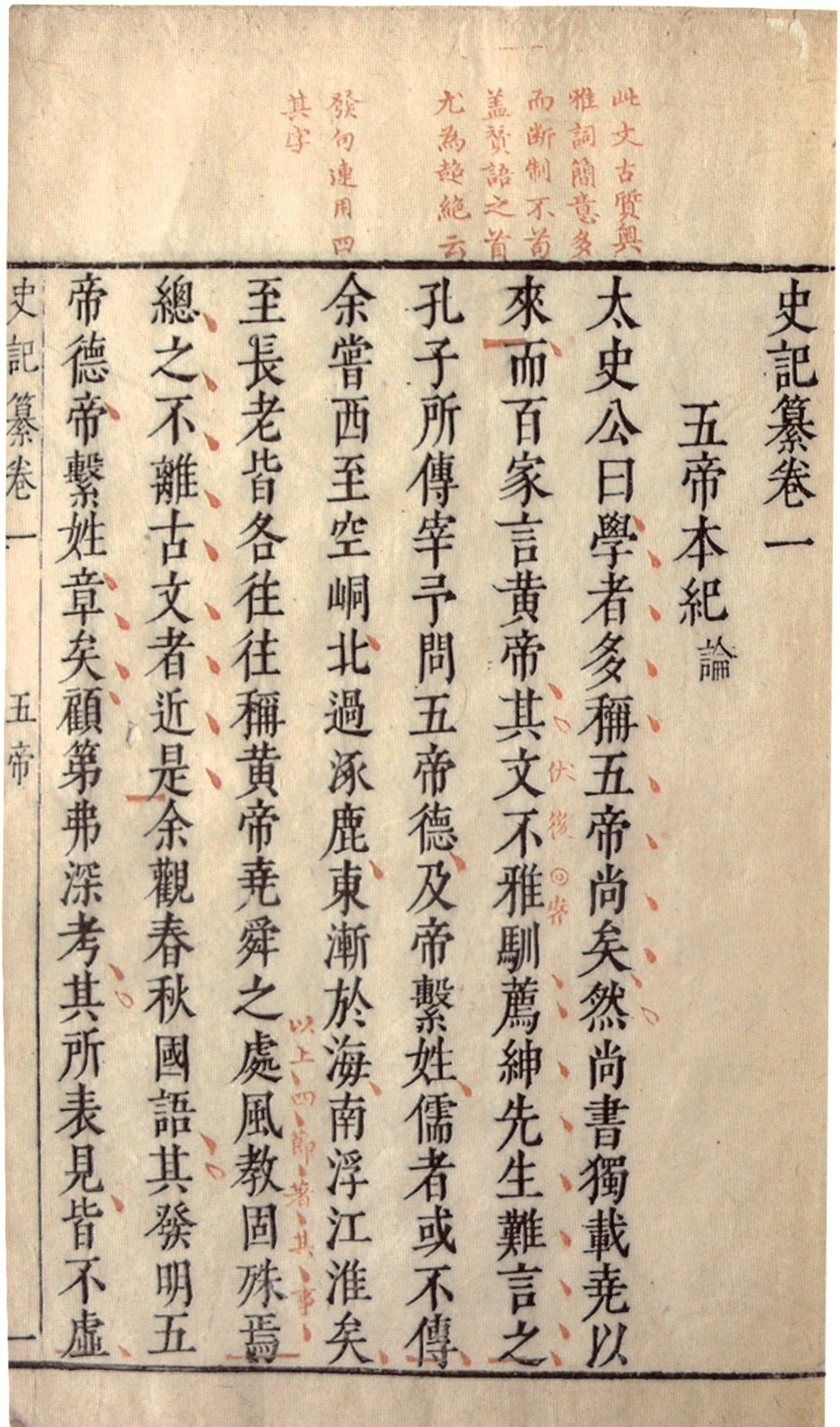

史記纂卷一
五帝本紀 論
太史公曰學者多稱五帝尚矣然尚書獨載堯以來而百家言黃帝其文不雅馴薦紳先生難言之孔子所傳宰予問五帝德及帝繫姓儒者或不傳余嘗西至空峒北過涿鹿東漸於海南浮江淮矣至長老皆各往往稱黃帝堯舜之處風教固殊焉總之不離古文者近是余觀春秋國語其發明五帝德帝繫姓章矣顧弟弗深考其所表見皆不虛
史記纂卷一　五帝　一

04058 史記纂二十四卷　（明）凌稚隆輯　明萬曆凌稚隆刻朱墨套印本

框高 20 厘米，廣 14.7 厘米。半葉九行，行十九字，白口，四周單邊。貴州師範大學圖書館藏。

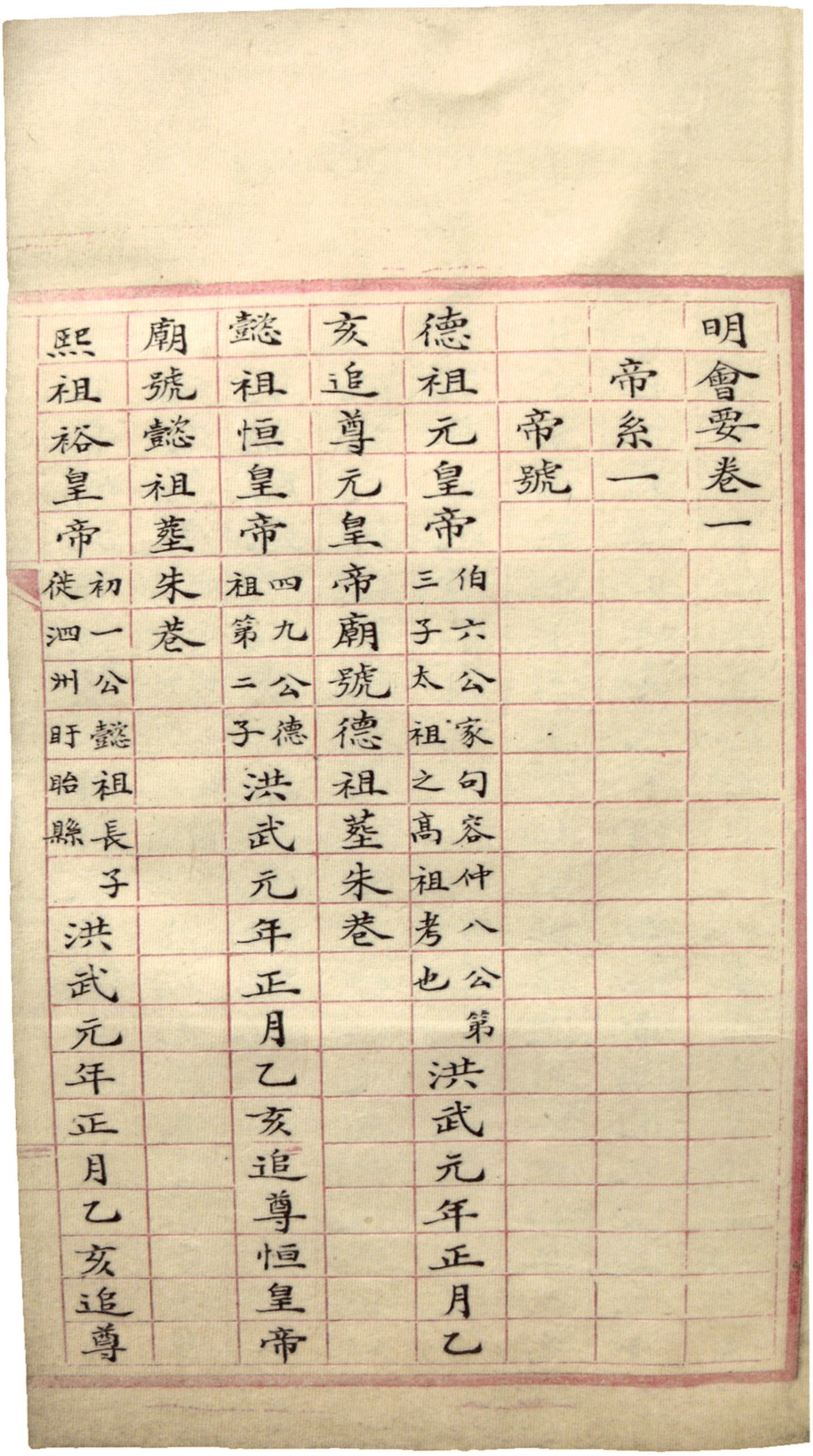
明會要卷一
帝系一
帝號
德祖元皇帝伯六公家句容仲八公第三子太祖之高祖考也洪武元年正月乙
亥追尊元皇帝廟號德祖墓朱巷
懿祖恒皇帝四九公德祖第二子洪武元年正月乙亥追尊恒皇帝
廟號懿祖墓朱巷
熙祖裕皇帝初一公懿祖長子從泗州盱眙縣洪武元年正月乙亥追尊

08116 明會要八十卷　（清）龍文彬輯　清抄本

框高 17.5 厘米，廣 10.5 厘米。半葉八行，行二十二字，白口，紅格，四周雙邊。貴州師範大學圖書館藏。

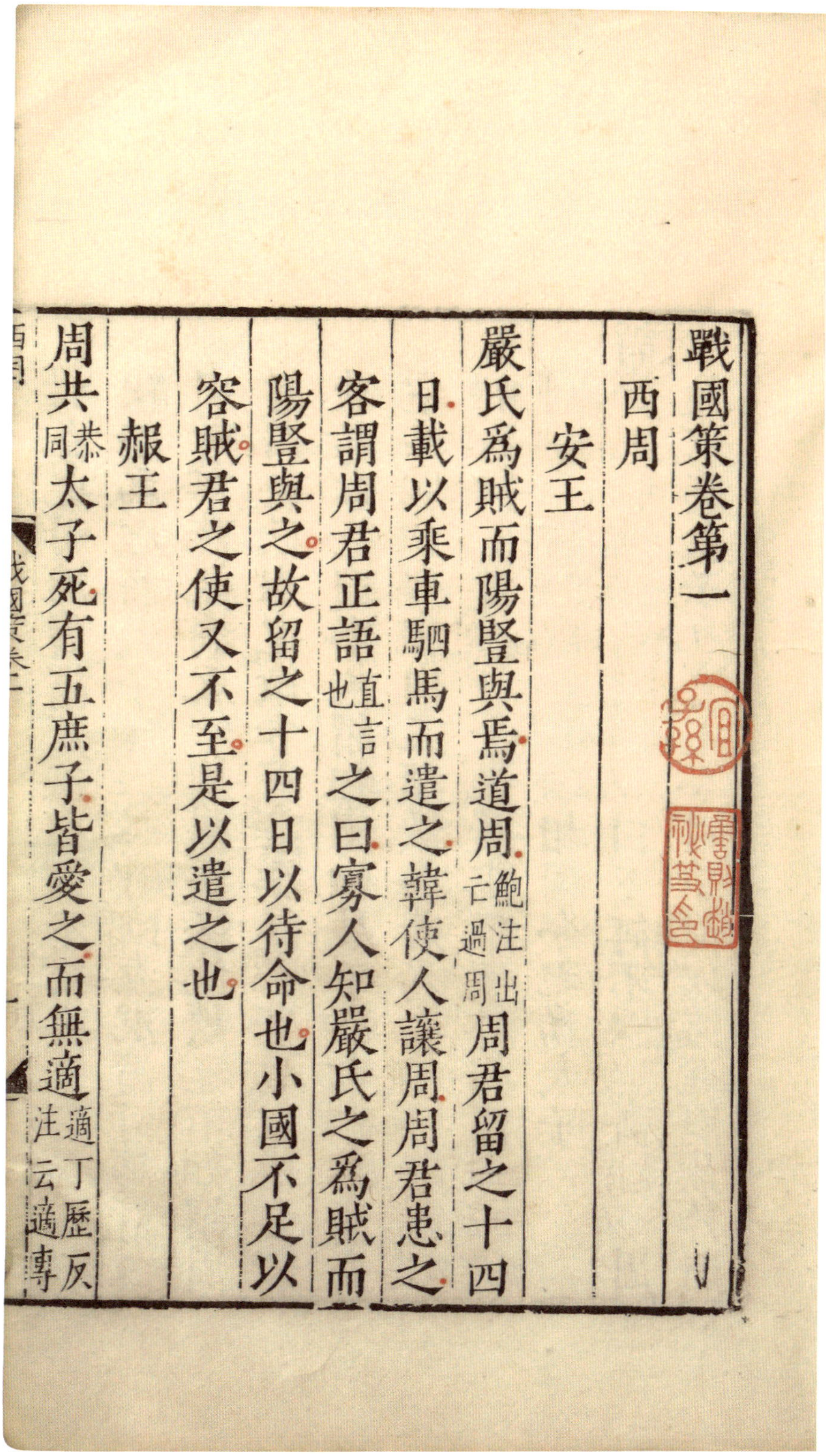

07742 **戰國策三十三卷** （漢）高誘注 （宋）姚宏校正 清乾隆二十一年（1756）盧見曾刻雅雨堂叢書本

框高20厘米，廣14.7厘米。半葉十行，行二十字，白口，左右雙邊。唐炯批校，貴州省圖書館藏。

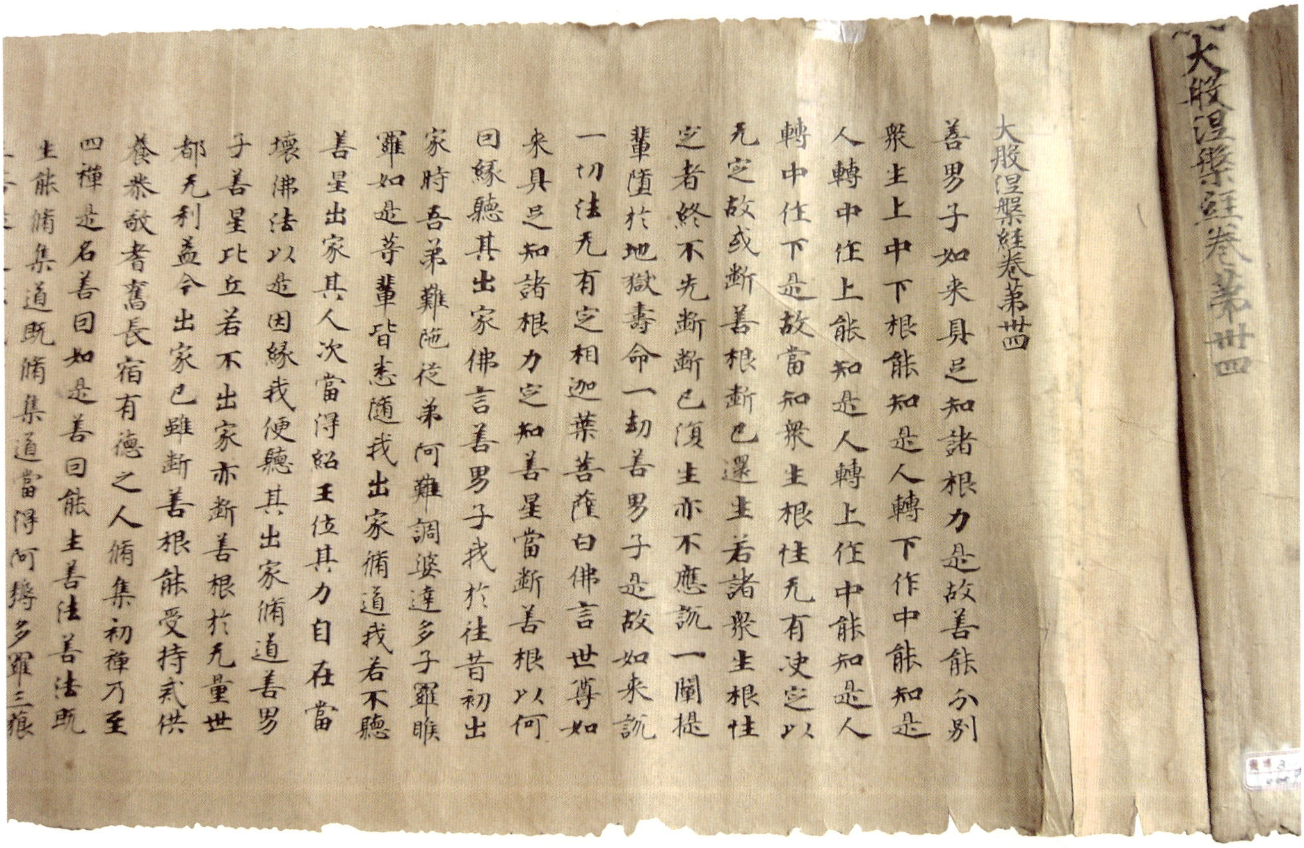
大般涅槃經卷第卌四

大般涅槃經卷第卌四
善男子如來具足知諸根力是故善能分別
衆生上中下根能知是人轉下作中能知是
人轉中作上能知是人轉上作中能知是人
轉中作下是故當知衆生根性无有決定以
无定故或斷善根斷已還生若諸衆生根性
定者終不先斷斷已復生亦不應說一闡提
輩墮於地獄壽命一劫善男子是故如來說
一切法无有定相迦葉菩薩白佛言世尊如
來具足知諸根力定知善星當斷善根以何
因緣聽其出家佛言善男子我於往昔初出
家時吾弟難陁從弟阿難調婆達多子羅睺
羅如是等輩皆悉隨我出家修道我若不聽
善星出家其人次當得紹王位其力自在當
壞佛法以是因緣我便聽其出家修道善男
子善星比丘若不出家亦斷善根於无量世
都无利益今出家已雖斷善根能受持戒供
養恭敬耆舊長宿有德之人修集初禪乃至
四禪是名善因如是善因能生善法善法既
生能修集道既修集道當得阿耨多羅三藐

02428 大般涅槃經卷第卅四　（北涼）釋曇無讖譯　唐寫本

卷軸裝。高 26 厘米，長 807 厘米。每行十七字。烏絲欄。貴州省博物館藏。

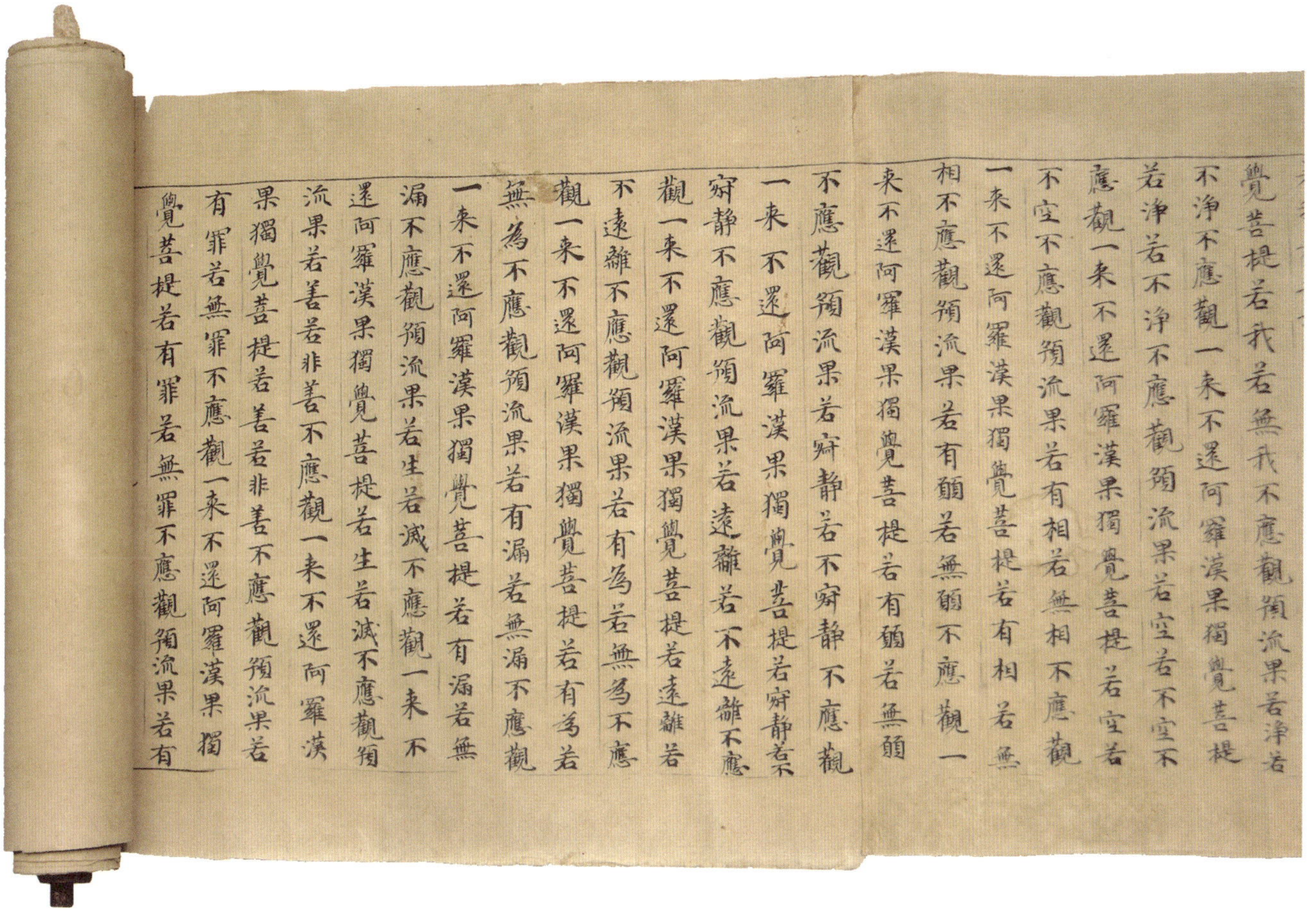

02402 大般若波羅蜜多經卷第十三 （唐）釋玄奘譯 歸義軍時期寫本

卷軸裝。長 7900 厘米。每紙二十八行，行十七字。烏絲欄。貴州師範大學圖書館藏。

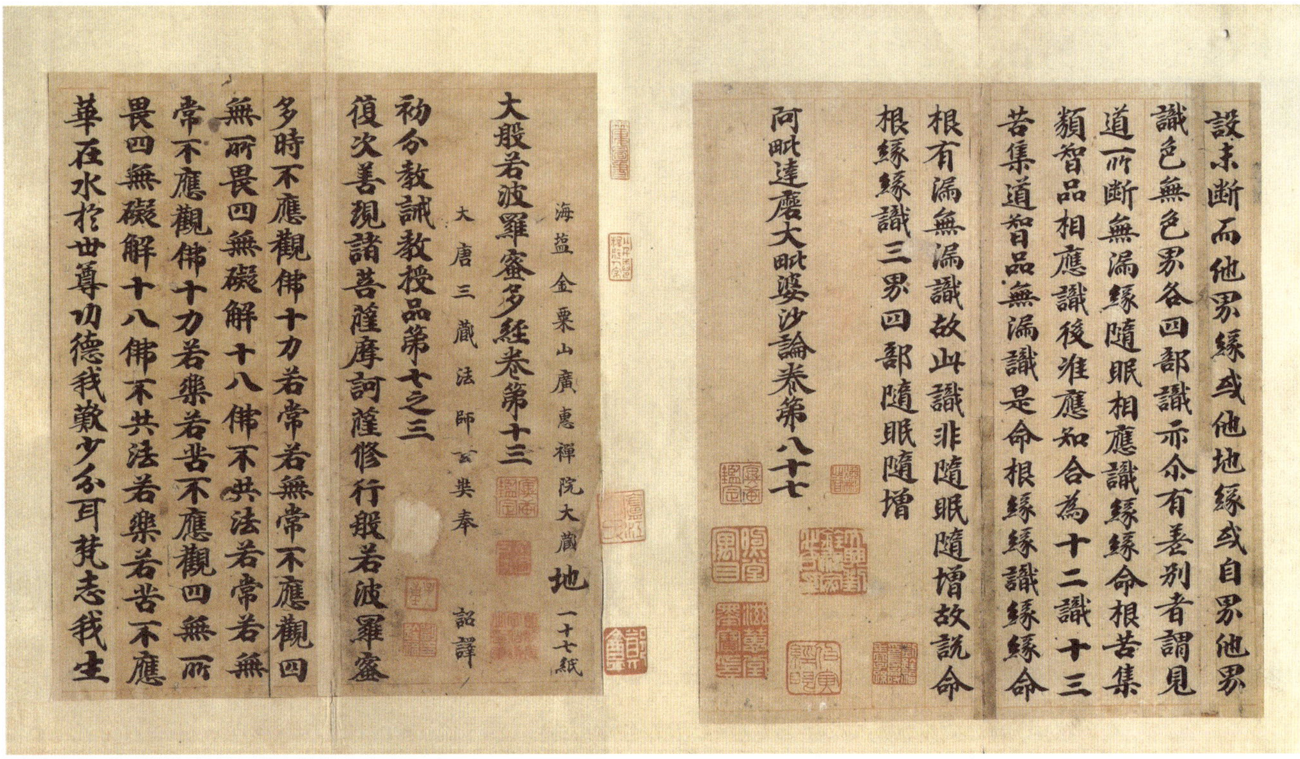

00849 大般若波羅蜜多經、阿毗達磨大毗婆沙論兩種 （唐）釋玄奘譯 北宋寫金粟山廣惠禪院大藏經本

經折裝。高 30.8 厘米，廣 13.3 厘米。朱絲欄。《金粟山藏經》零本合册。有“劉銓福印”“鄭盦”等印。吳大澂篆寫題簽。趙之謙、葉德輝題記、跋。貴州省博物館藏，存二卷。

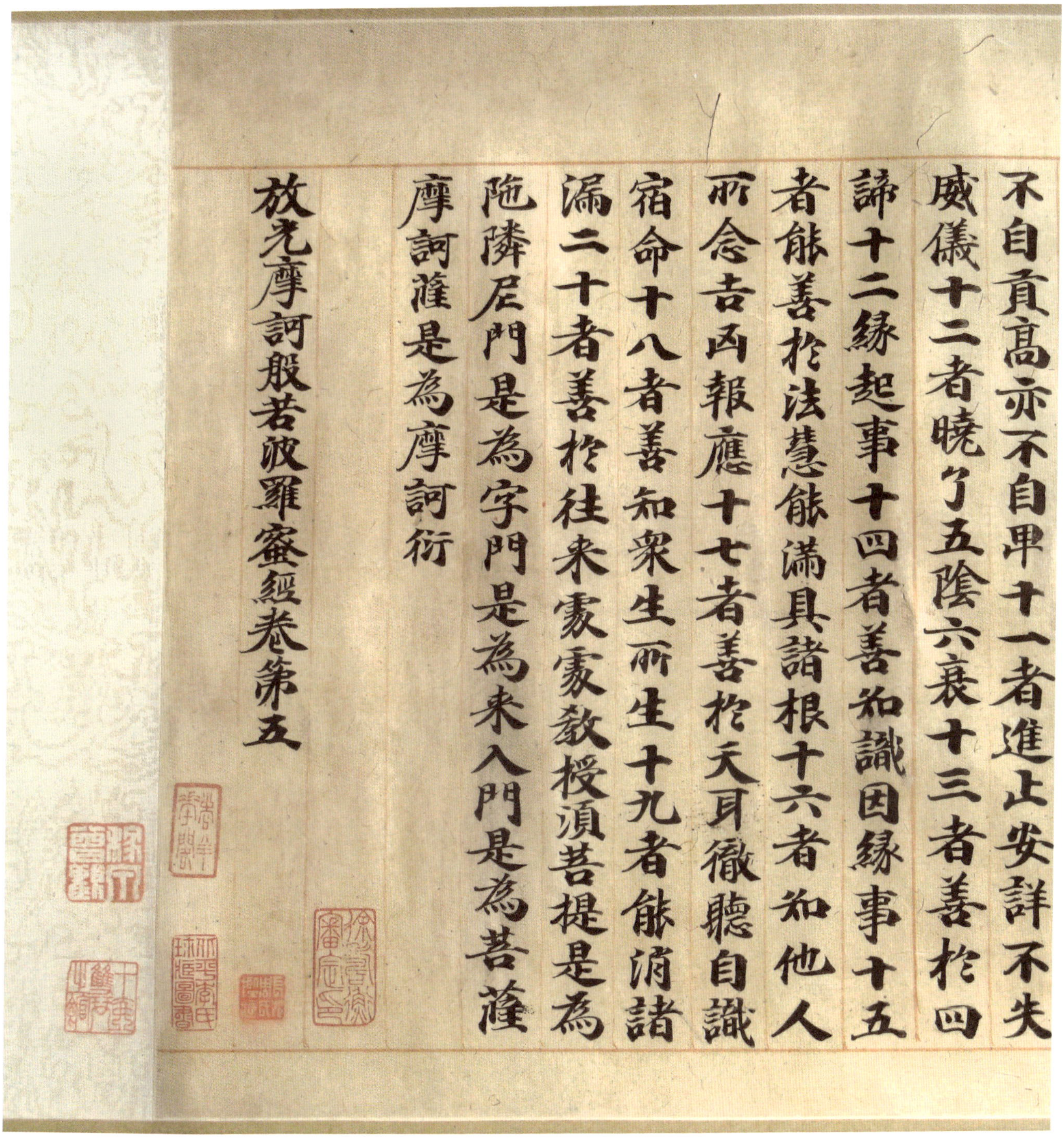

不自貢高亦不自卑十一者進止安詳不失
威儀十二者曉了五陰六衰十三者善於四
諦十二緣起事十四者善知識因緣事十五
者能善於法慧能滿具諸根十六者知他人
所念吉凶報應十七者善於天耳徹聽自識
宿命十八者善知衆生所生十九者能消諸
漏二十者善於往來處處教授須菩提是為
陁隣尼門是為字門是為來入門是為菩薩
摩訶薩是為摩訶衍
放光摩訶般若波羅蜜經卷第五

02972 放光摩訶般若波羅蜜經二十卷　（晋）釋無羅叉　釋竺叔蘭譯　宋寫本

卷軸裝。高 29.3 厘米，長 751.4 厘米。行十七字。朱絲欄。有“息園”“稼泉”“樹銘之印”“徐壽衡審定印”“長沙周氏鑑藏”等印。李恩慶題記，周壽昌跋。貴州省博物館藏，存一卷。

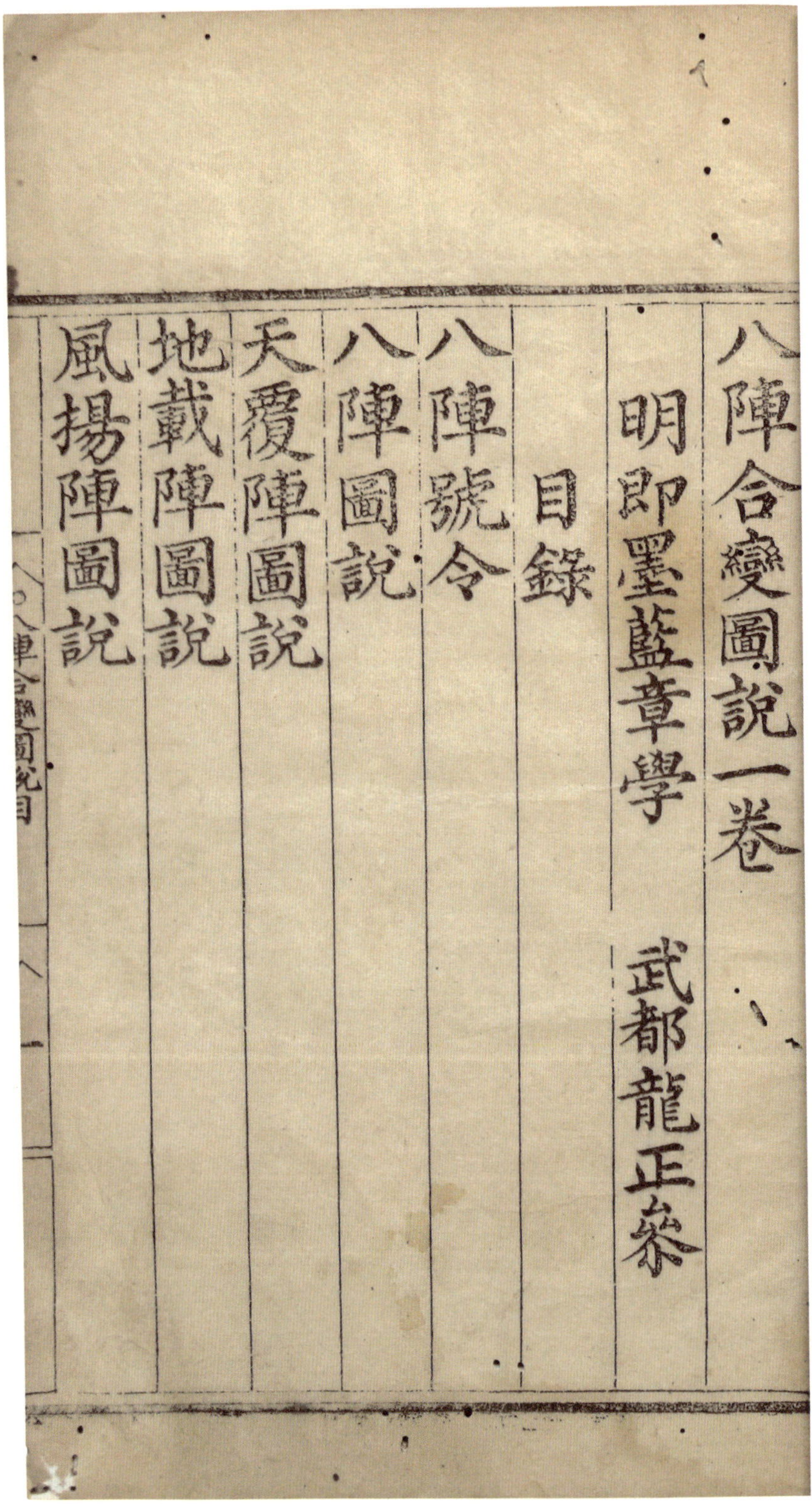

八陣合變圖說一卷

明即墨藍章學　武都龍正參

目錄

八陣號令

八陣圖說

天覆陣圖說

地載陣圖說

風揚陣圖說

八陣合變圖說目　一

04505　八陣合變圖說一卷　（明）藍章　龍正撰　明正德十一年（1516）藍章、高朝用刻重修本

框高 19.2 厘米，廣 13.8 厘米。半葉八行，行十六字，白口，四周雙邊。貴州省圖書館藏。

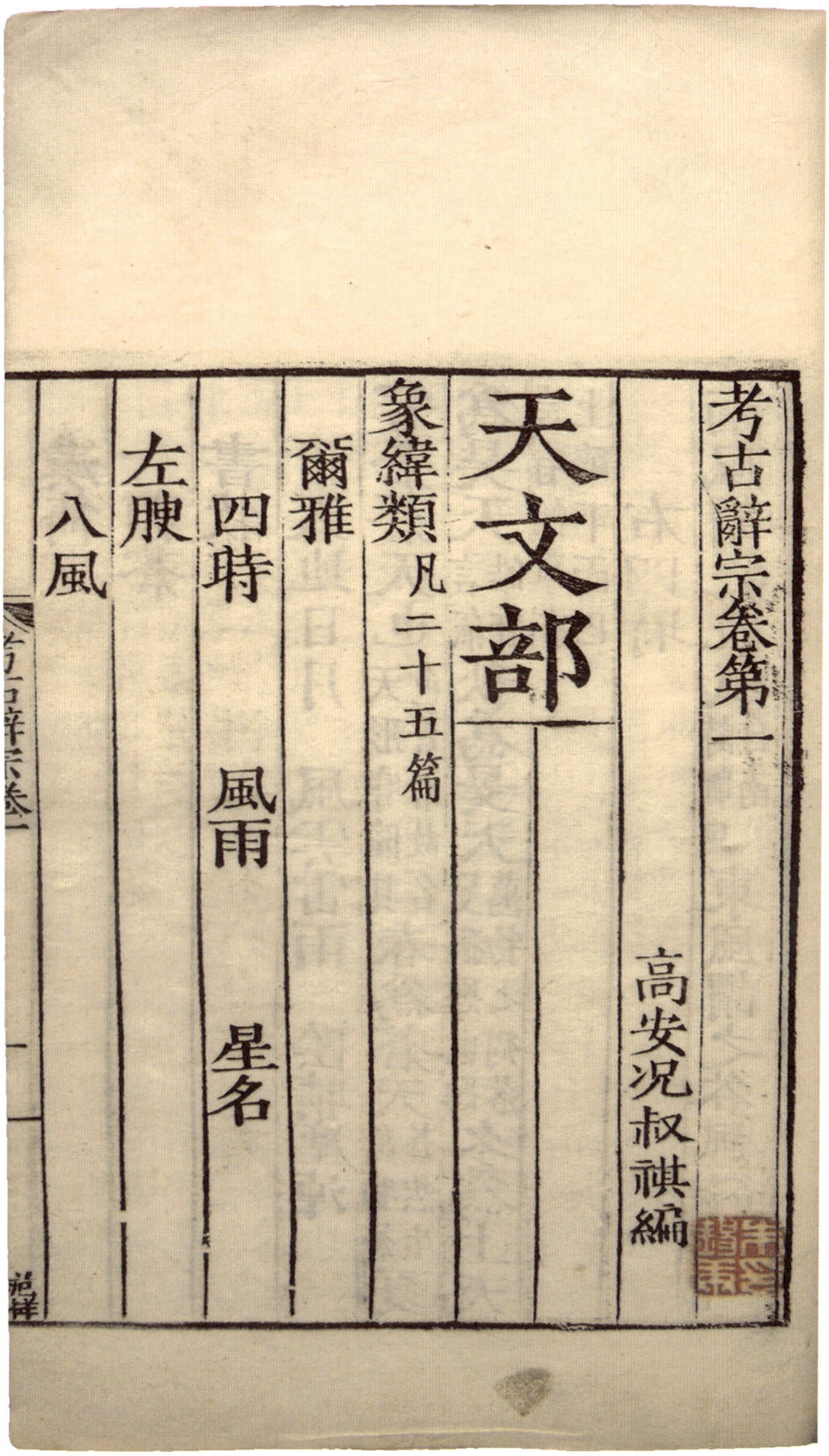

考古辭宗卷第一

天文部　　高安況叔祺編

象緯類凡二十五篇

爾雅

四時　風雨　星名

左腴

八風

04944　考古辭宗二十卷　（明）況叔祺輯　明嘉靖四十一年（1562）巫繼咸刻本

框高 18.5 厘米，廣 13.5 厘米。半葉九行，行十八字，小字雙行同，白口，左右雙邊。有“朱錫庚印”等印。貴州師範大學圖書館藏。

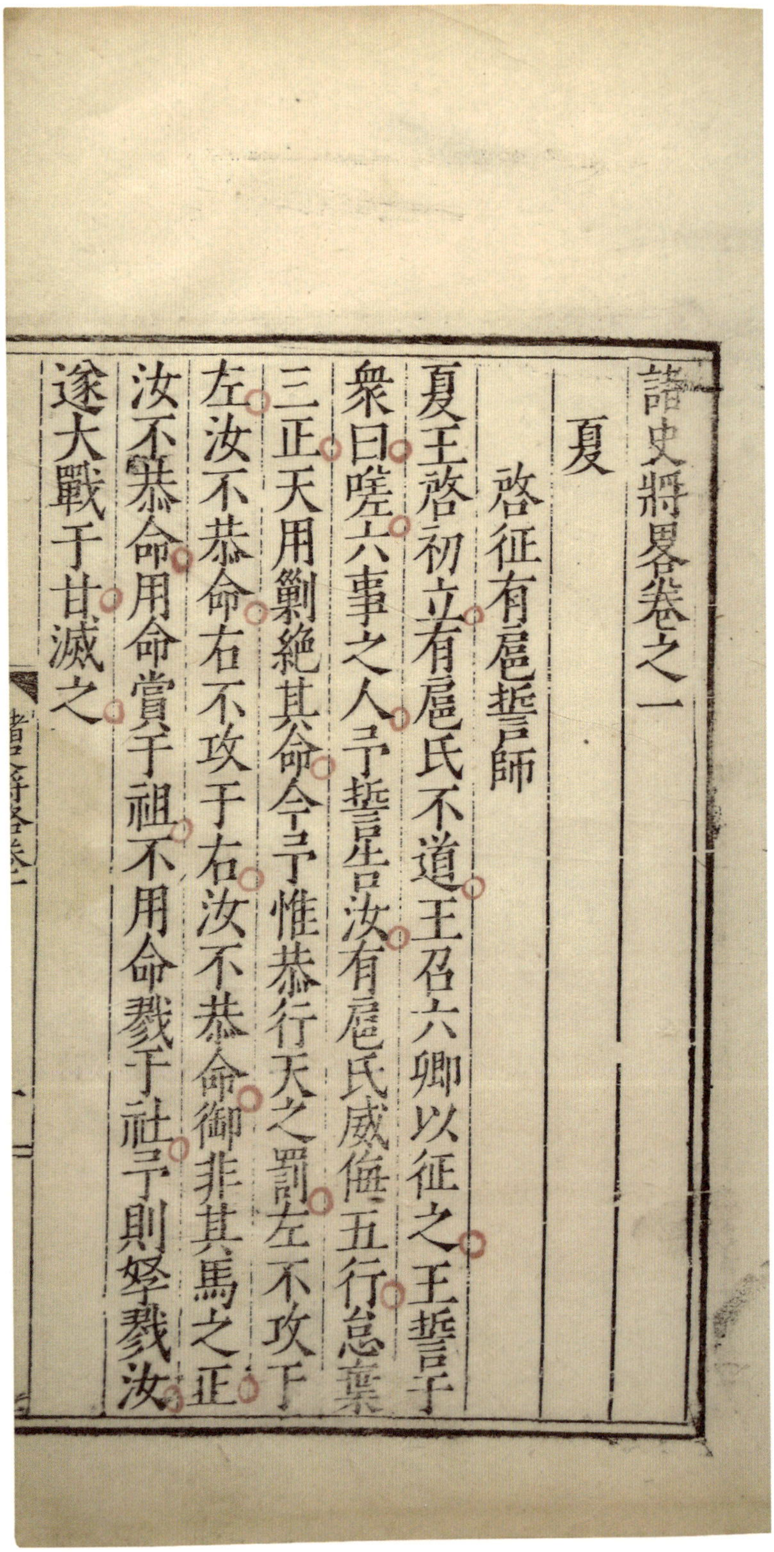

諸史將畧卷之一
夏
啓征有扈誓師
夏王啓初立有扈氏不道王召六卿以征之王誓于
衆曰嗟六事之人予誓告汝有扈氏威侮五行怠棄
三正天用剿絶其命今予惟恭行天之罰左不攻于
左汝不恭命右不攻于右汝不恭命御非其馬之正
汝不恭命用命賞于祖不用命戮于社予則孥戮汝
遂大戰于甘滅之

04508 諸史將畧十六卷　（明）劉鑨撰　明嘉靖四十五年（1566）毛鋼刻本

框高 21.3 厘米，廣 13.5 厘米。半葉九行，行二十字，白口，四周雙邊。貴州省圖書館藏。

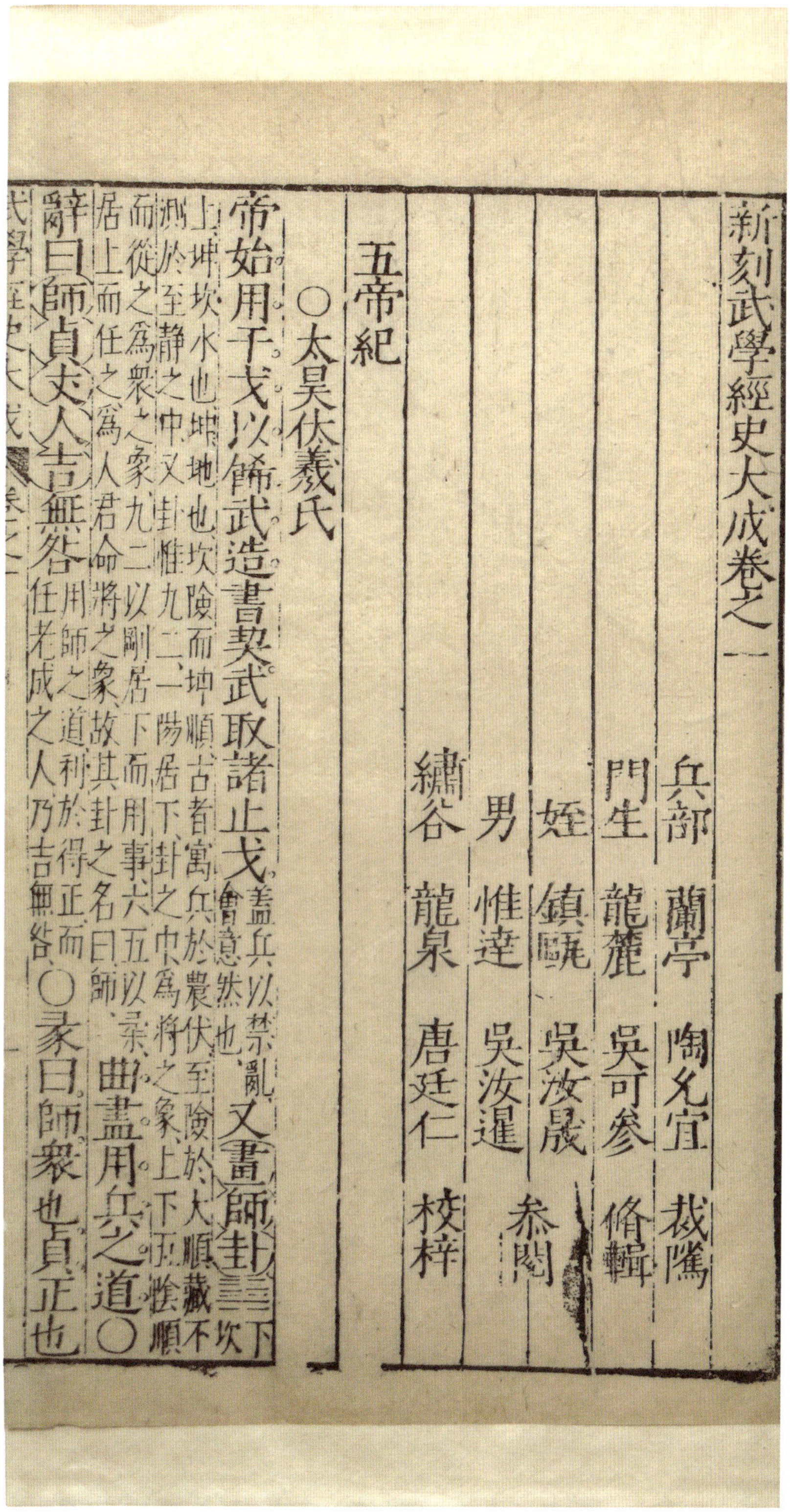
新刻武學經史大成卷之一
兵部　蘭亭　陶允宜　裁隲
門生　龍麓　吳可參　修輯
姪　鎮巃、吳汝晟　叅閱
男　惟達　吳汝暹
繡谷　龍泉　唐廷仁　校梓
五帝紀
○太昊伏羲氏
帝始用干戈以飾武造書契武取諸止戈蓋兵以禁亂會意然也又畫師卦☷☵坎下坤上坤坎水也坤地也坎險而坤順古者寓兵於農伏至險於大順藏不測於至靜之中又卦惟九二一陽居下卦之中爲將之象上下五陰順而從之爲衆之象九二以剛居下而用事六五以柔居上而任之爲人君命將之象故其卦之名曰師曲盡用兵之道○
辭曰師貞丈人吉無咎用師之道利於得正而任老成之人乃吉無咎○彖曰師衆也貞正也

08349 新刻武學經史大成十八卷　（明）吳可參輯　明唐廷仁刻本（有抄配）

框高 22 厘米，廣 14.3 厘米。半葉十二行，行二十七字，小字雙行同，白口，四周單邊。貴州省圖書館藏。

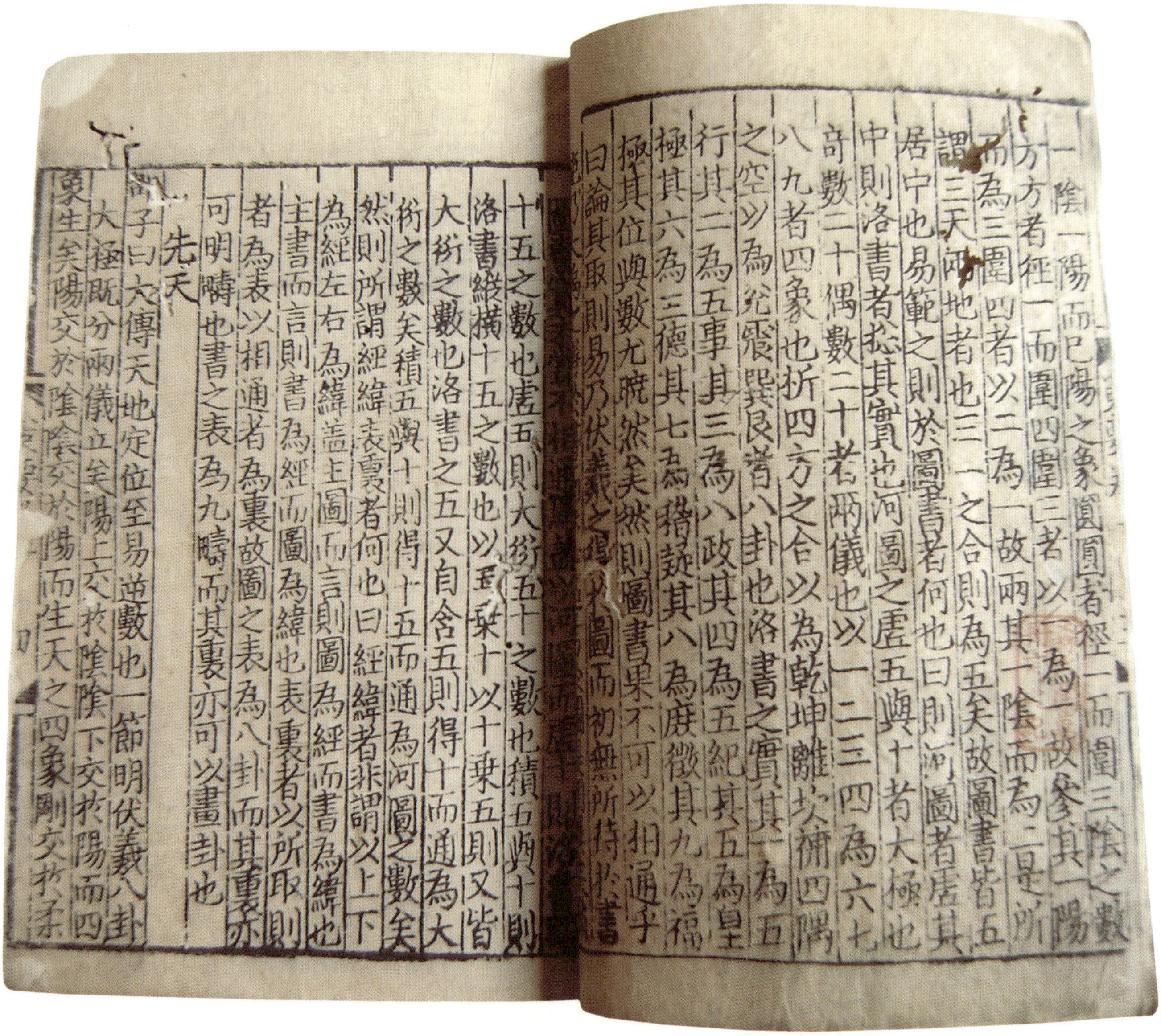

一陰一陽而已陽之象圓圓者徑一而圍三陰之數
方方者徑一而圍四圍三者以一為一故參其一陽
而為三圍四者以二為一故兩其一陰而為二是所
謂三天兩地者也三二之合則為五矣故圖書皆五
居中也易範之則於圖書者何也曰則河圖者虛其
中則洛書者揔其實也河圖之虛五與十者太極也
奇數二十偶數二十者兩儀也以一二三四為六七
八九者四象也析四方之合以為乾坤離坎補四隅
之空以為兌震巽艮者八卦也洛書之實其一為五
行其二為五事其三為八政其四為五紀其五為皇
極其六為三德其七為稽疑其八為庶徵其九為福
極其位與數尤曉然矣然則圖書果不可以相通乎
曰論其取則易乃伏羲之於圖而初無所待於書

十五之數也虛五則大衍五十之數也積五與十則
洛書縱橫十五之數也以五乘十以十乘五則又皆
大衍之數也洛書之五又自含五則得十而通為大
衍之數矣積五與十則得十五而通為河圖之數矣
然則所謂經緯表裏者何也曰經緯者非謂以上下
為經左右為緯蓋主圖而言則圖為經而書為緯也
主書而言則書為經而圖為緯也表裏者以所取則
者為表以相通者為裏故圖之表為八卦而其裏亦
可明疇也書之表為九疇而其裏亦可以畫卦也
先天
邵子曰先天傳天地定位至易逆數也一節明伏羲八卦
大極既分兩儀立矣陽上交於陰陰下交於陽而四
象生矣陽交於陰陰交於陽而生天之四象剛交於柔

04744 策要六卷　（元）梁寅撰　明刻本

框高 16.3 厘米，廣 10.1 厘米。半葉十四行，行二十一字，黑口，左右雙邊。貴州省博物館藏，存二卷。

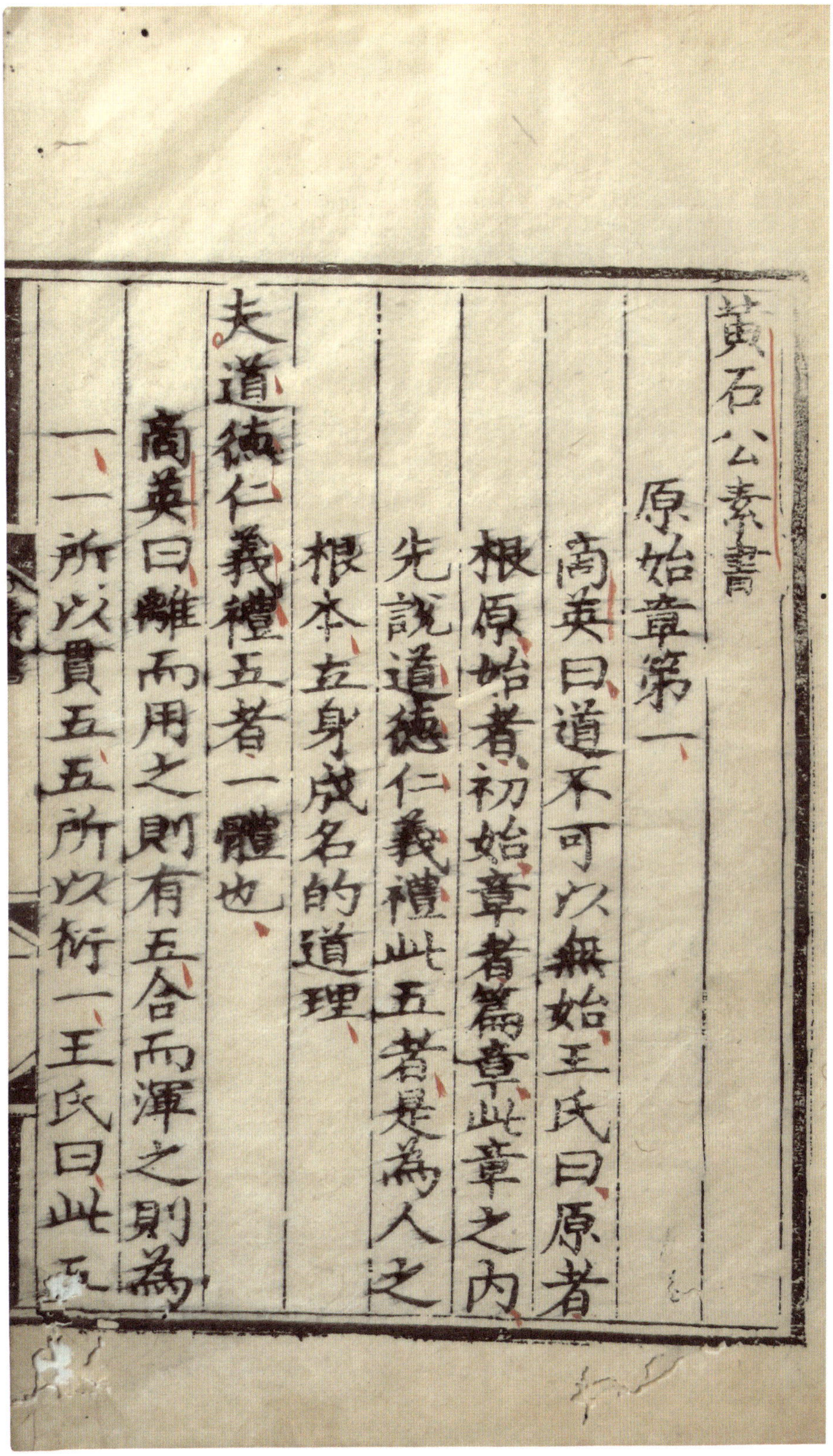

黃石公素書

原始章第一

商英曰道不可以無始王氏曰原者

根原始者初始章者篇章此章之内

先說道德仁義禮此五者是為人之

根本立身成名的道理

夫道德仁義禮五者一體也

商英曰離而用之則有五合而渾之則為

一一所以貫五五所以衍一王氏曰此五

08341 黄石公素書一卷　（宋）張商英注　明刻本

框高 19.7 厘米，廣 14.5 厘米。半葉九行，行十八字，黑口，四周雙邊。貴州省圖書館藏。

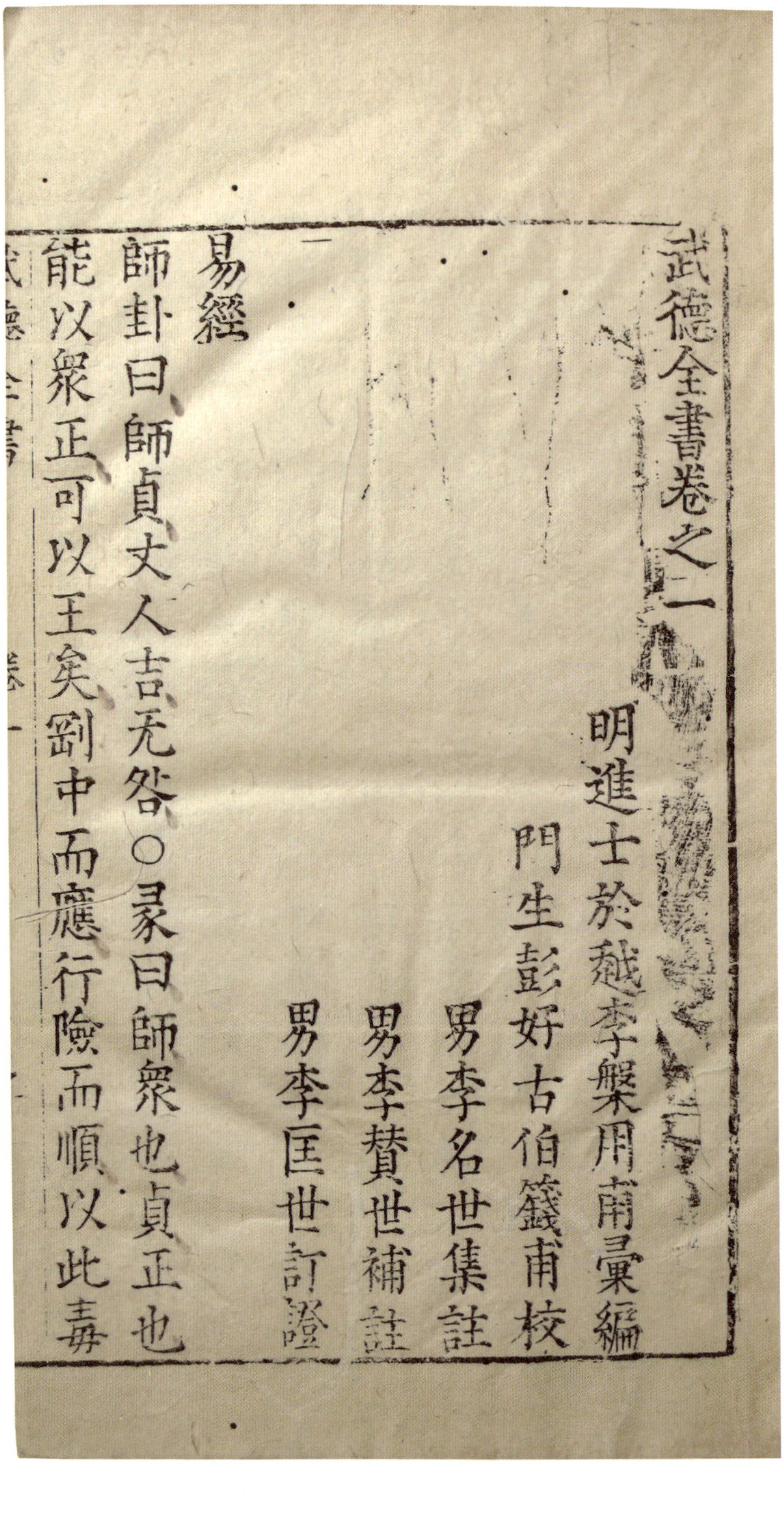

武德全書卷之一

明進士於越李槃用甫彙編

門生彭好古伯籛甫校

男李名世集註

男李賛世補註

男李匡世訂證

易經

師卦曰師貞丈人吉无咎○彖曰師衆也貞正也

能以衆正可以王矣剛中而應行險而順以此毒

武德全書　卷一

08350 武德全書十五卷　（明）李槃輯　明刻本

框高 21.8 厘米，廣 13.6 厘米。半葉九行，行十九字，小字雙行同，白口，四周單邊。貴州省圖書館藏。

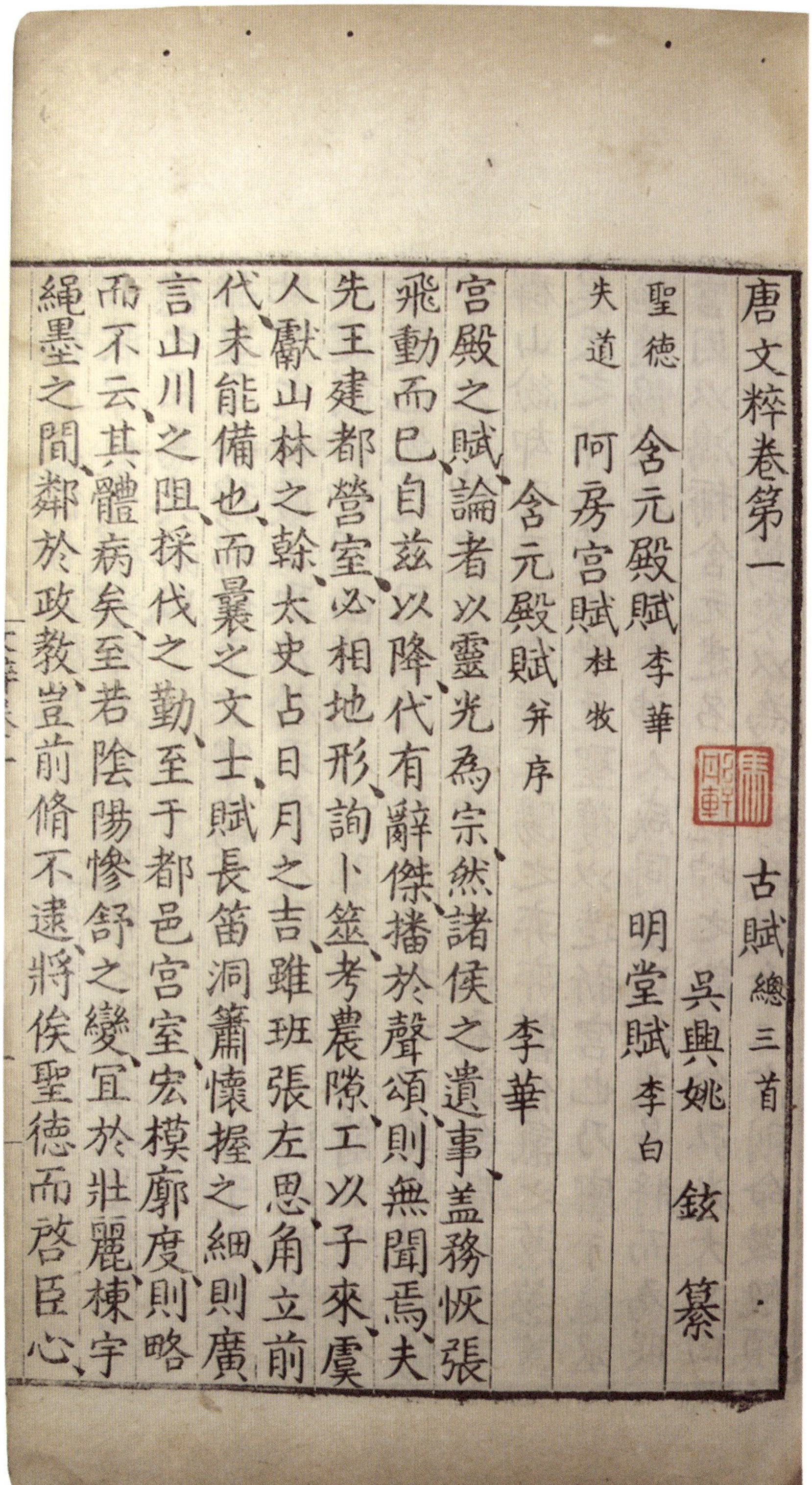
唐文粹卷第一
古賦總三首
吳興姚鉉纂
聖德 含元殿賦李華 明堂賦李白
失道 阿房宮賦杜牧
含元殿賦并序 李華
宮殿之賦論者以靈光為宗然諸侯之遺事蓋務恢張飛動而已自茲以降代有辭傑播於聲頌則無聞焉夫先王建都營室必相地形詢卜筮考農隙工以子來虞人獻山林之榦太史占日月之吉雖班張左思角立前代未能備也而曩之文士賦長笛洞簫懷握之細則廣言山川之阻採伐之勤至于都邑宮室宏模廓度則略而不云其體病矣至若陰陽慘舒之變宜於壯麗棟宇繩墨之間鄰於政教豈前脩不遠將俟聖德而啓臣心

06429 唐文粹一百卷　（宋）姚鉉輯　明嘉靖八年（1529）晋府養德書院刻本

框高 20.8 厘米，廣 14.7 厘米。半葉十三行，行二十一字，白口，四周單邊。貴州師範大學圖書館藏。

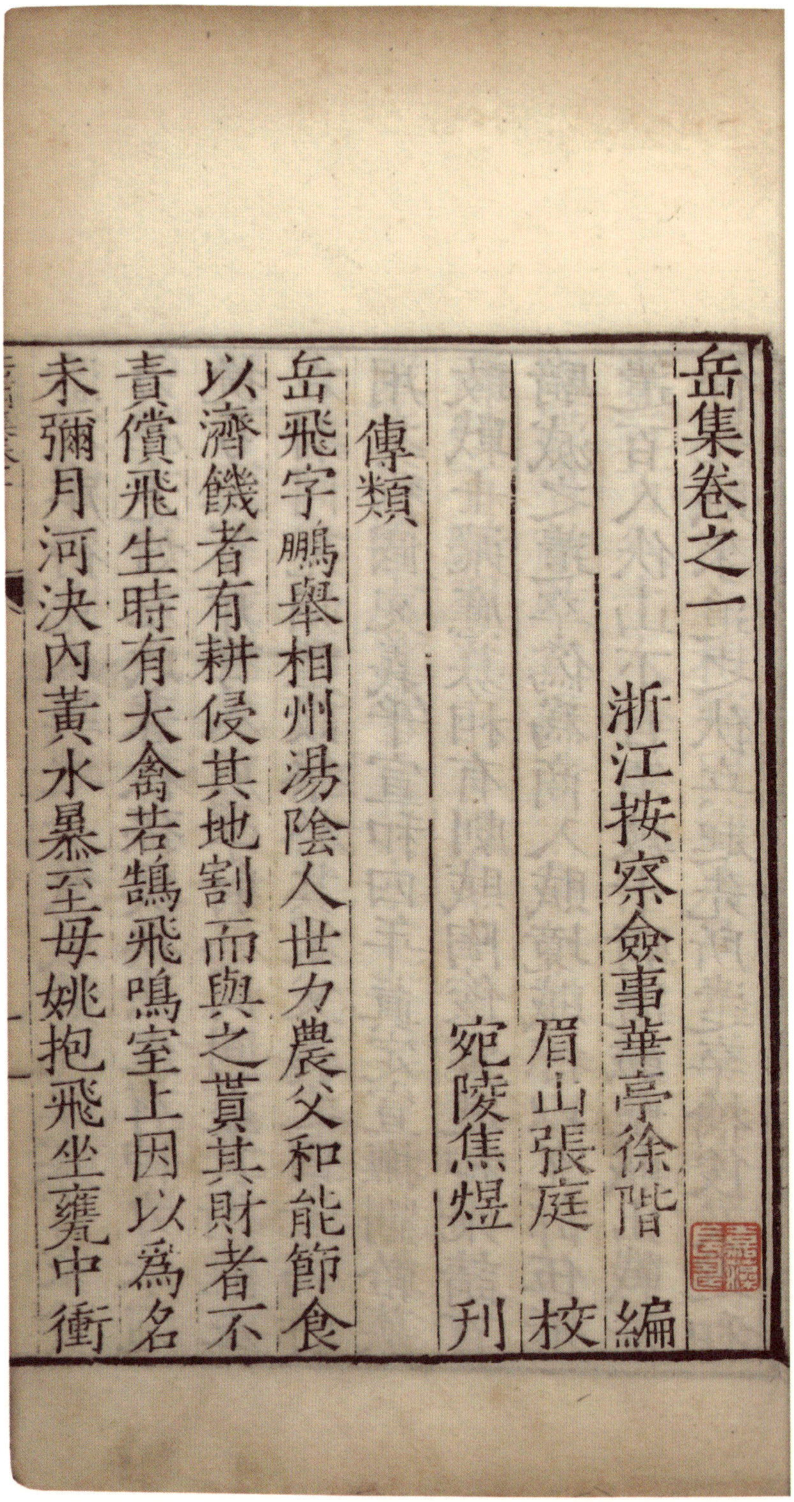

岳集卷之一
浙江按察僉事華亭徐階 編
眉山張庭 校
宛陵焦煜 刋
傳類
岳飛字鵬舉相州湯陰人世力農父和能節食
以濟饑者有耕侵其地割而與之貰其財者不
責償飛生時有大禽若鵠飛鳴室上因以爲名
未彌月河決內黃水暴至母姚抱飛坐甕中衝

05660 岳集五卷 （宋）岳飛撰 （明）徐階輯 明嘉靖十五年（1536）焦煜刻本

框高 18.2 厘米，廣 13.6 厘米。半葉九行，行十八字，白口，左右雙邊。貴州省圖書館藏。

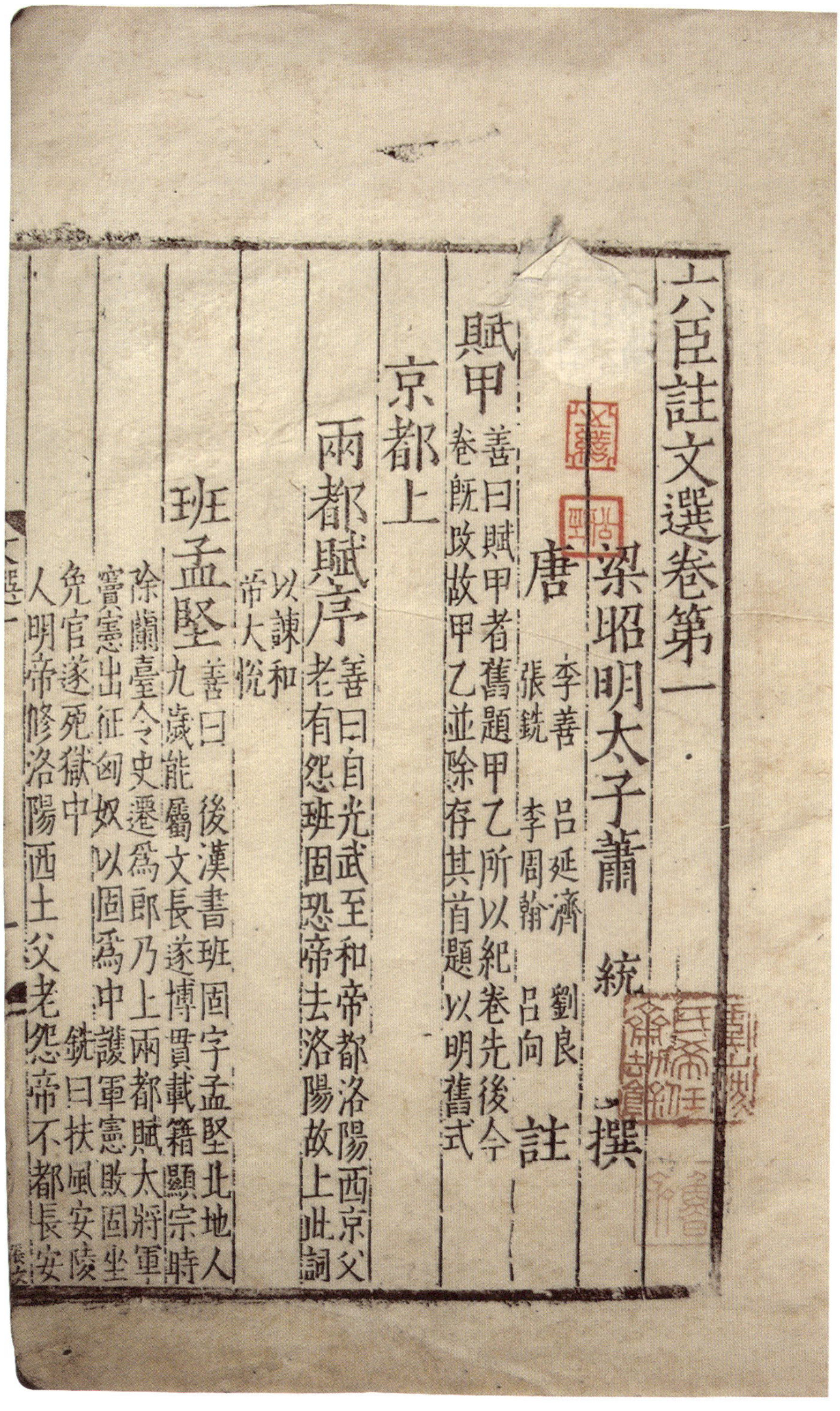

06238 六臣註文選六十卷 （南朝梁）蕭統輯 （唐）李善 呂延濟 劉良 張銑 李周瀚 呂向注 明嘉靖二十八年（1549）洪楩刻本

框高 21 厘米，廣 13.5 厘米。半葉十行，行十八字，小字雙行二十三字，白口，四周單邊。貴州師範大學圖書館藏。

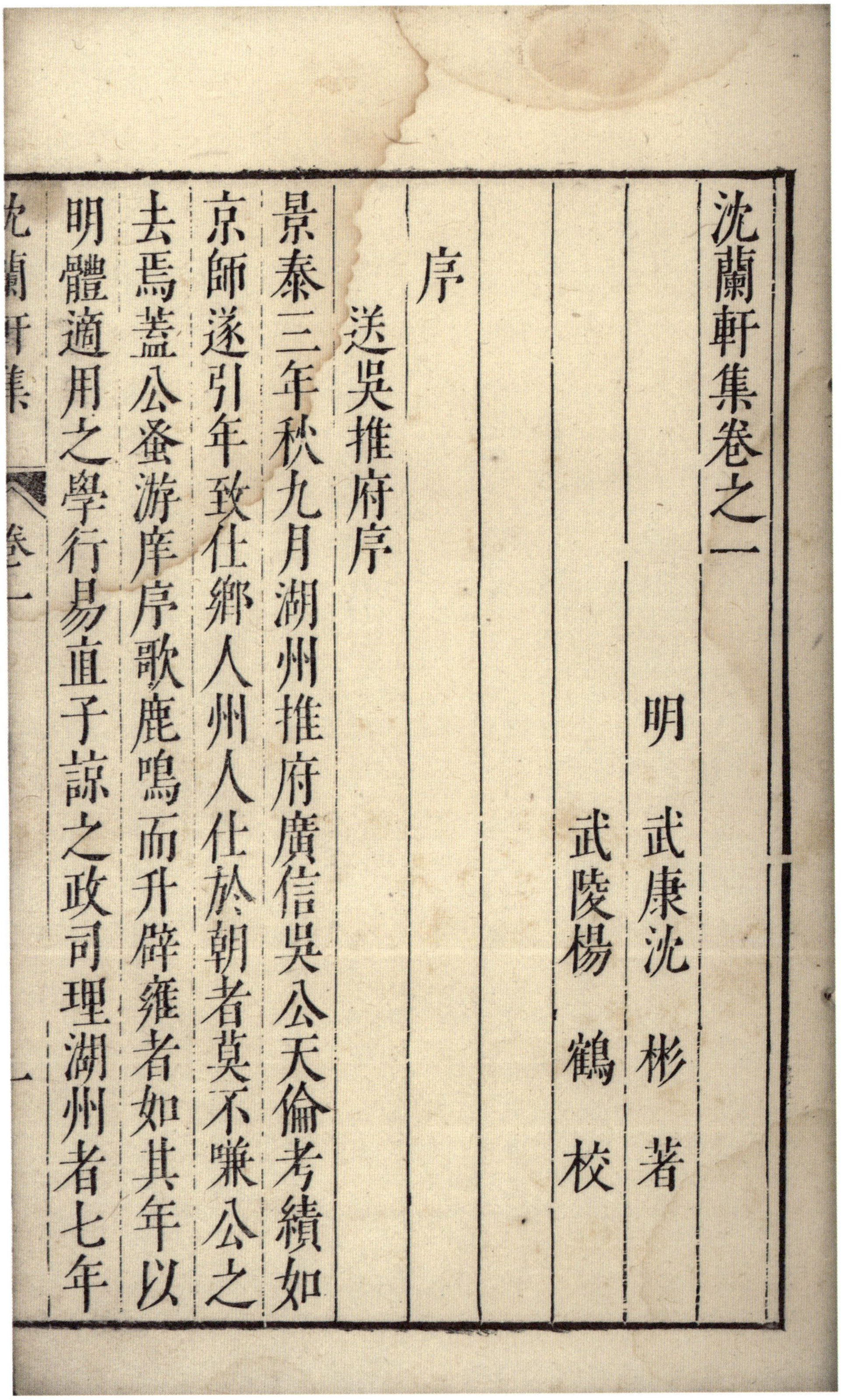

10725 沈蘭軒集五卷　（明）沈彬撰　明萬曆刻武康四先生集本

框高 21.8 厘米，廣 14.4 厘米。半葉十行，行二十字，白口，左右雙邊。貴州省圖書館藏。

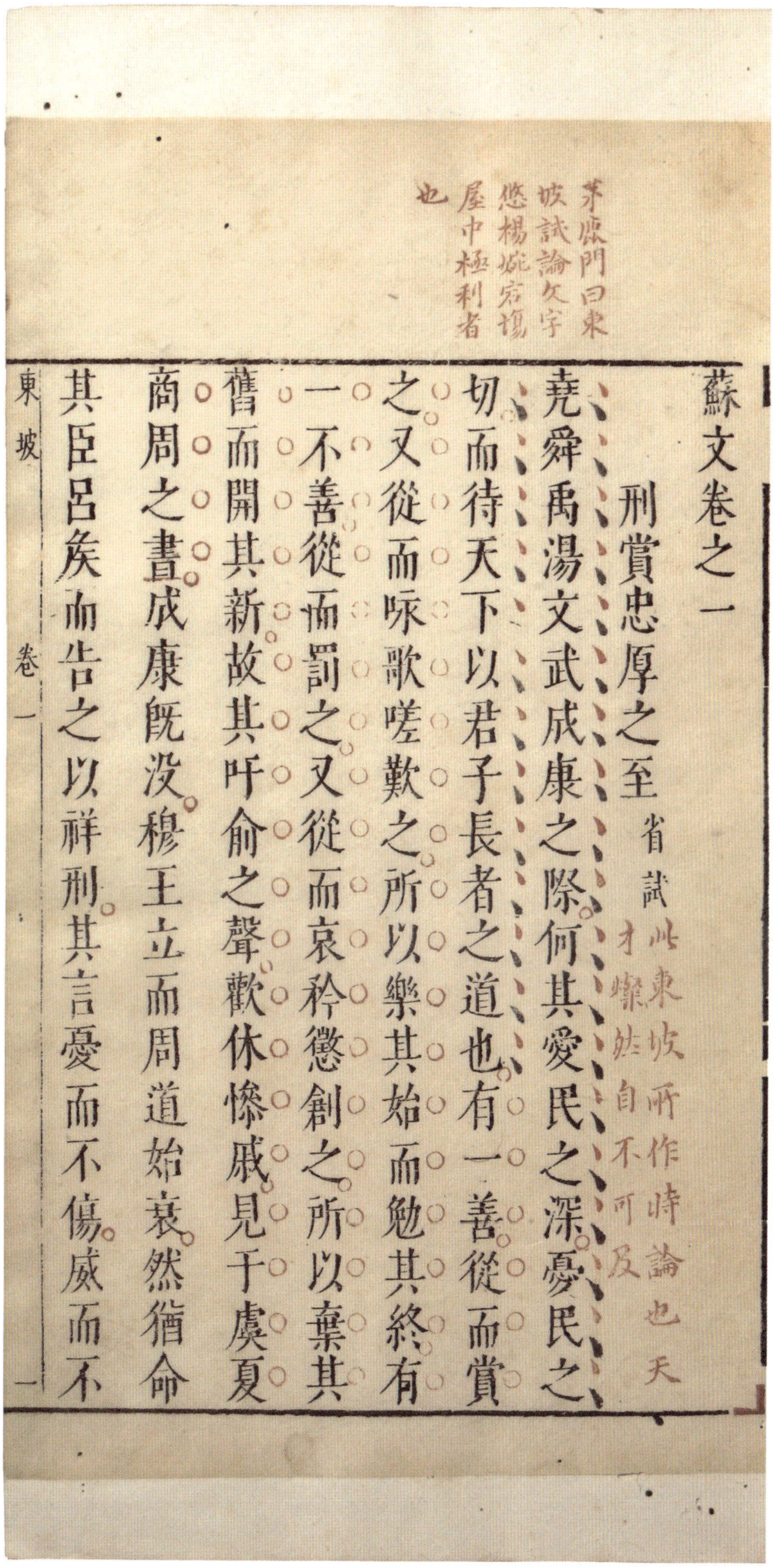
茅鹿門曰東坡試論文字悠揚婉宕隱屋中極利者也

蘇文卷之一

刑賞忠厚之至 省試

此東坡所作時論也天才爛然自不可及

堯舜禹湯文武成康之際何其愛民之深憂民之切而待天下以君子長者之道也有一善從而賞之又從而咏歌嗟歎之所以樂其始而勉其終有一不善從而罰之又從而哀矜懲創之所以棄其舊而開其新故其吁俞之聲歡休慘戚見于虞夏商周之書成康既沒穆王立而周道始衰然猶命其臣呂侯而告之以祥刑其言憂而不傷威而不

東坡 卷一 一

05593 **蘇文六卷** （宋）蘇軾撰 （明）茅坤等評 明閔爾容刻三色套印本

框高 20.4 厘米，廣 14.6 厘米。半葉九行，行十九字，白口，四周單邊。貴州省圖書館藏。

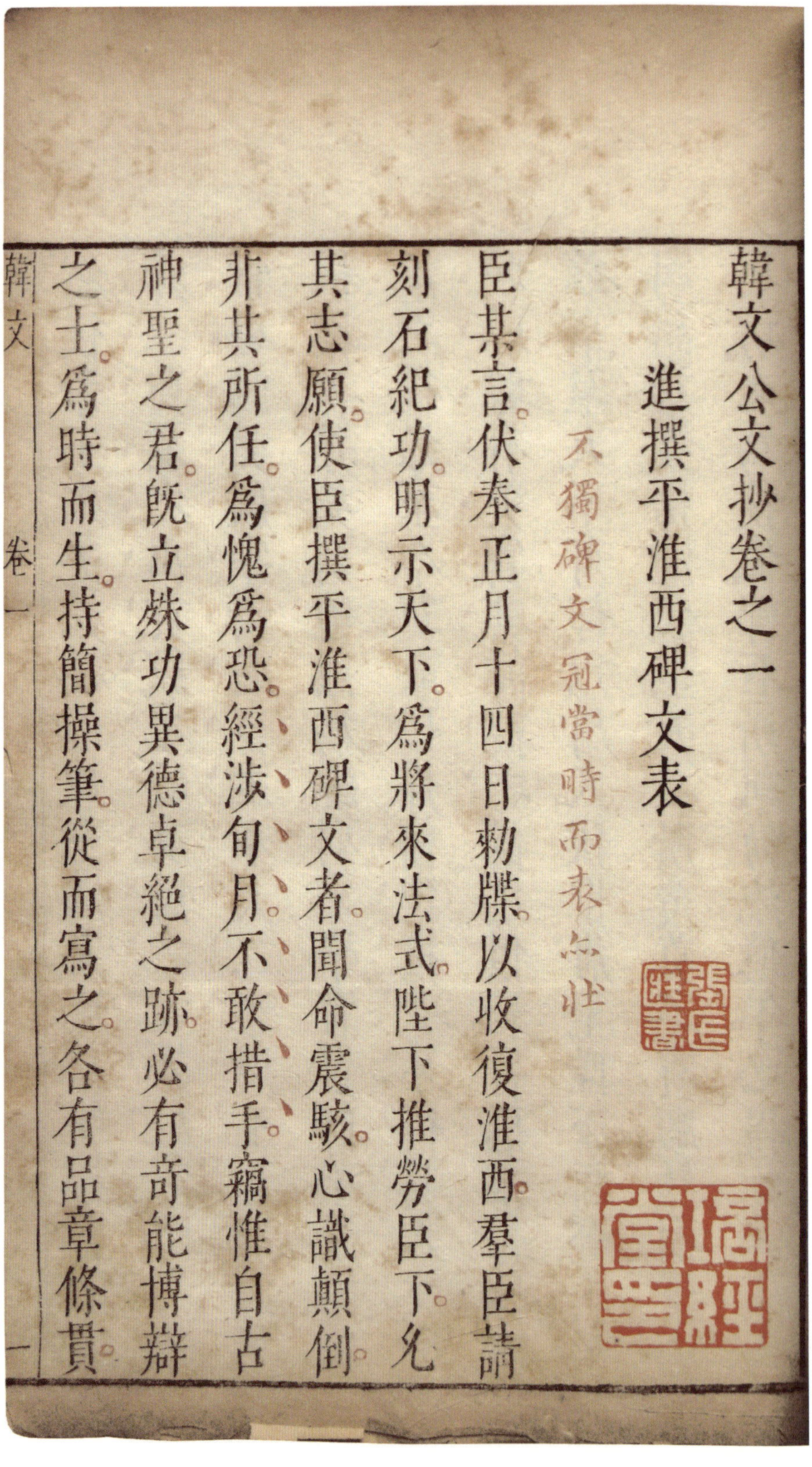

韓文公文抄卷之一

進撰平淮西碑文表

不獨碑文冠當時而表亦壯

臣某言伏奉正月十四日勅牒以收復淮西羣臣請刻石紀功明示天下爲將來法式陛下推勞臣下允其志願使臣撰平淮西碑文者聞命震駭心識顛倒非其所任爲愧爲恐經涉旬月不敢措手竊惟自古神聖之君既立殊功異德卓絕之跡必有奇能博辯之士爲時而生持簡操筆從而寫之各有品章條貫

韓文　卷一　一

05359 韓文公文抄十六卷　（唐）韓愈撰　（明）茅坤評　明刻朱墨套印本

框高 20.5 厘米，廣 13.9 厘米。半葉九行，行二十字，白口，四周單邊。貴州省博物館藏。

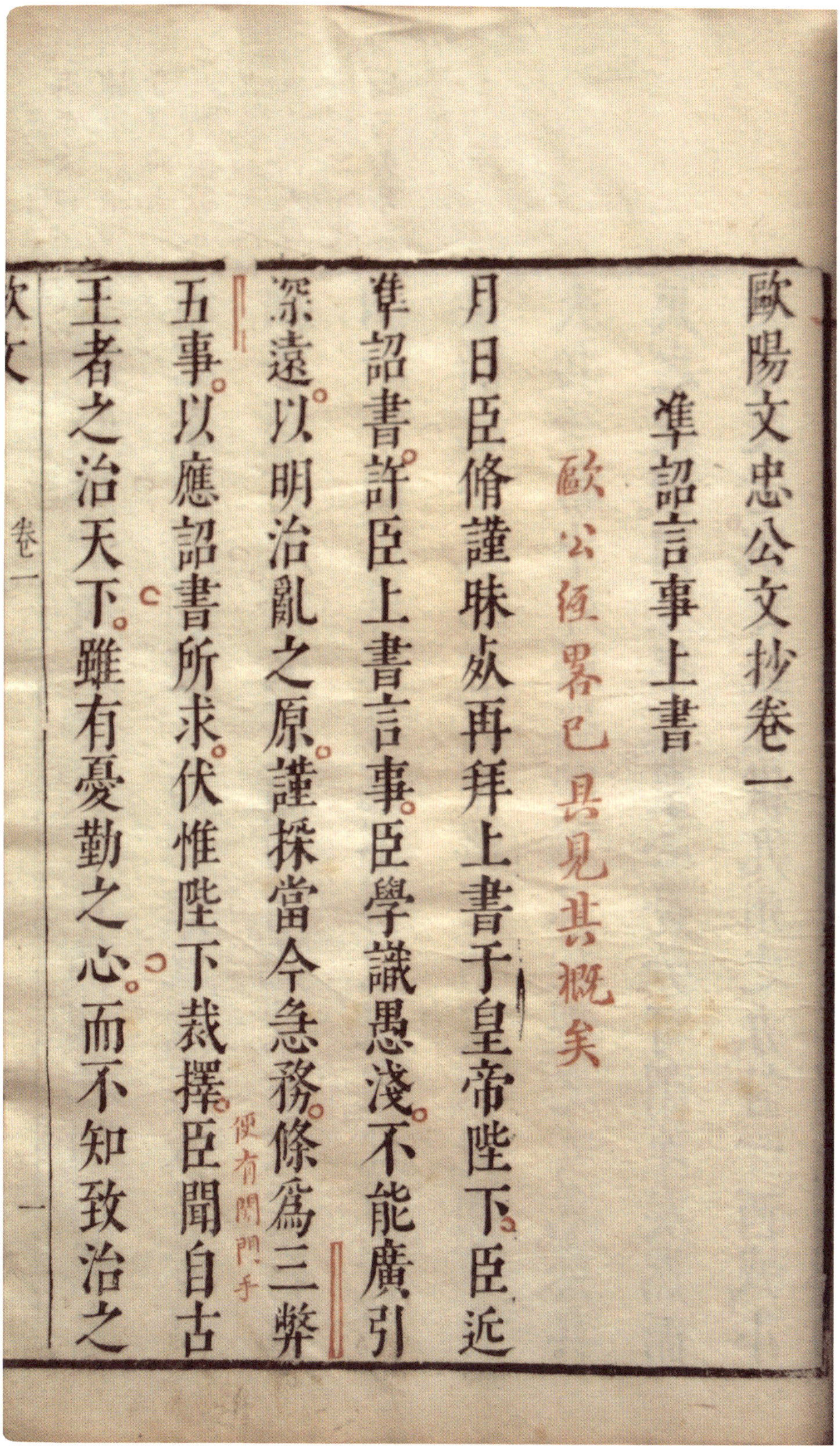

05530 **歐陽文忠公文抄十卷**　（宋）歐陽修撰　（明）茅坤評　明刻朱墨套印本

框高 20.2 厘米，廣 14.6 厘米。半葉八行，行十八字，白口，四周單邊。貴州省博物館藏。

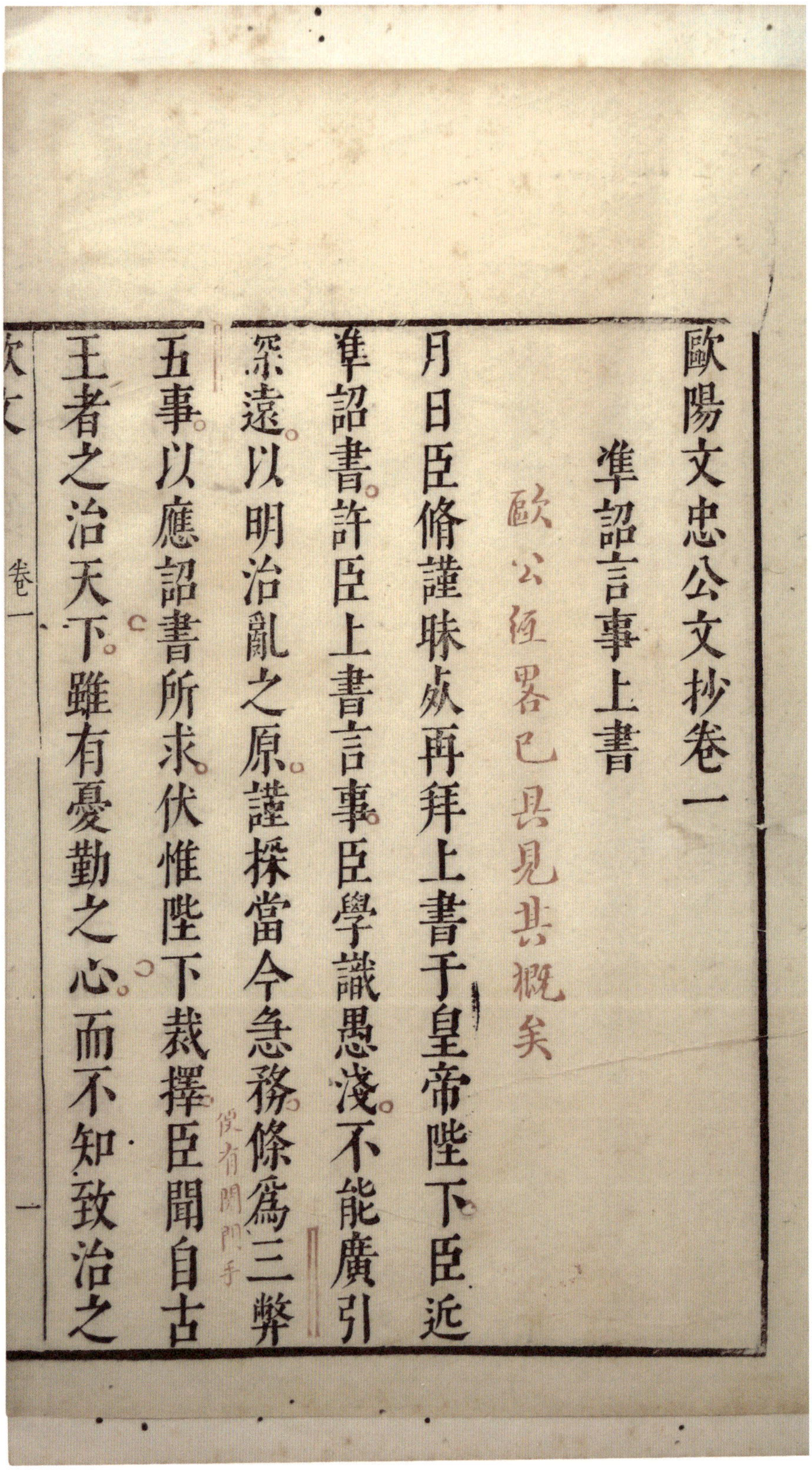

歐陽文忠公文抄卷一

準詔言事上書

歐公經畧已具見其概矣

月日臣脩謹昧死再拜上書于皇帝陛下臣近準詔書許臣上書言事臣學識愚淺不能廣引深遠以明治亂之原謹採當今急務條爲三弊五事以應詔書所求伏惟陛下裁擇臣聞自古王者之治天下雖有憂勤之心而不知致治之

歐文　卷一　一

05529 歐陽文忠公文抄十卷　（宋）歐陽修撰　（明）茅坤評　明刻朱墨套印本

框高 20.2 厘米，廣 14.7 厘米。半葉八行，行十八字，白口，四周單邊。貴州省圖書館藏。

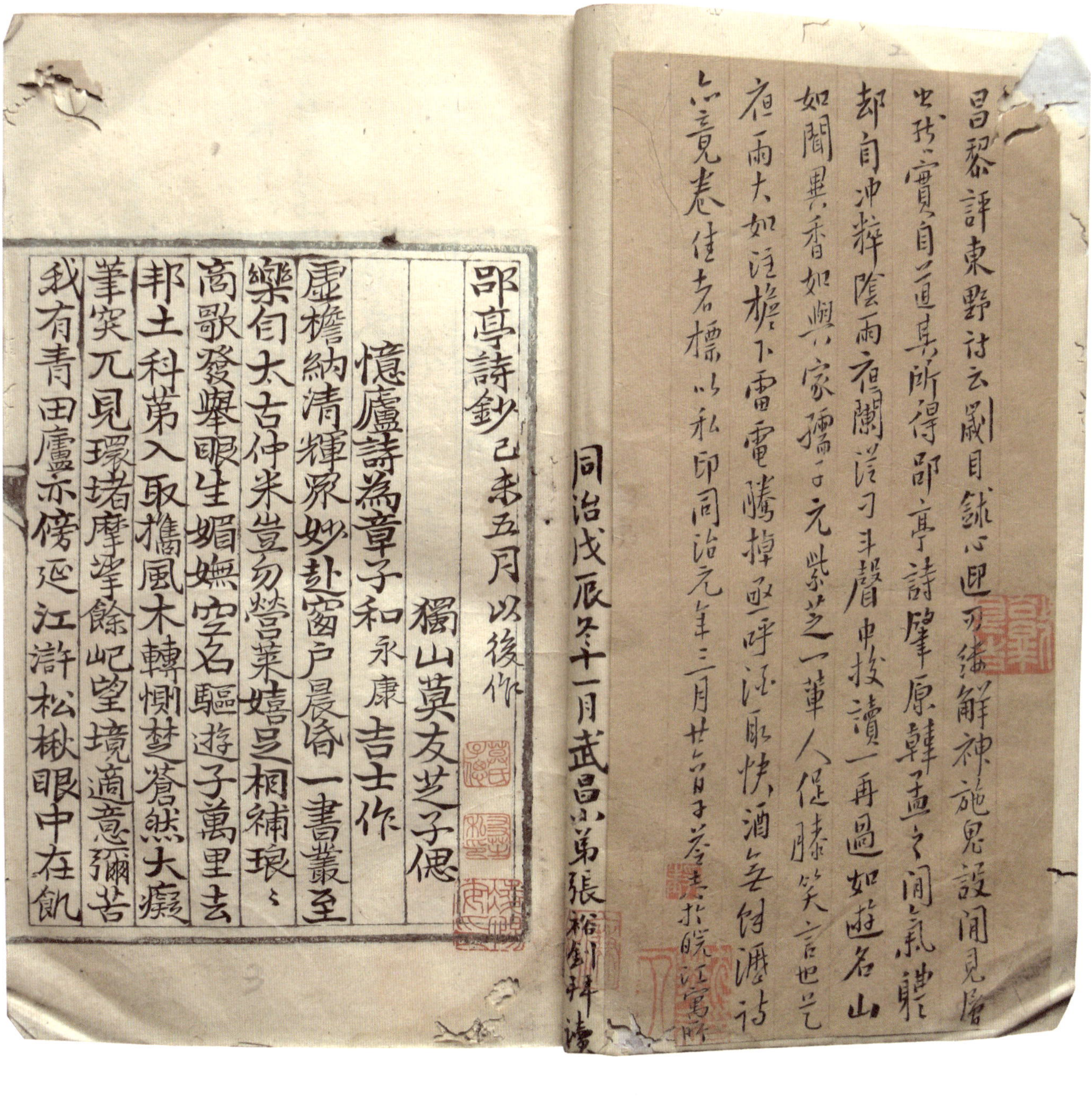
郘亭詩鈔 己未五月以後作
獨山莫友芝子偲
憶廬詩爲章子和永康吉士作
虛檐納清輝眾妙赴窗戶晨昏一書叢至
樂匃太古仲米豈匆營萊嬉兄桐補琅之
商歌發舉眼生媚嫵空名驅遊子萬里去
邦土科第入取攜風木轉惻楚蒼然大癡
筆突兀見環堵摩挲餘屺望境適意彌苦
我有青田廬亦傍延江滸松楸眼中在飢

06178 郘亭詩鈔不分卷　（清）莫友芝撰　稿本

框高 17.5 厘米，廣 13 厘米。半葉九行，行十六字，绿格，白口，四周雙邊。貴州省博物館藏。

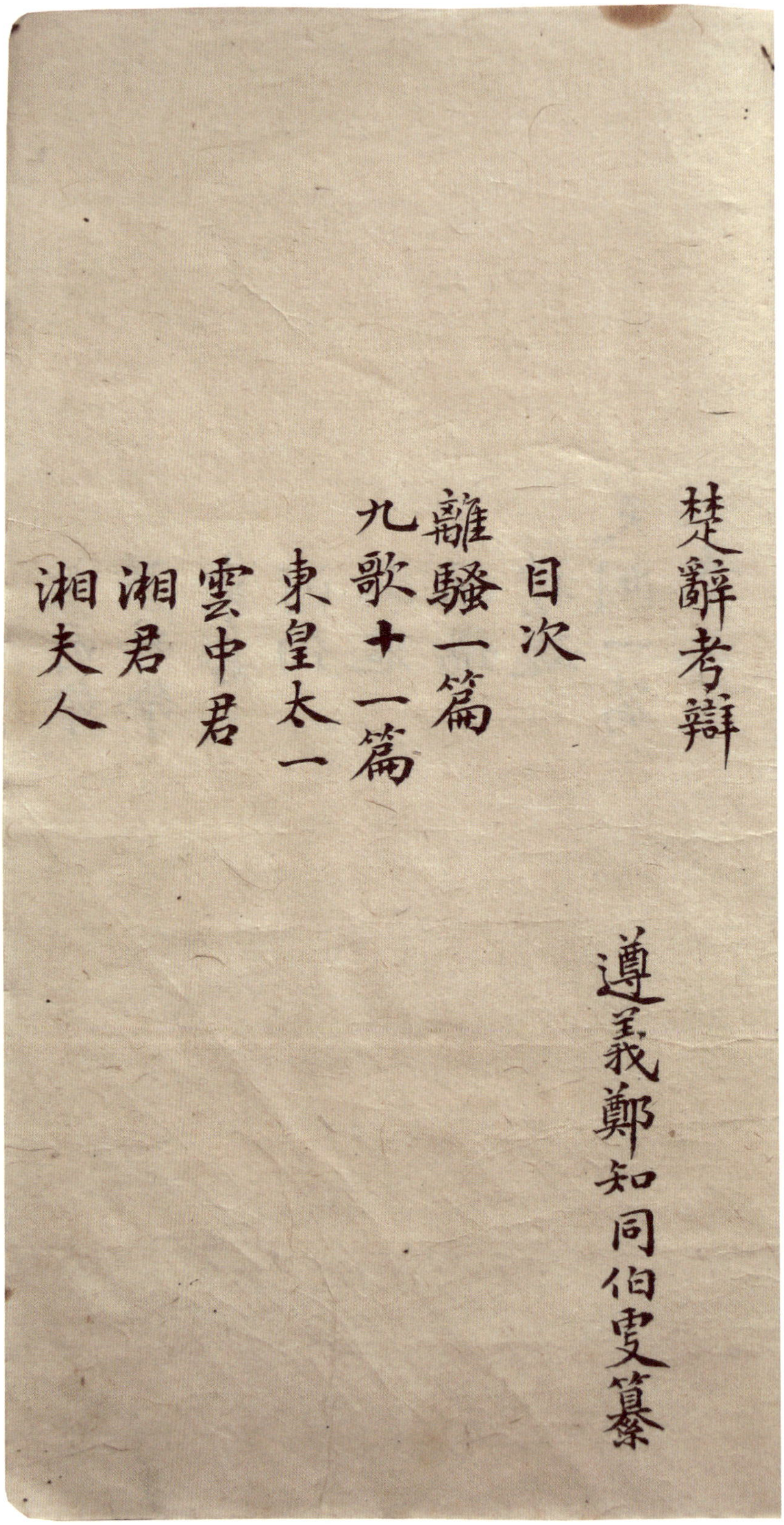

楚辭考辯

目次

離騷一篇

九歌十一篇

東皇太一

雲中君

湘君

湘夫人

遵義鄭知同伯更纂

08666 楚辭考辯不分卷　（清）鄭知同撰　稿本

高 27.8 厘米，廣 16.8 厘米。半葉九行，行十五字。黎庶昌跋，貴州省博物館藏。

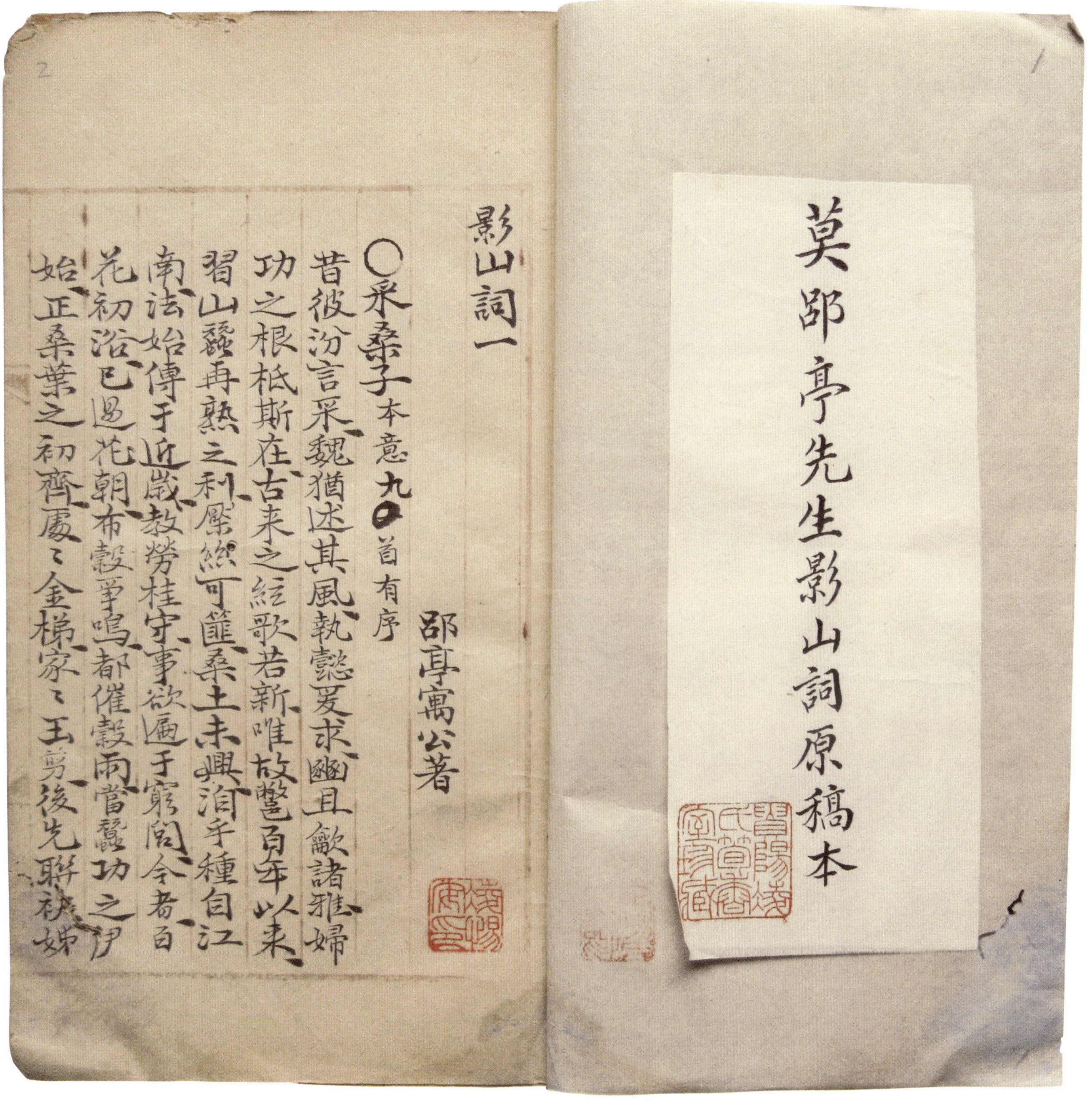
莫郘亭先生影山詞原稿本

影山詞一
郘亭寓公著
○采桑子 本意九首有序
昔彼汾言采桑魏猶述其風執懿筐求幽且歛諸雅婦
功之根柢斯在古來之經歌若新唯放蠶百年以來
習山蠶再熟之利壓絲可籠桑土未興涓手種白江
南法始傳于近歲教勞桂守事欲匾于窮閭今者白
花初浴已過花朝布穀爭鳴都催蠶兩當蠶功之伊
始正桑葉之初齊屨屨金梯家家玉剪後先聯袂姊

10976 影山詞二卷外集一卷　（清）莫友芝撰　稿本

框高 19 厘米，廣 12.7 厘米。半葉九行，行二十一字，紅格，白口，左右雙邊。黎伯容批注圈點。貴州省博物館藏。

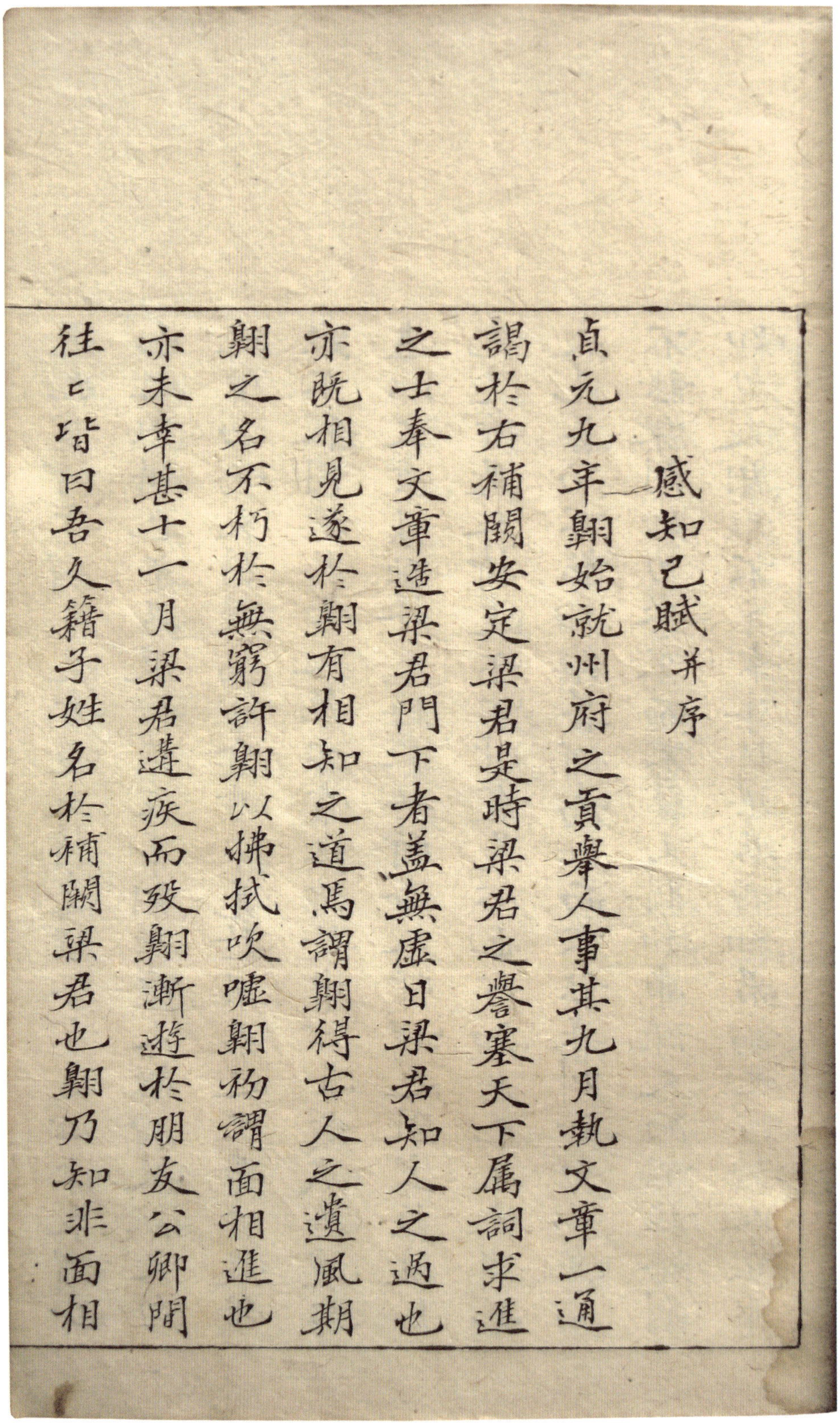
感知己賦并序

貞元九年翶始就州府之貢舉人事其九月執文章一通謁於右補闕安定梁君是時梁君之譽塞天下屬詞求進之士奉文章造梁君門下者蓋無虛日梁君知人之過也亦旣相見遂於翶有相知之道焉謂翶得古人之遺風期翶之名不朽於無窮許翶以拂拭吹噓翶初謂面相進也亦未幸甚十一月梁君遘疾而殁翶漸遊於朋友公卿間往往皆曰吾久籍子姓名於補闕梁君也翶乃知非面相

08799 李習之文集不分卷　（唐）李翶撰　清鄭珍抄本

框高 17.5 厘米，廣 13.2 厘米。半葉九行，行二十二字，白口，四周單邊。貴州省博物館藏。

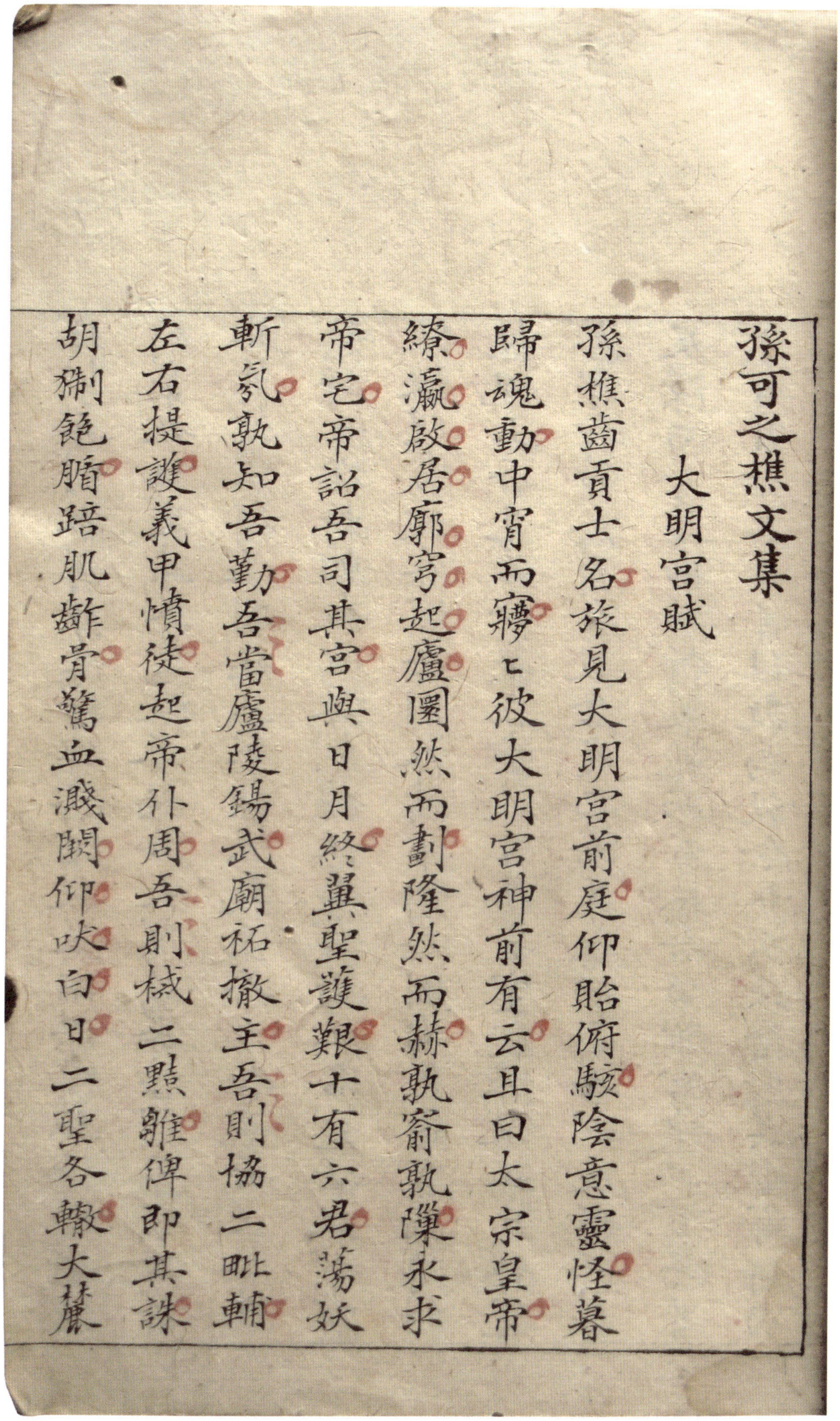

孫可之樵文集
大明宮賦
孫樵菑貢士名旅見大明宮前庭仰眙俯駭陰意靈怪暮
歸魂動中宵而寤々彼大明宮神前有云且曰太宗皇帝
繚瀛敞居廓穹起廬圜然而劃隆然而赫孰裔孰隟永求
帝宅帝詔吾司其宮與日月終翼聖護艱十有六君蕩妖
斬氛孰知吾勤吾當廬陵錫武廟祏撤主吾則協二毗輔
左右提護義甲憤徒起帝仆周吾則械二黠雖俾即其誅
胡猘飽腯踣肌齘骨驚血濺鬪仰吠白日二聖各轍大麓

08811 孫可之文集不分卷　（唐）孫樵撰　清鄭珍抄本

框高 17.3 厘米，廣 13.2 厘米。半葉九行，行二十二字，白口，四周單邊。貴州省博物館藏。

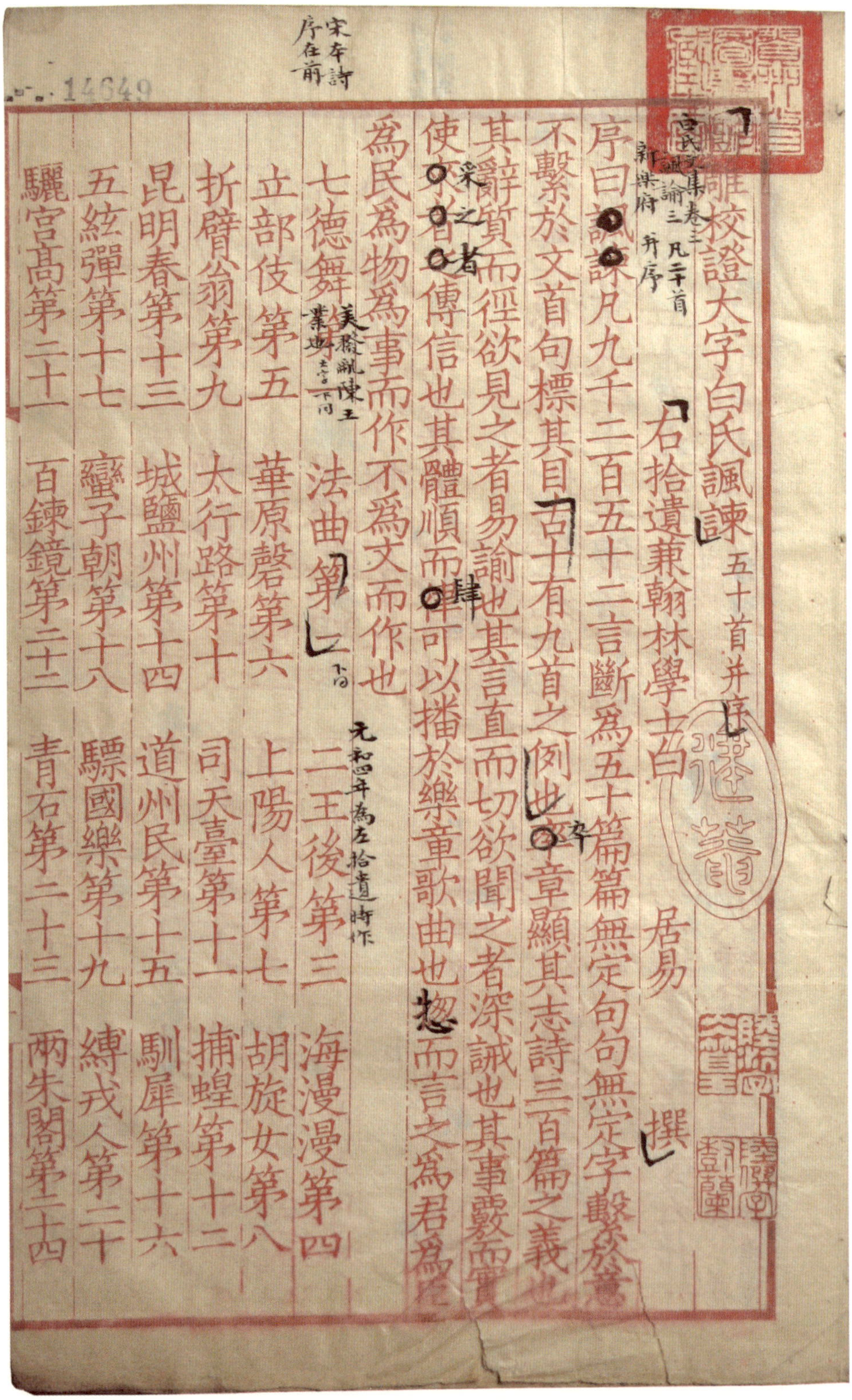
新雕校證大字白氏諷諫　五十首并序
右拾遺兼翰林學士白　居易　撰
序曰諷諫凡九千二百五十二言斷爲五十篇篇無定句句無定字繫於意不繫於文首句標其目古十有九首之例也卒章顯其志詩三百篇之義也其辭質而徑欲見之者易諭也其言直而切欲聞之者深誡也其事覈而實使采之者傳信也其體順而肆可以播於樂章歌曲也總而言之爲君爲臣爲民爲物爲事而作不爲文而作也
七德舞第一　法曲第二　二王後第三　海漫漫第四
立部伎第五　華原磬第六　上陽人第七　胡旋女第八
折臂翁第九　太行路第十　司天臺第十一　捕蝗第十二
昆明春第十三　城鹽州第十四　道州民第十五　馴犀第十六
五絃彈第十七　蠻子朝第十八　驃國樂第十九　縛戎人第二十
驪宮高第二十一　百鍊鏡第二十二　青石第二十三　兩朱閣第二十四

08806 新雕校證大字白氏諷諫一卷　（唐）白居易撰　清刻朱印本

框高 22.3 厘米，廣 13.8 厘米。半葉十三行，行二十九字，紅格，紅口，左右雙邊。費念慈批校。貴州省圖書館藏。

彝文珍貴古籍

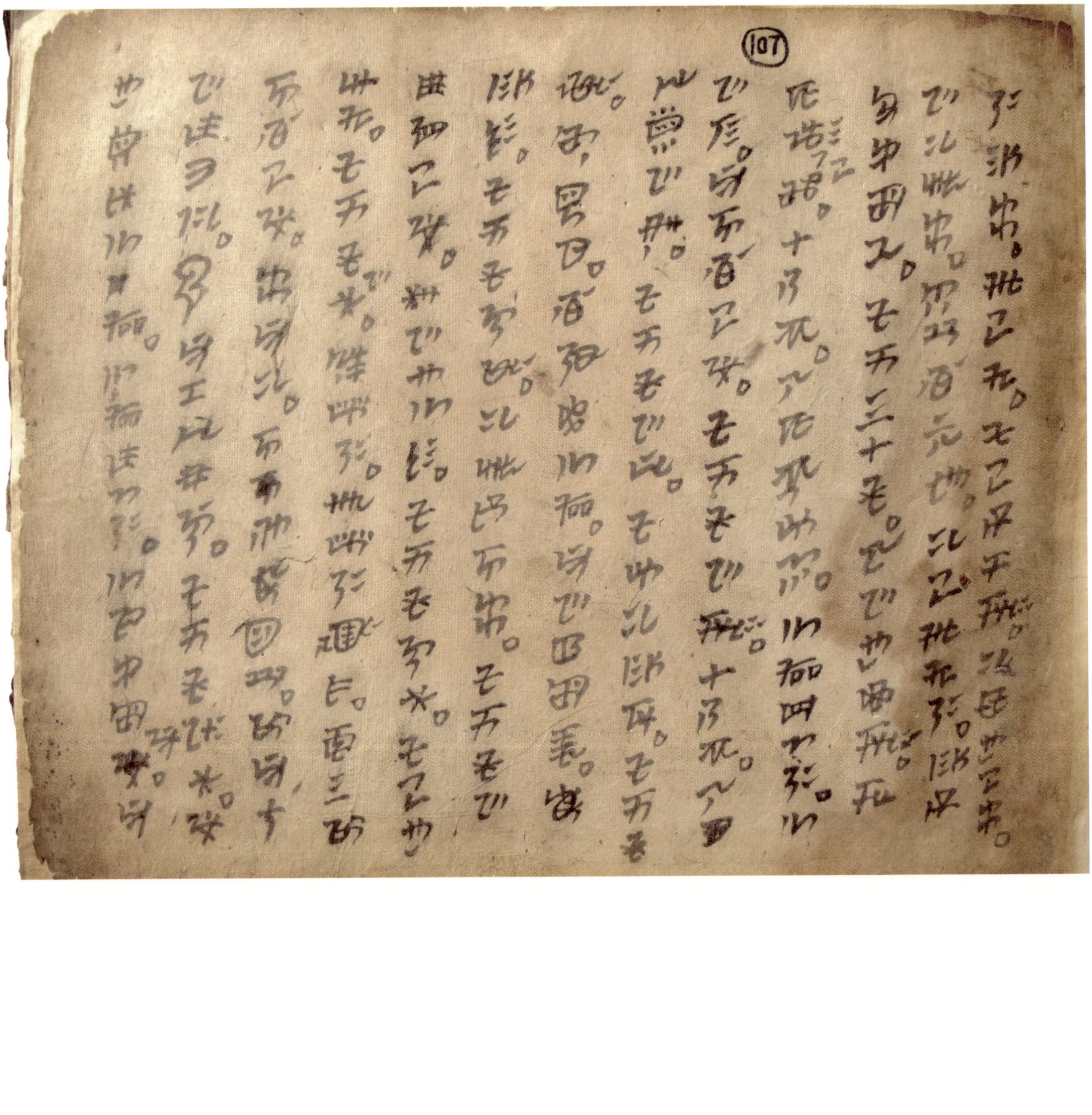

06751 摩史喪儀書 彝文 摩史彙編 清乾隆二十年（1755）寫本
綫裝。開本高 23.7 厘米，廣 30 厘米。貴州省畢節地區彝文翻譯組藏。

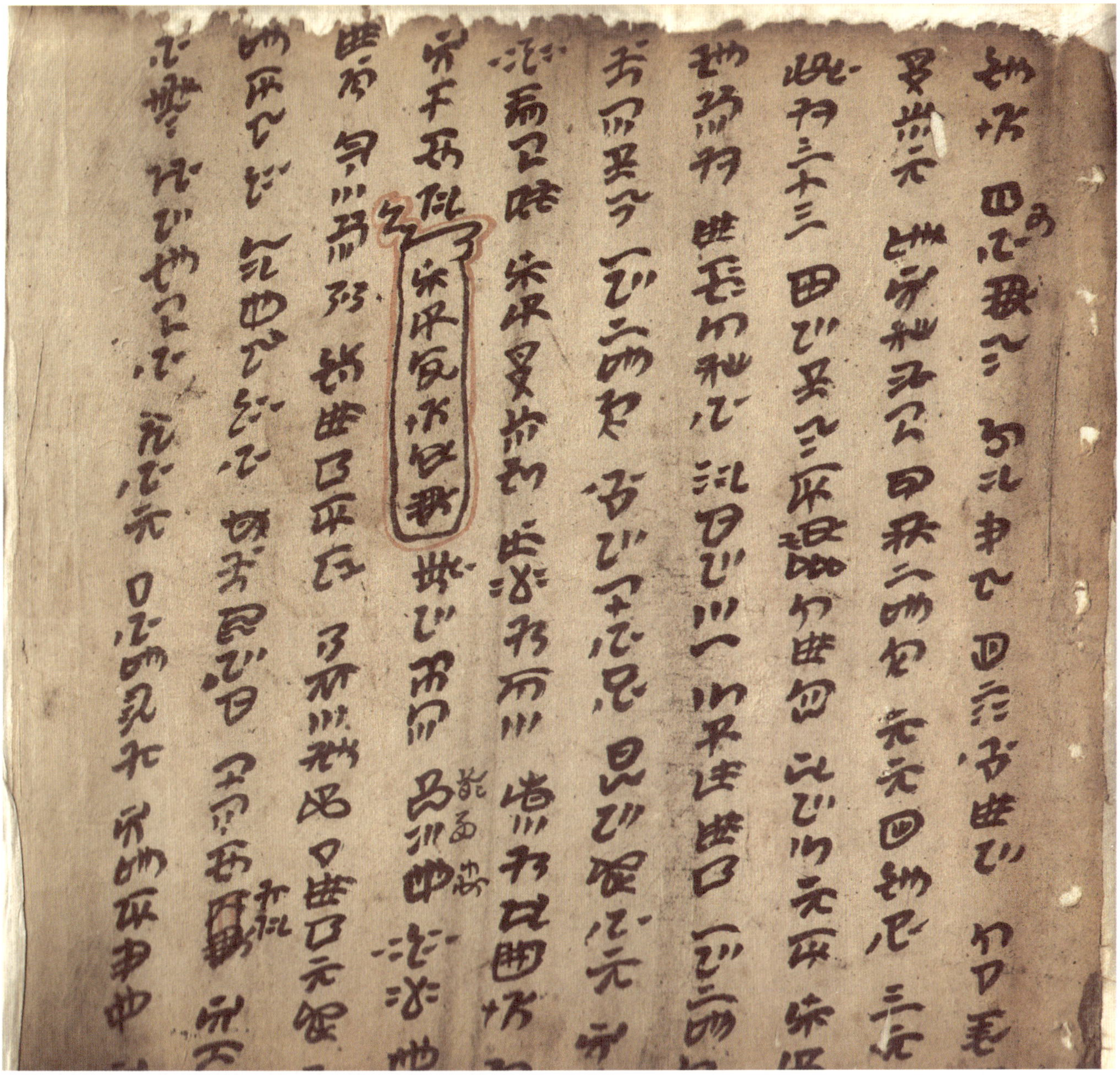

06755 祈福習俗書 彝文 阿都乃索撰 清乾隆寫本

綫裝。開本高 21.2 厘米，廣 23.5 厘米。貴州省畢節地區彝文翻譯組藏。

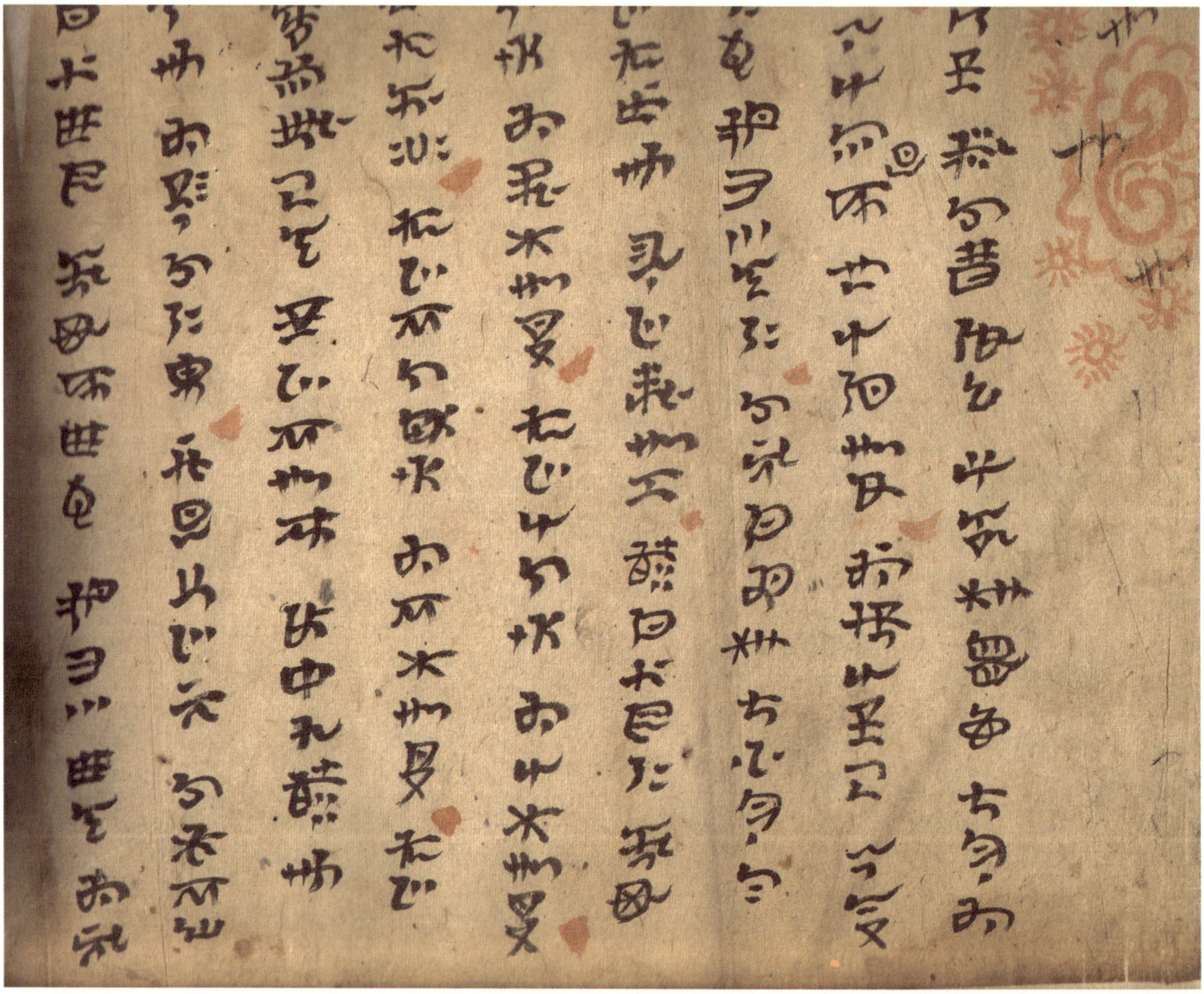

06756 彝族諸漚書 彝文 畢余孟德 俄索布等撰 清乾隆寫本

綫裝。開本高 24.3 厘米，廣 28.3 厘米。貴州省畢節地區彝文翻譯组藏。

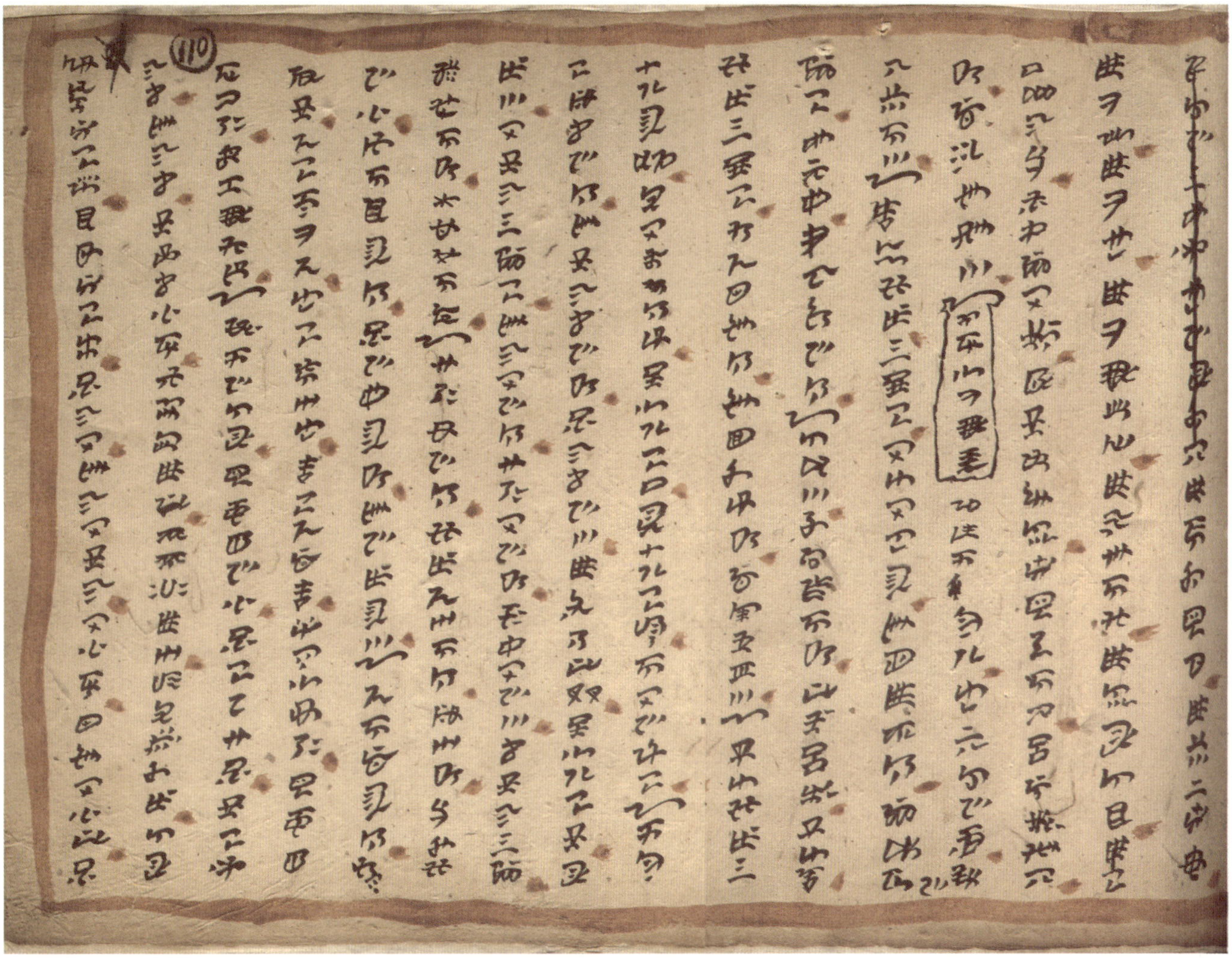

06757 蘇巨黎咪　彝文　布陀布舉等撰　清乾隆寫本

綫裝。開本高 34 厘米，廣 27.5 厘米。貴州省威寧彝族回族苗族自治縣民族事務局古籍辦公室李麽寧藏。

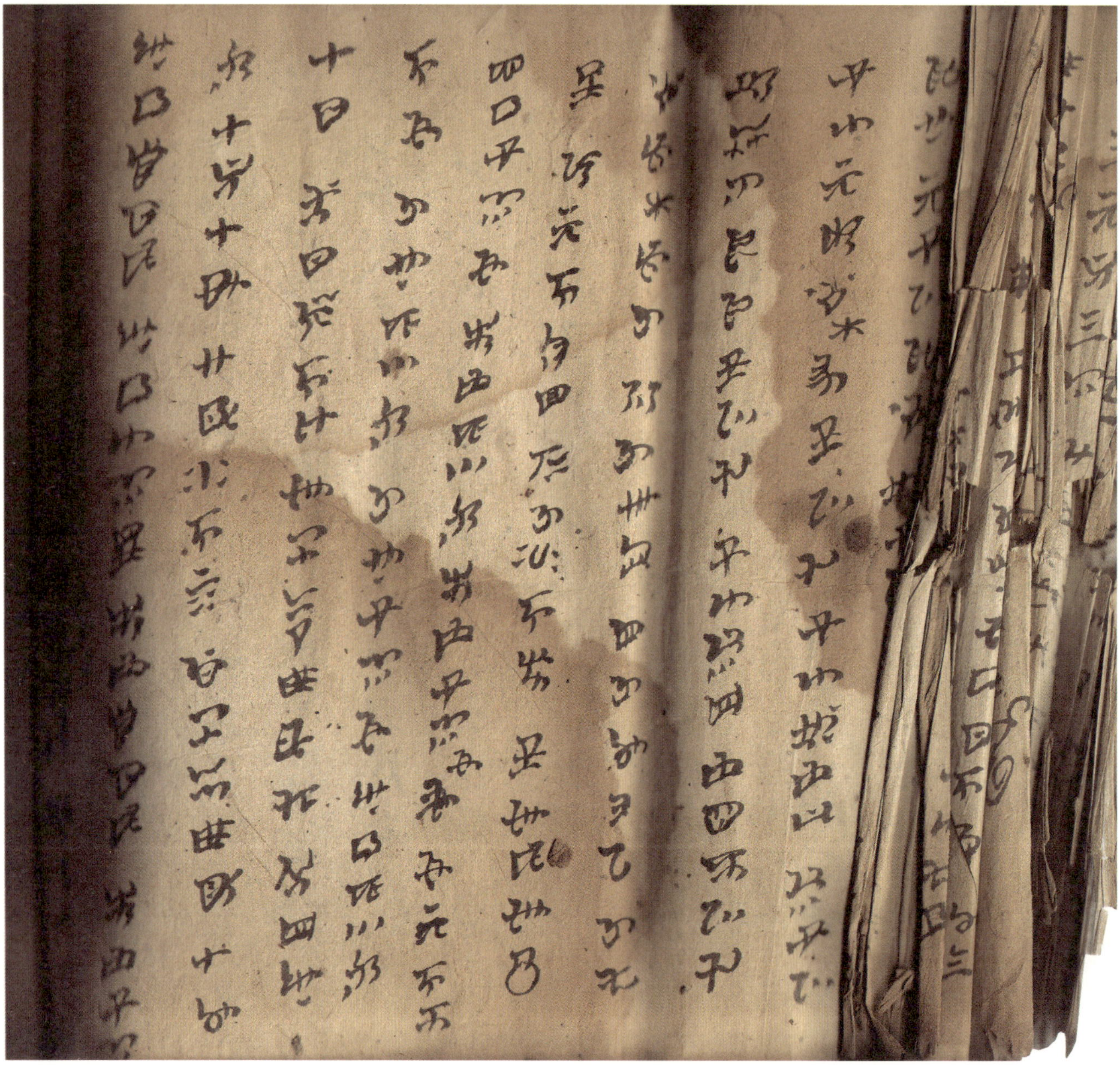

06758 算天罡　彝文　腮色吐足佐撰　清乾隆寫本

綫裝。開本高 24 厘米，廣 16 厘米。貴州省畢節地區彝文翻譯組王子國藏。

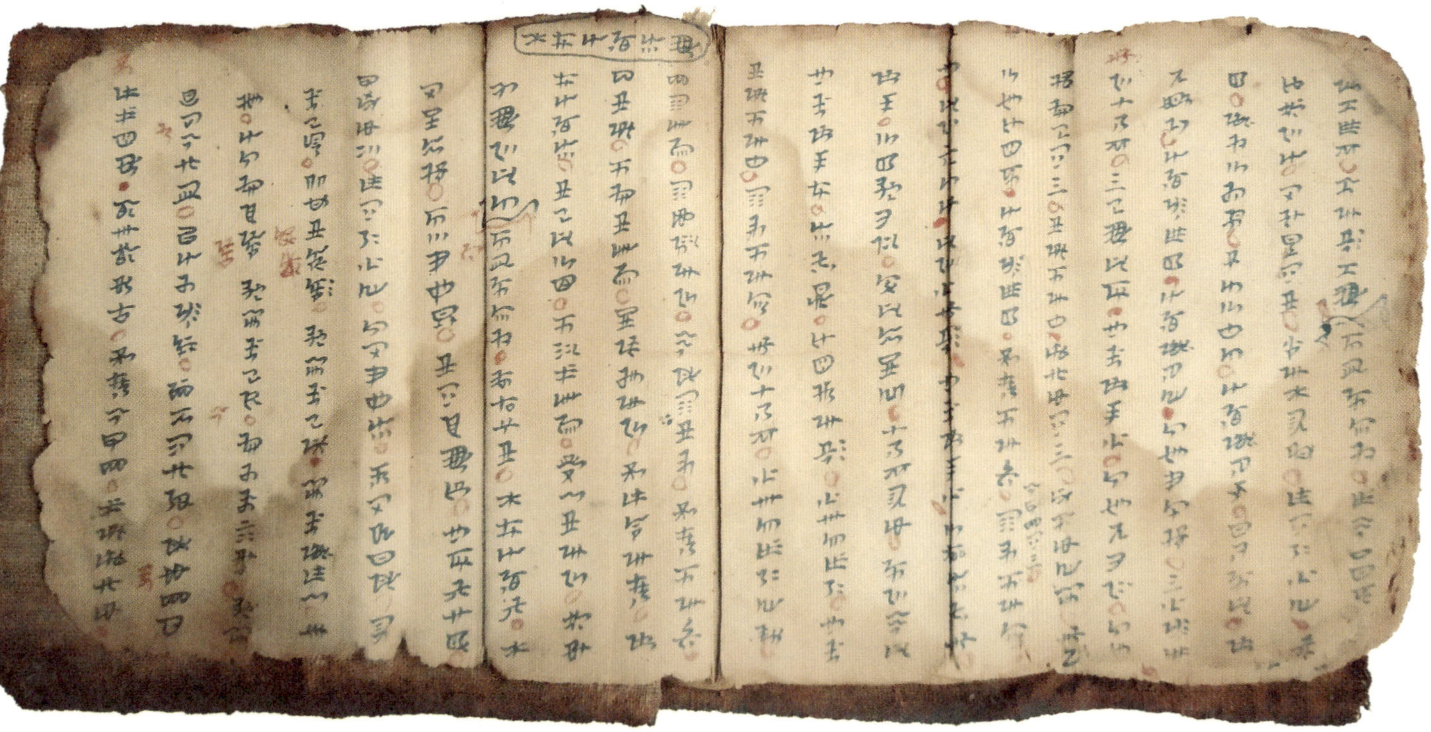

11282 **喪儀細沓把**　彝文　清嘉慶三年（1798）抄本

綫裝。開本高 25 厘米，廣 26.5 厘米。貴州省畢節地區彝文文獻翻譯研究中心藏。

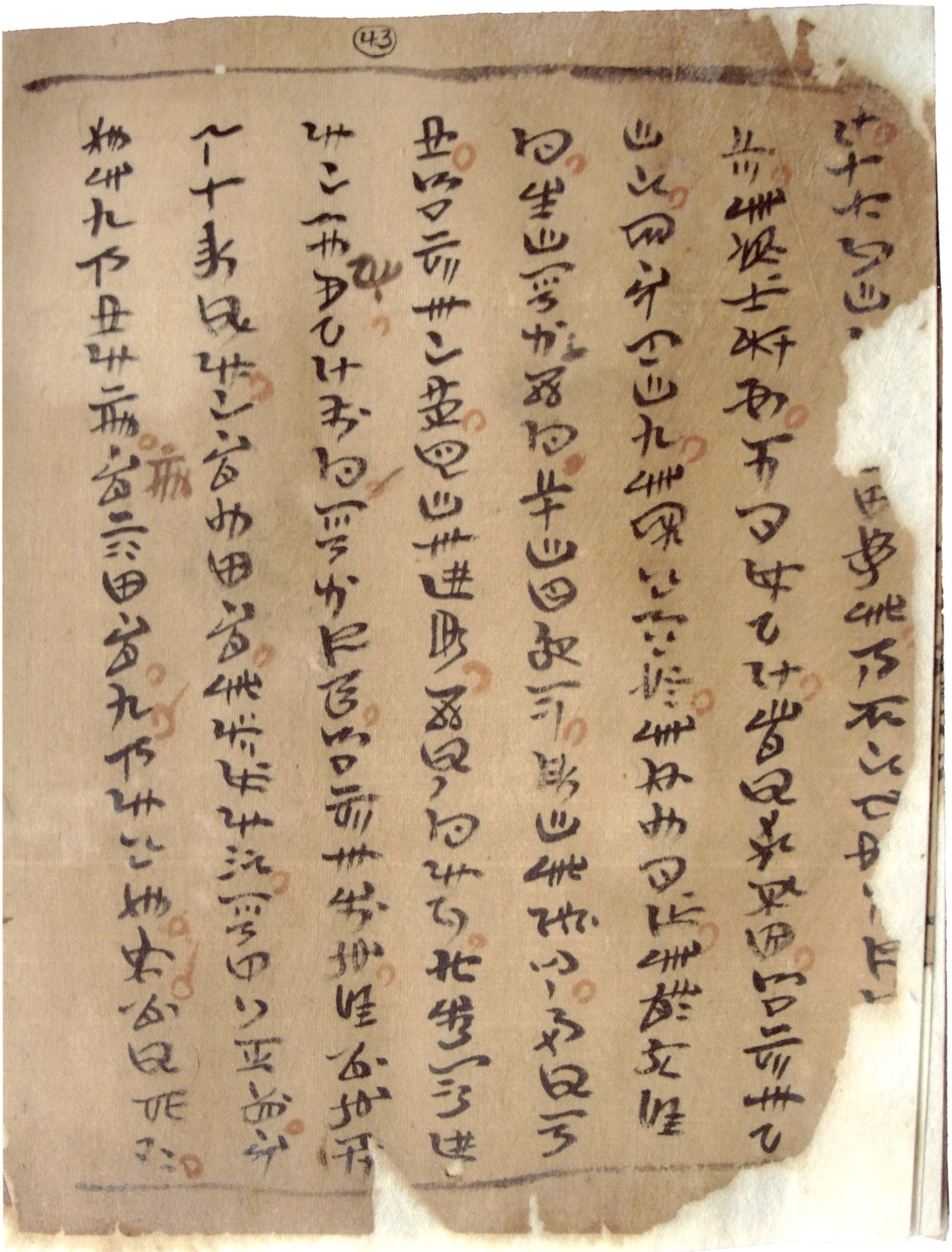

06761 **摩史敘史書** 彝文 阿大赫翥撰 清嘉慶寫本

綫裝。開本高 17.5 厘米，廣 21.2 厘米。貴州省畢節地區彝文翻譯組藏。

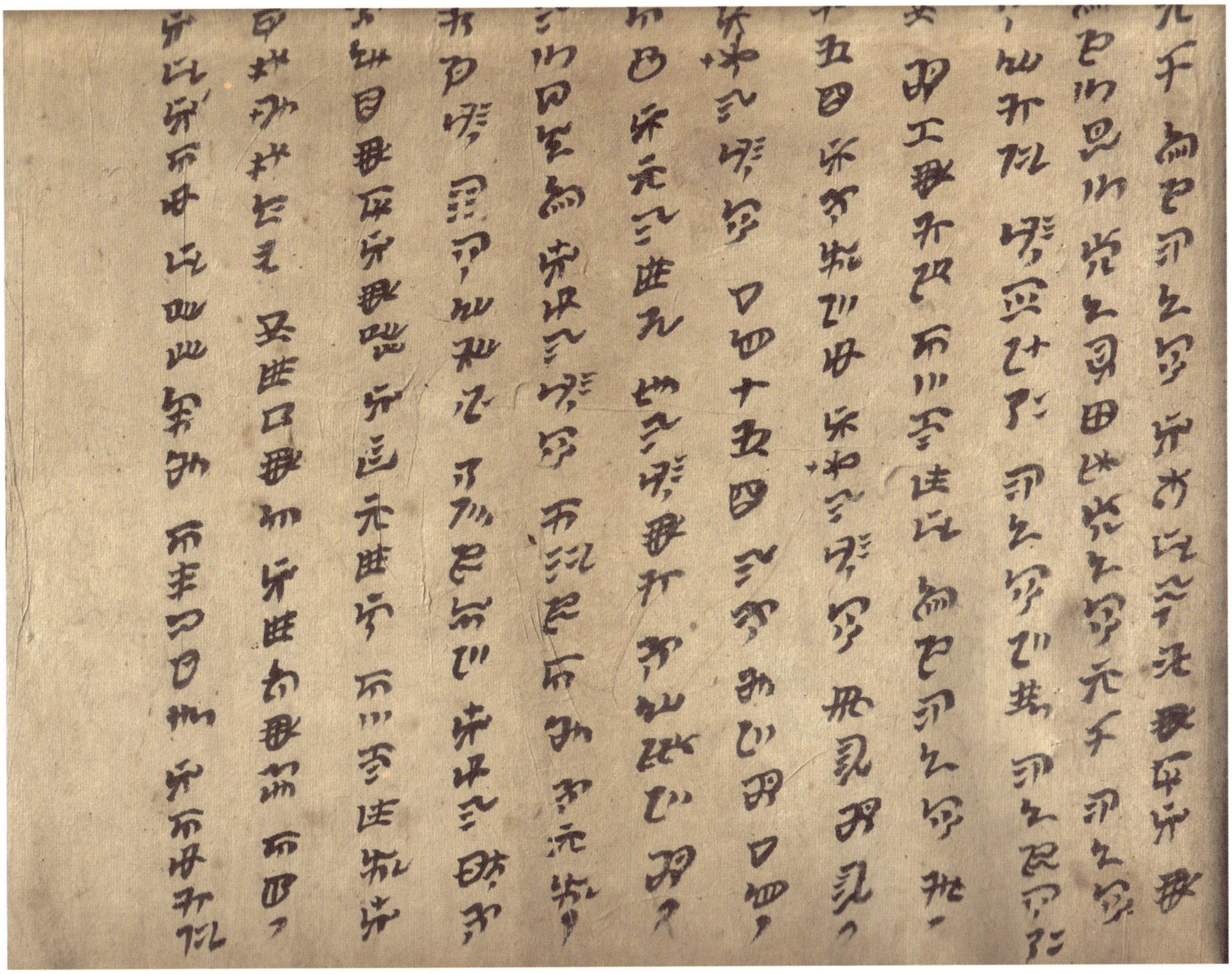

06762 摩久蘇　彝文　俄索摩史撰　清嘉慶寫本

綫裝。開本高 23.8 厘米，廣 30 厘米。貴州省畢節地區彝文翻譯組藏。

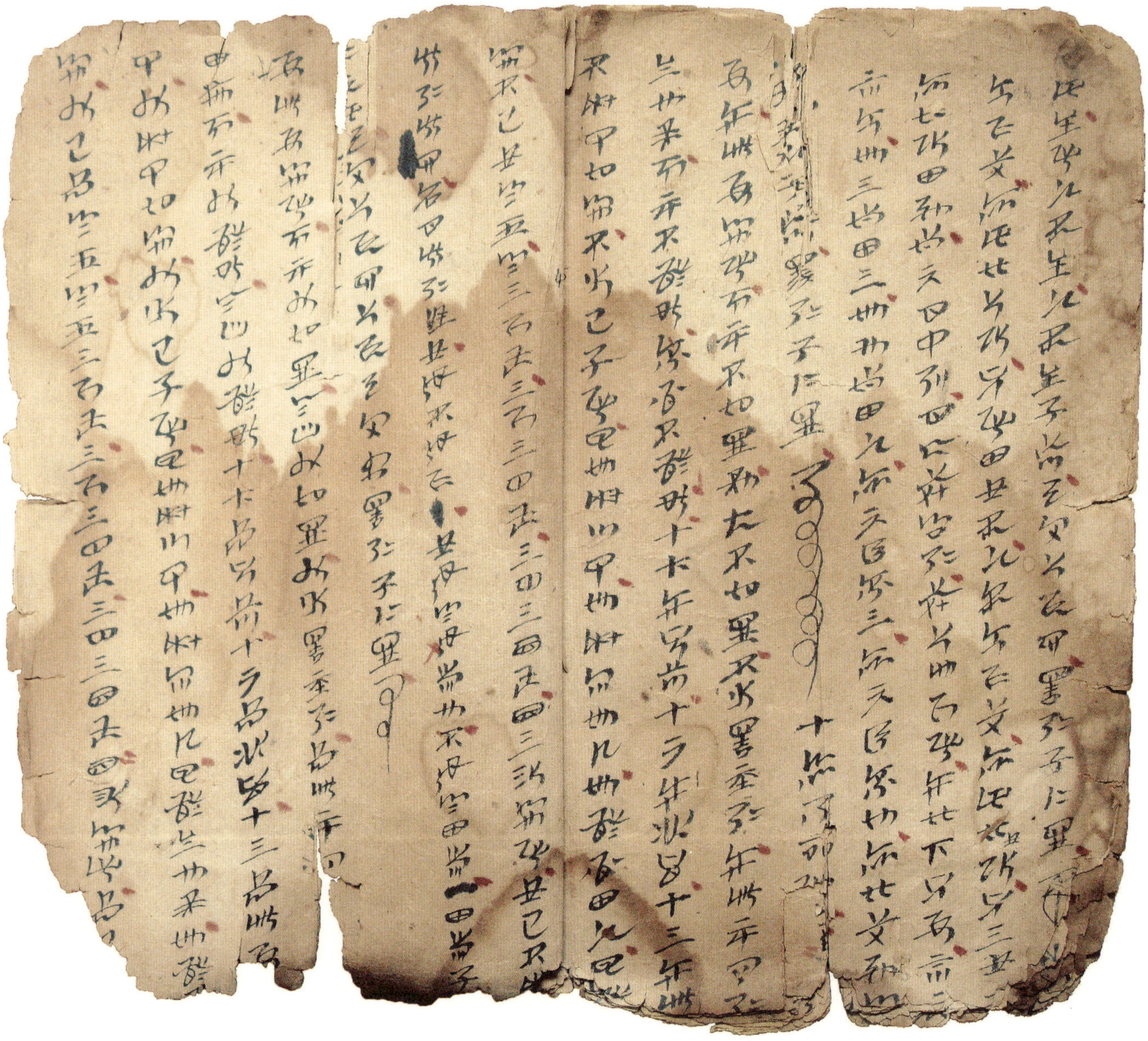

11284 嫁歌歌詞集　彝文　清嘉慶抄本

綫裝。開本高 24.5 厘米，廣 15.5 厘米。貴州民族文化宫圖書館藏。

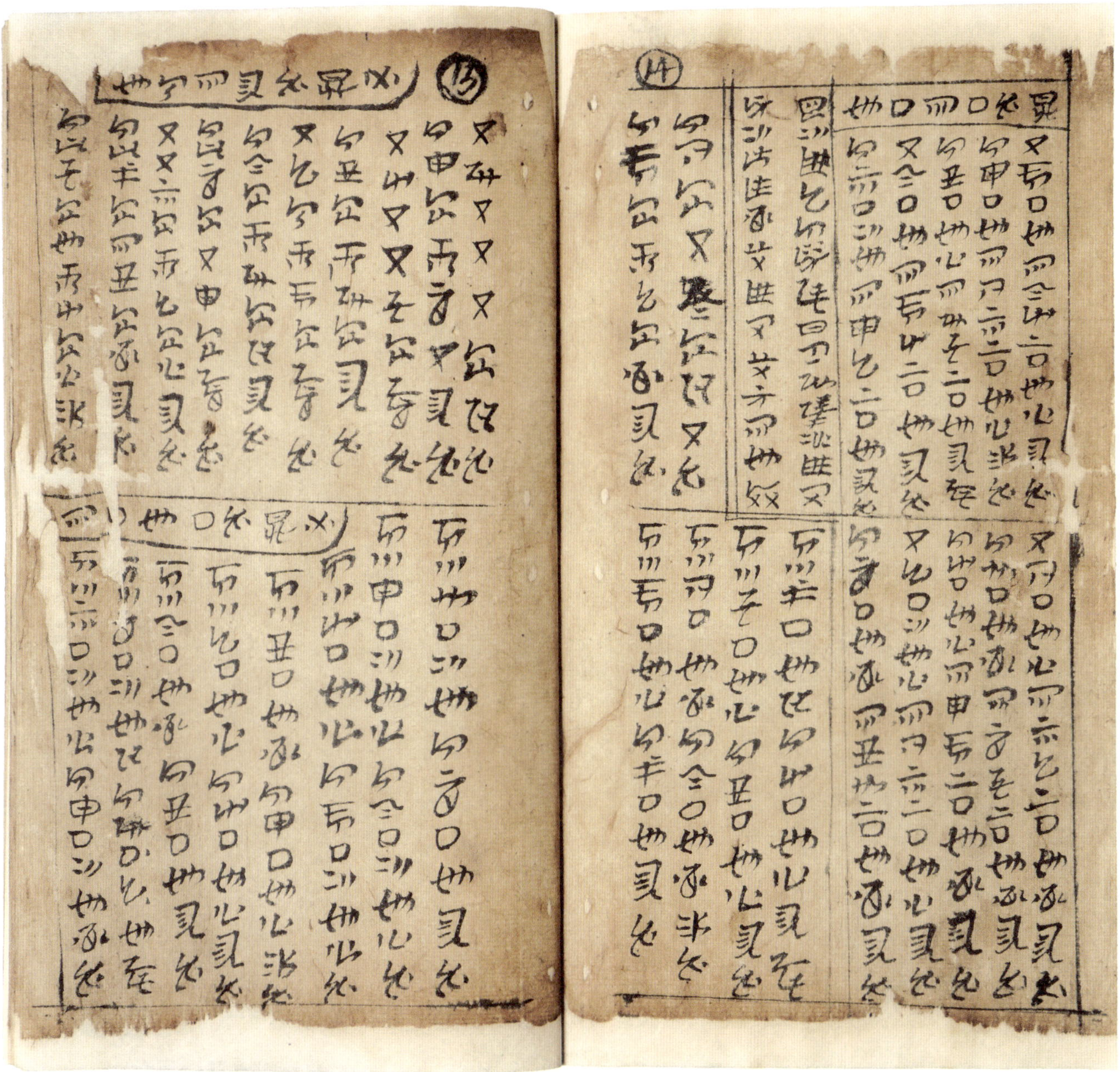

11285 十二部勾則 彝文 清道光元年（1821）抄本

綫裝。開本高 24.6 厘米，廣 14.8 厘米。貴州省畢節地區彝文文獻翻譯研究中心藏。

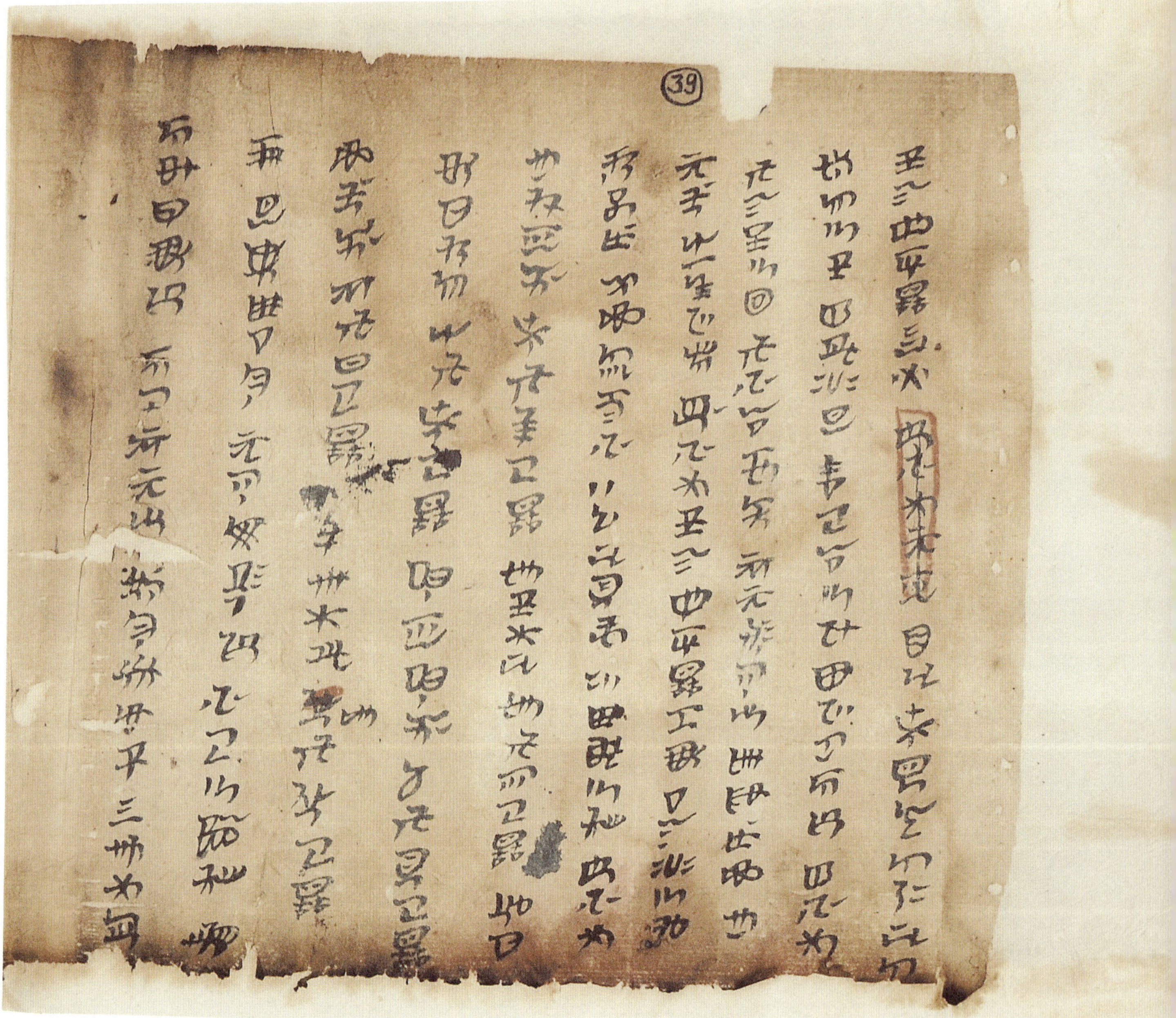

11286 哭祭亡靈經　彝文　清道光二年（1822）抄本
綫裝。開本高 25.4 厘米，廣 30 厘米。貴州省畢節地區彝文文獻翻譯研究中心藏。

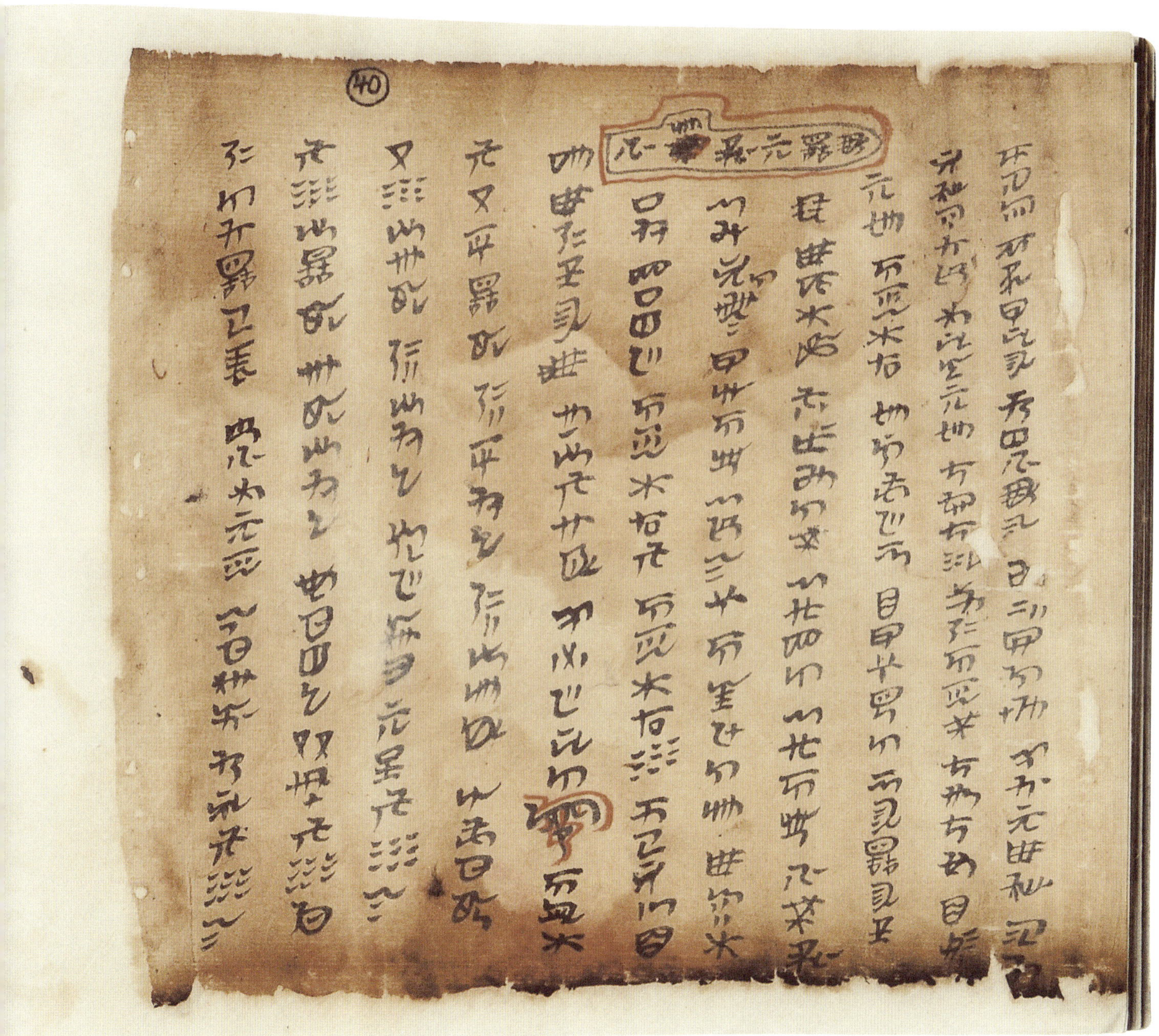

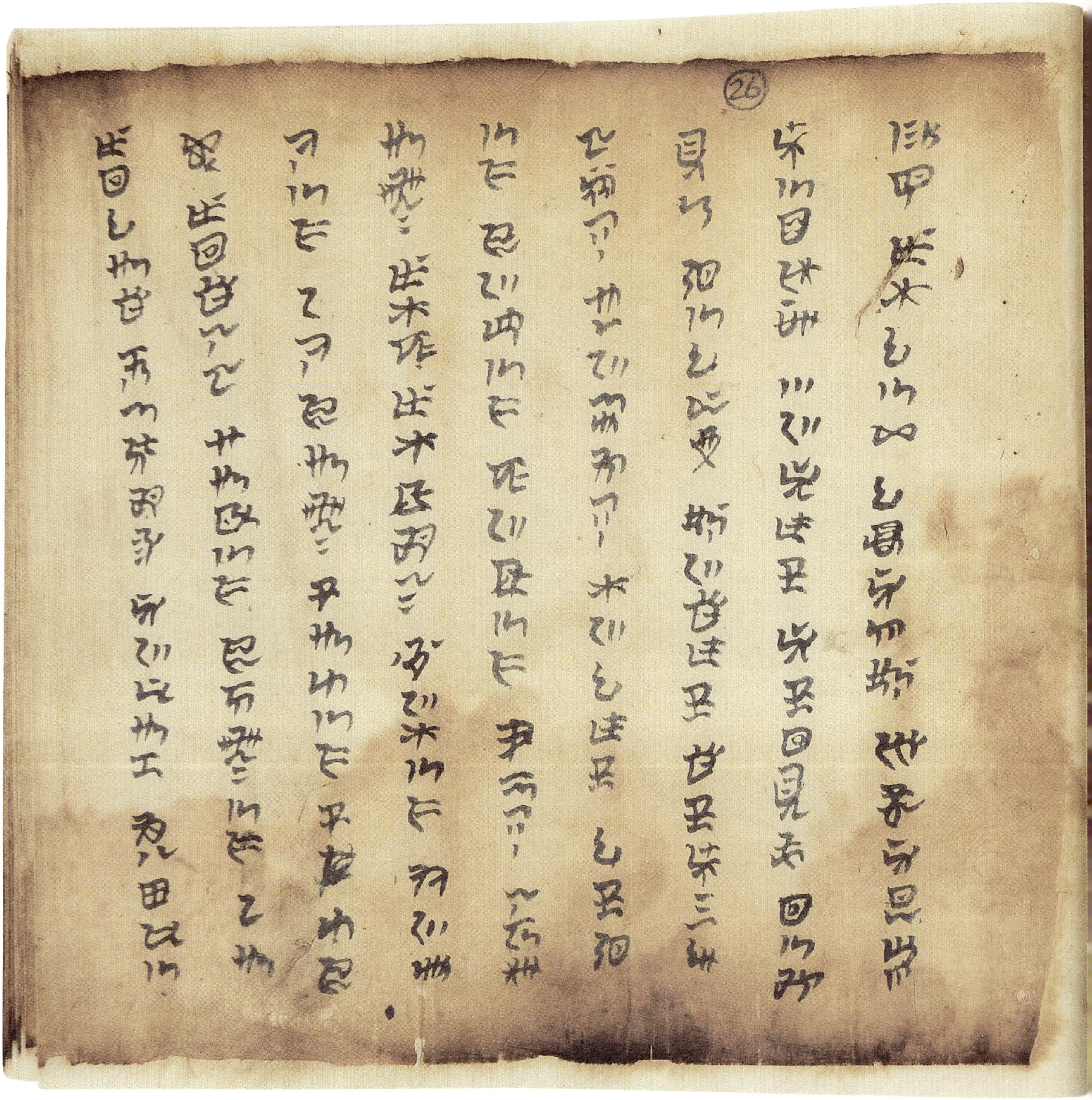

11287 喪祭驅鬼經 彝文 清道光四年（1824）抄本

綫裝。開本高 24.5 厘米，廣 24.7 厘米。貴州省畢節地區彝文文獻翻譯研究中心藏。

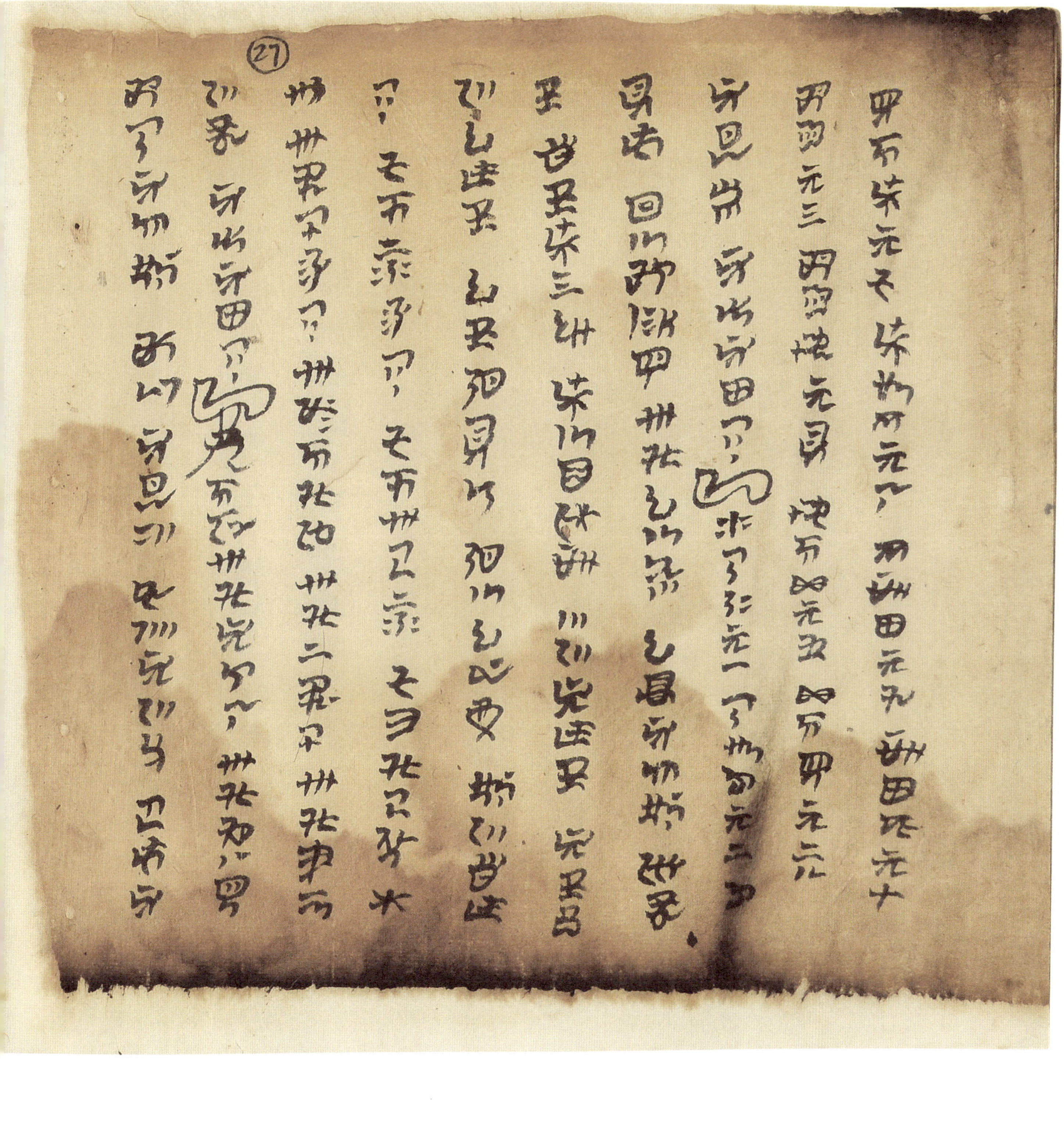

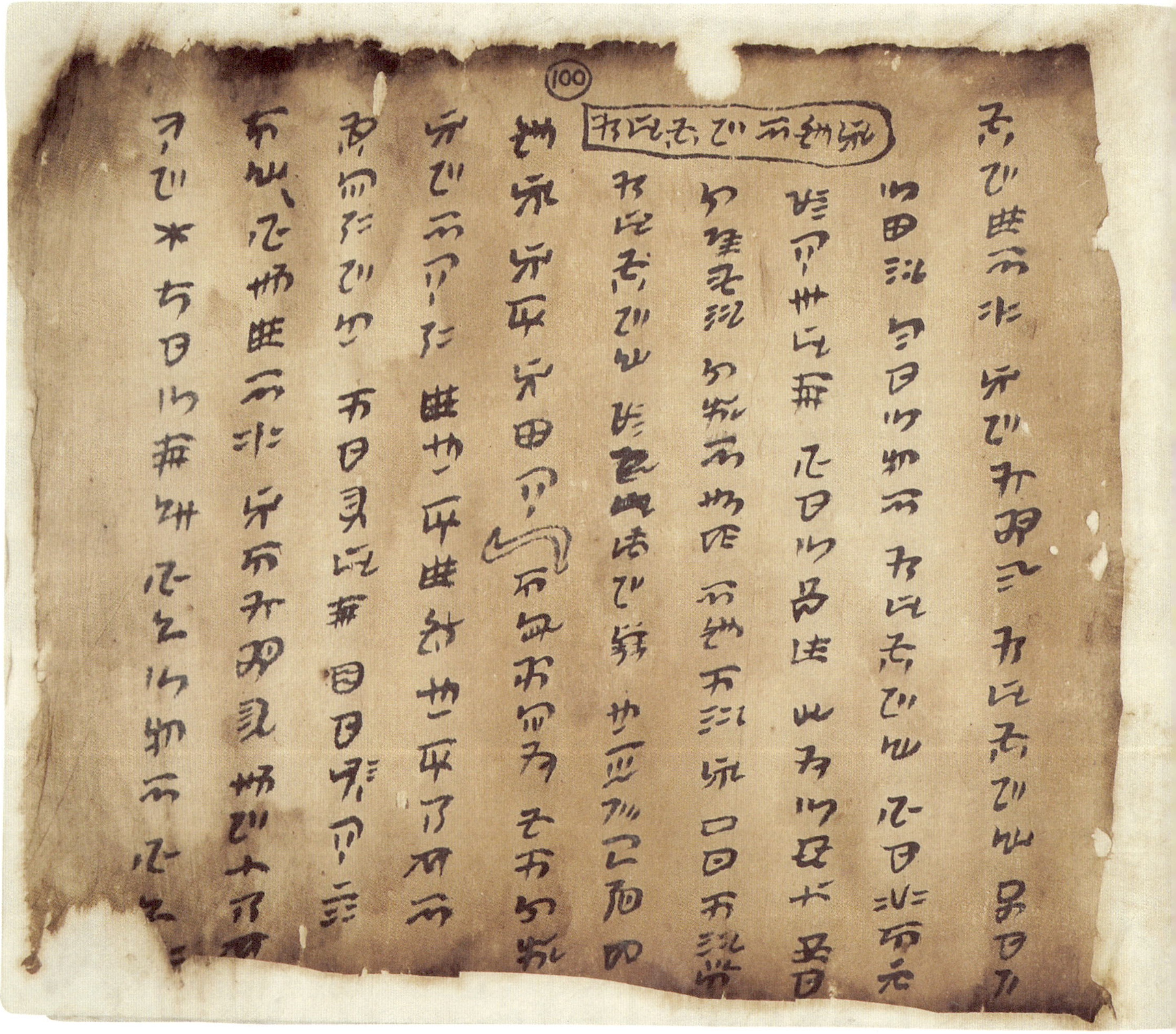

11288 **物始紀略**　彝文　清道光七年（1827）抄本

綫裝。開本高 25.2 厘米，廣 28.7 厘米。貴州省畢節地區彝文文獻翻譯研究中心藏。

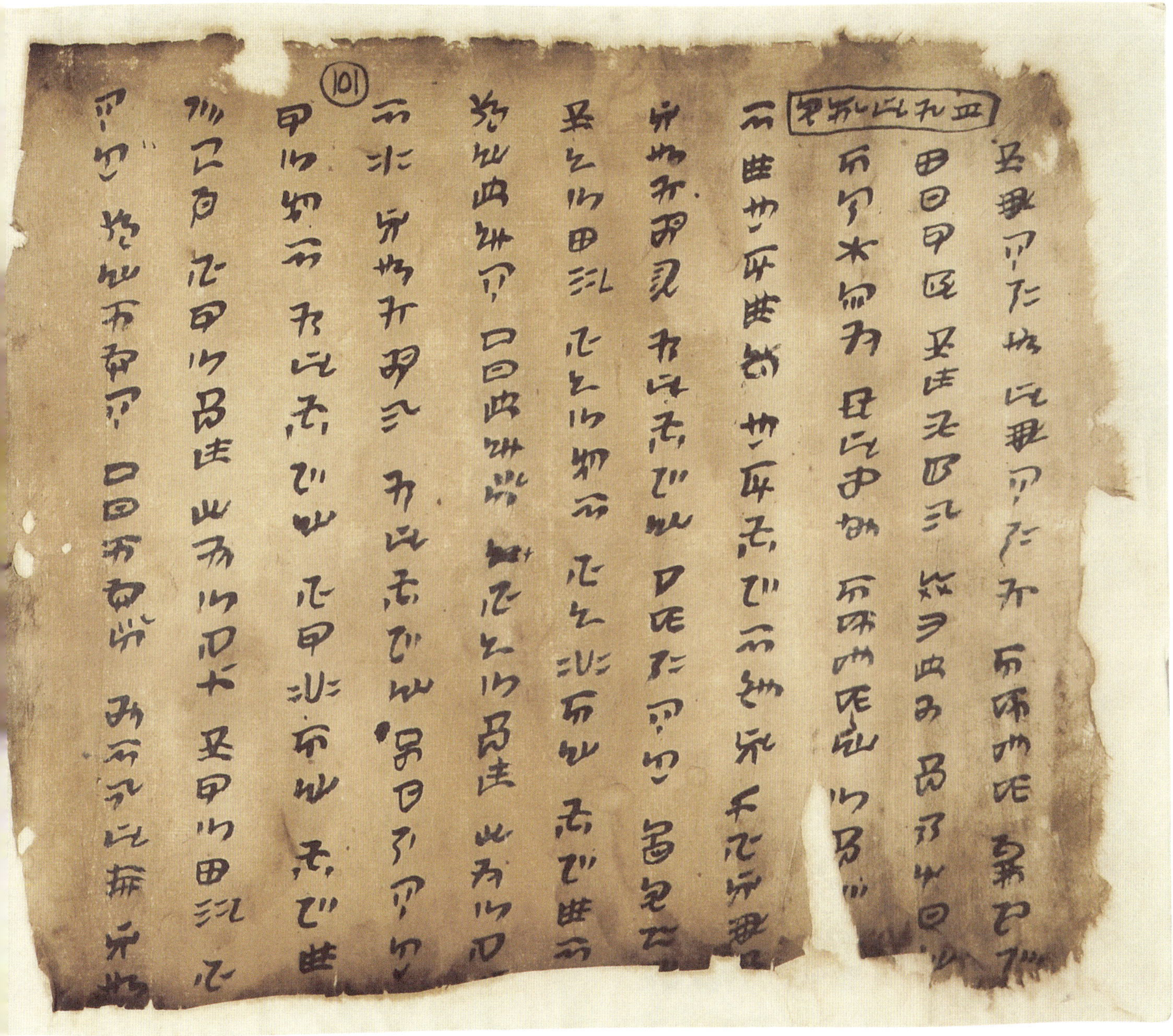

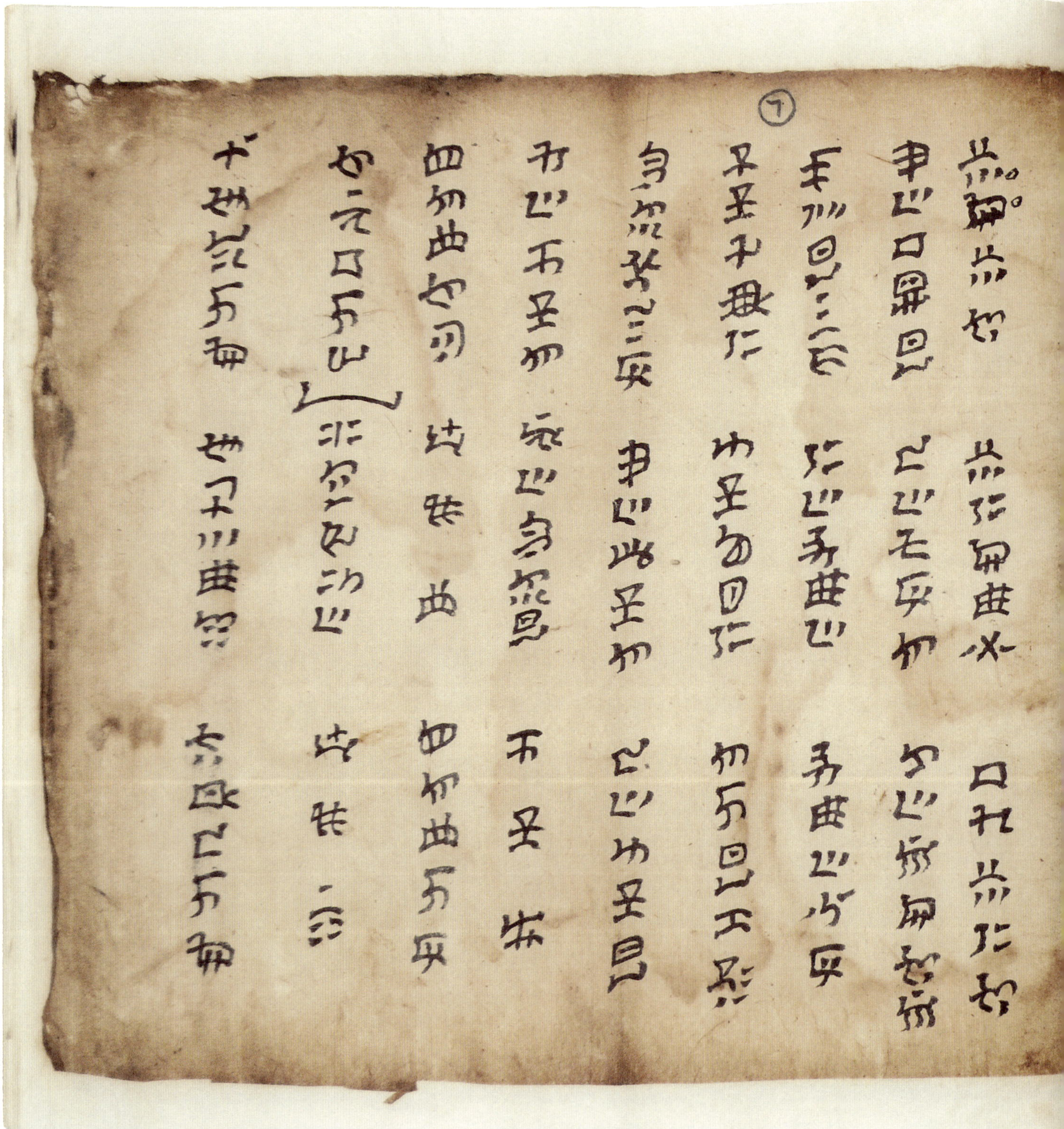

11289 局卓布蘇 彝文 清道光八年（1828）抄本

綫裝。開本高 24.9 厘米，廣 27 厘米。貴州省畢節地區彝文文獻翻譯研究中心藏。

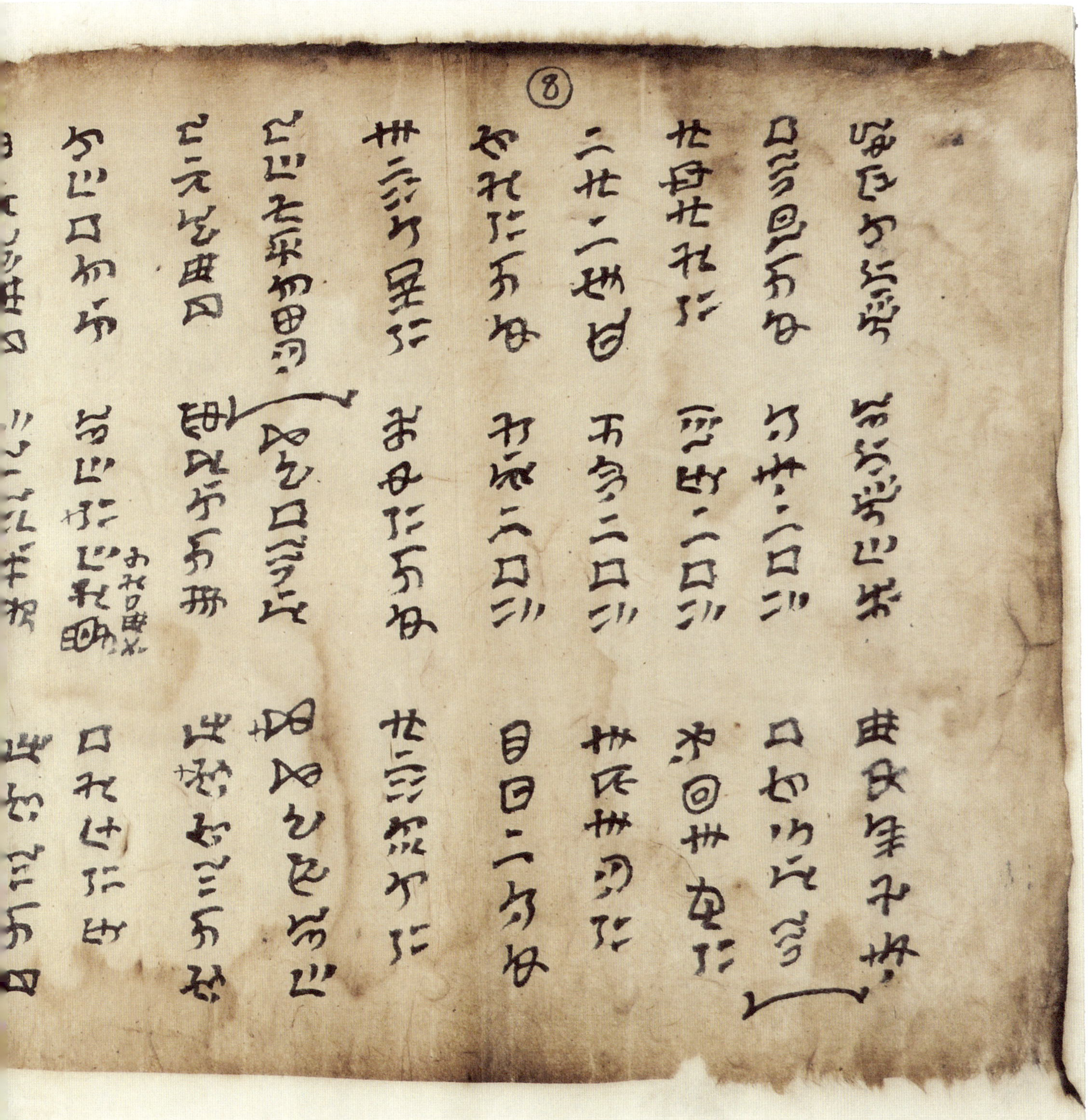

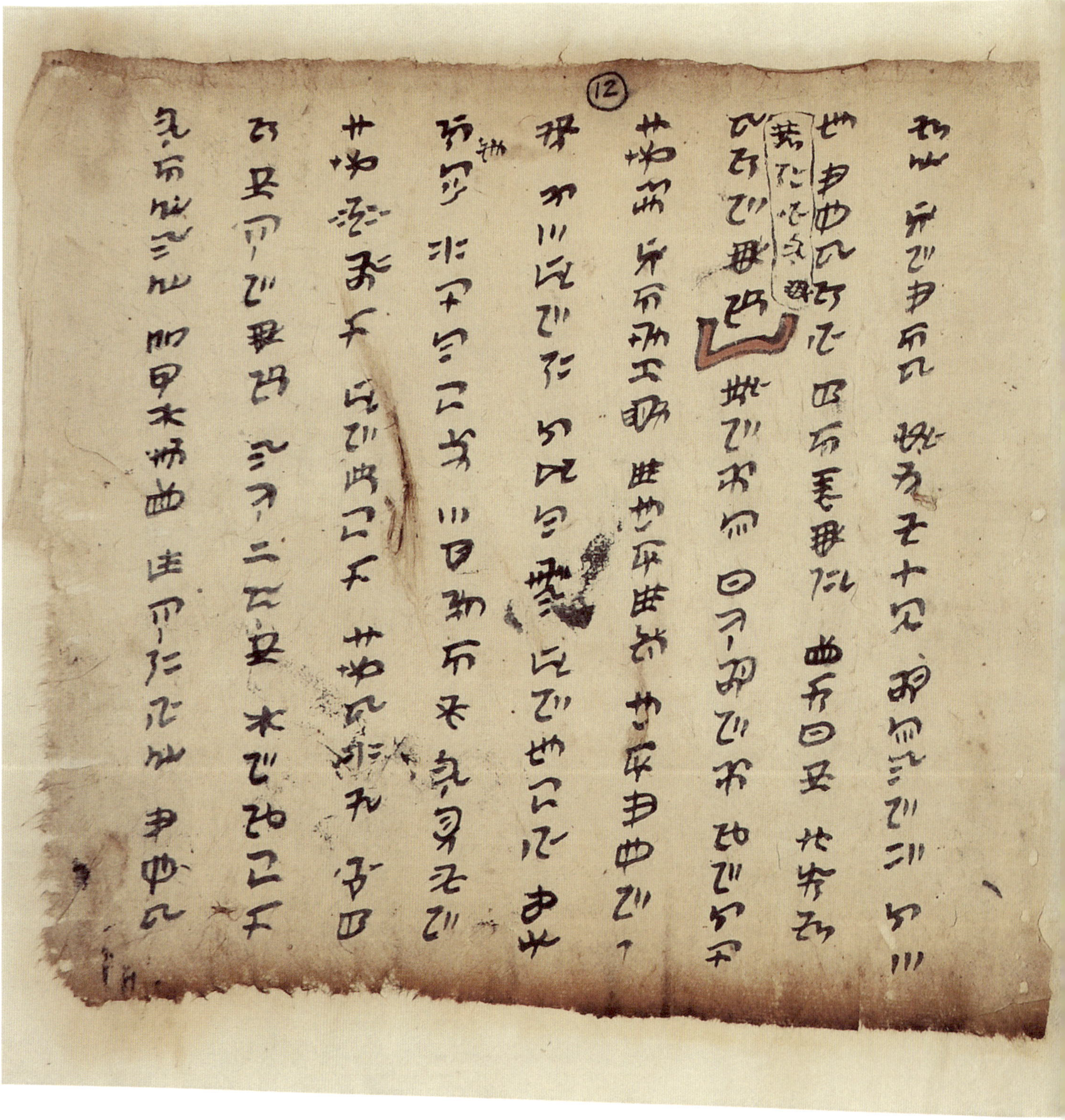

11290 倫理經　彝文　清道光八年（1828）抄本

綫裝。開本高 26 厘米，廣 32 厘米。貴州省畢節地區彝文文獻翻譯研究中心藏。

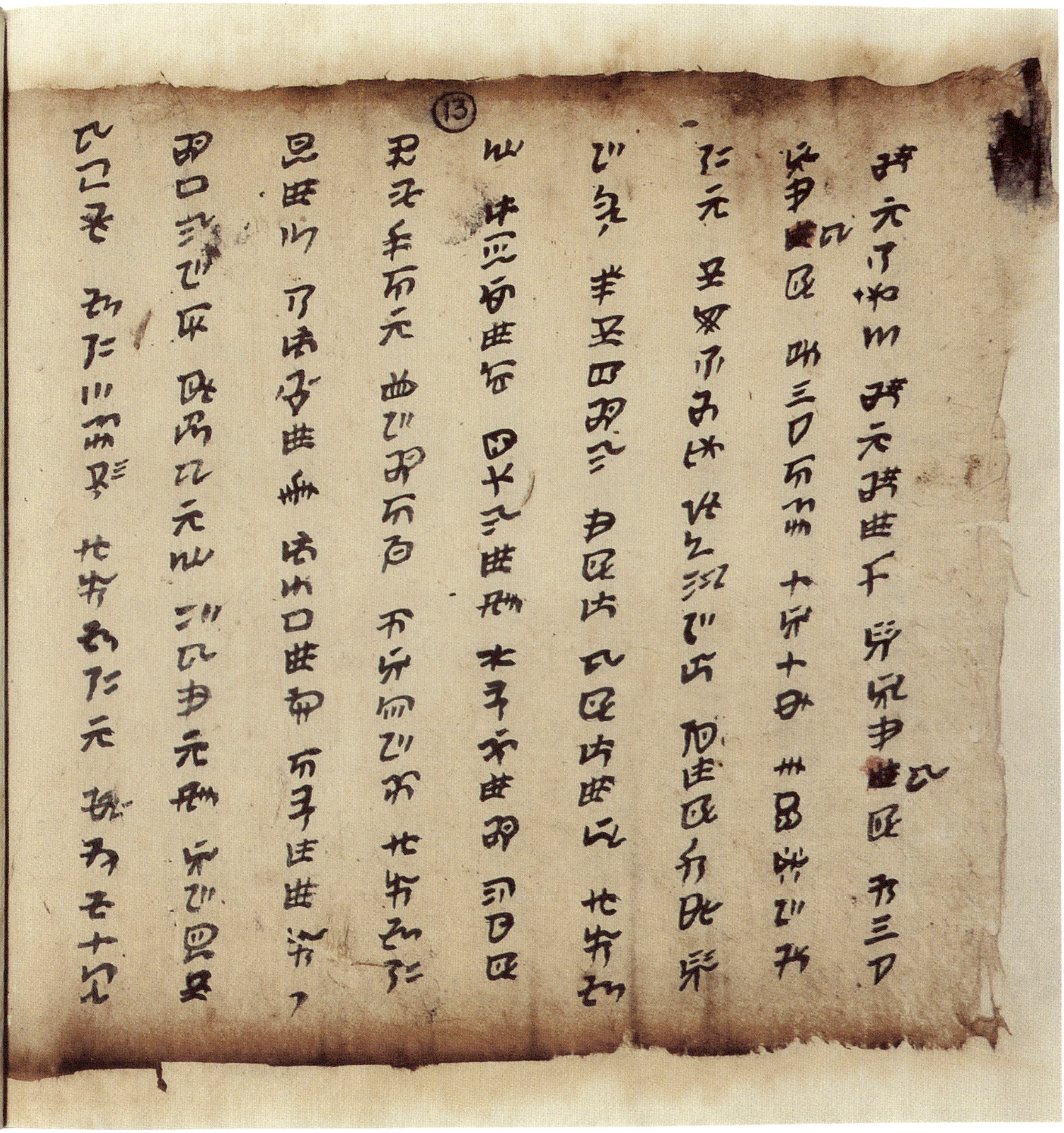

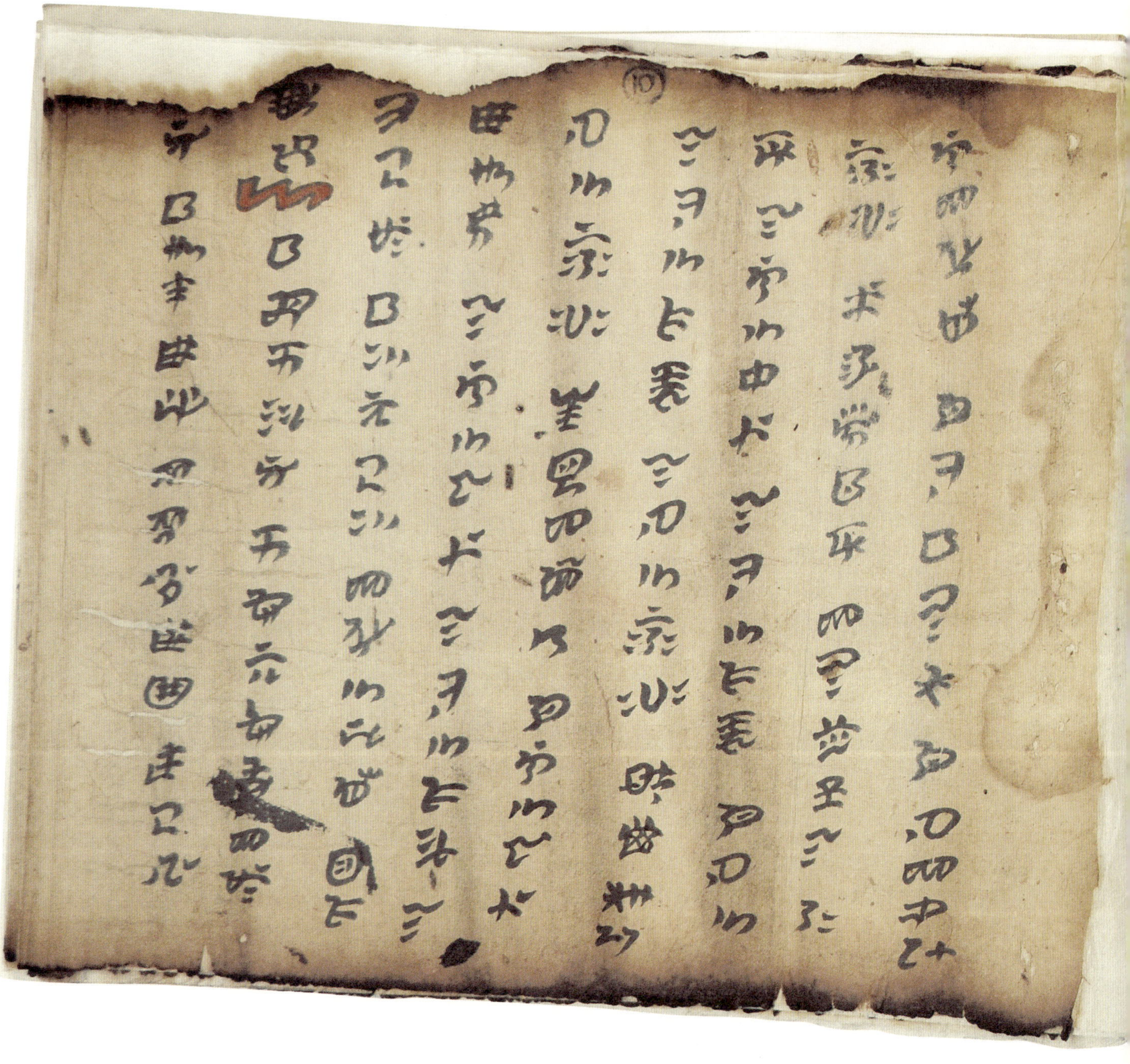

11291 **支嘎阿魯喪儀經** 彝文 清道光九年（1829）抄本
綫裝。開本高 22.7 厘米，廣 23.3 厘米。貴州省畢節地區彝文文獻翻譯研究中心藏。

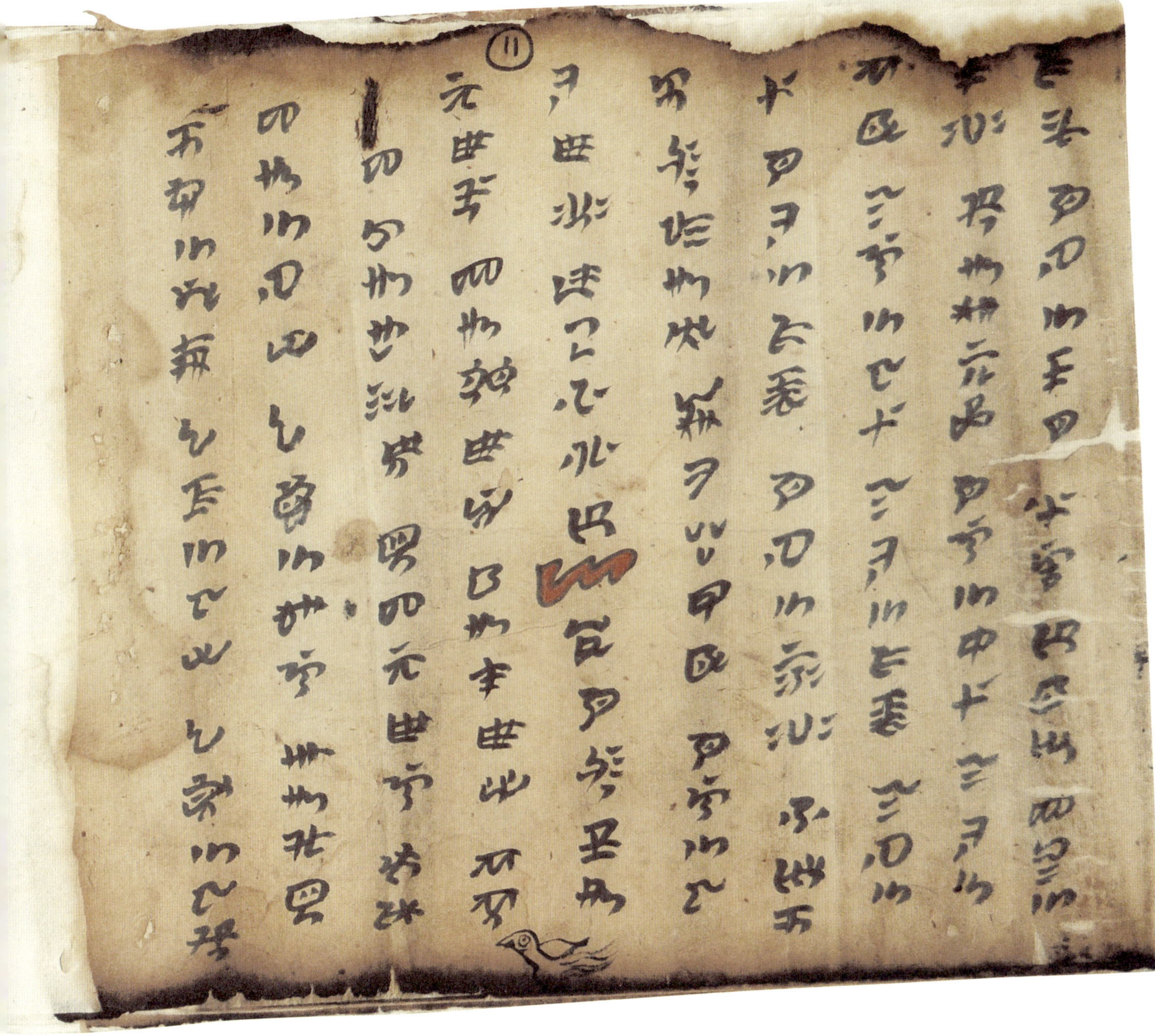

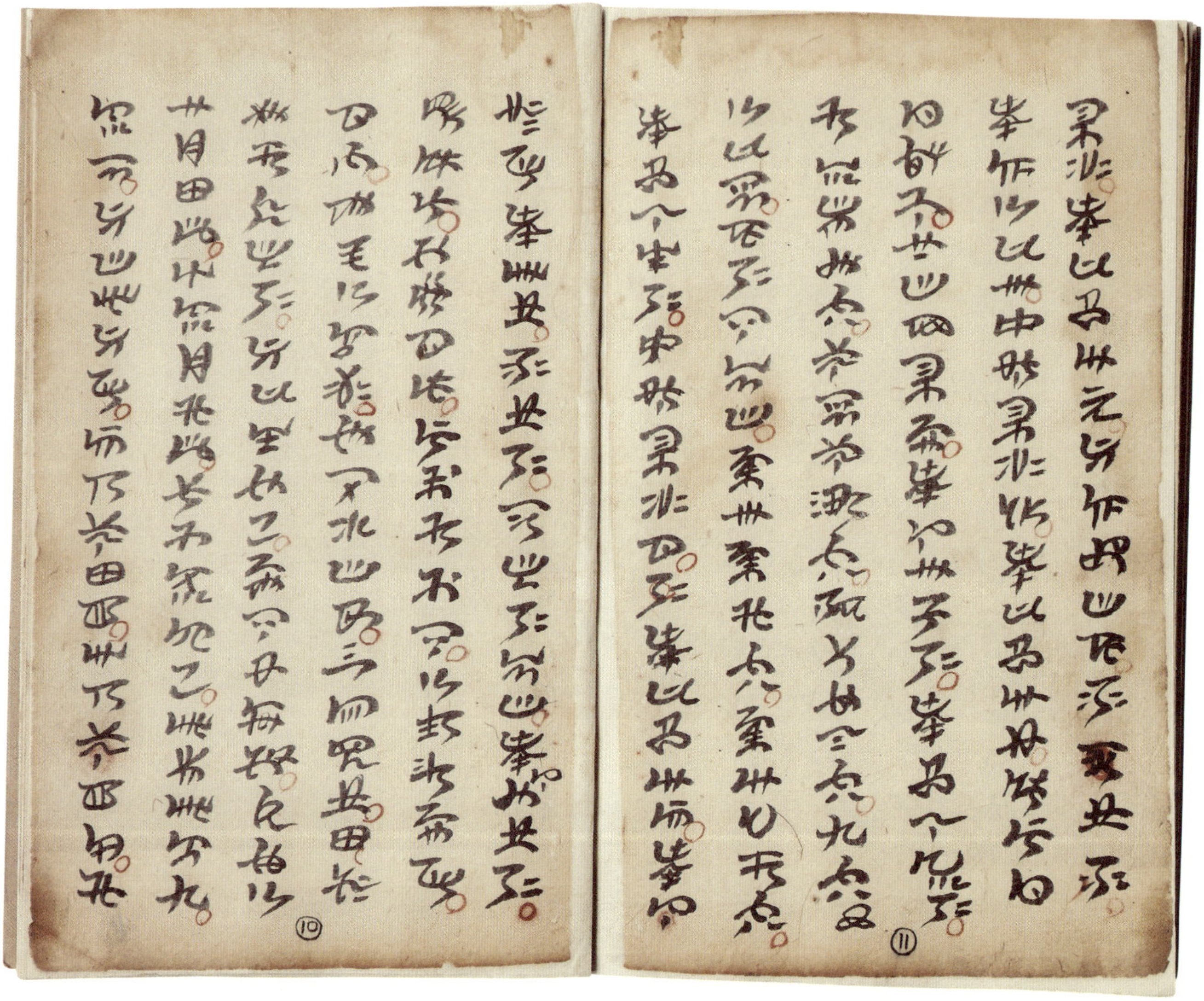

11292 **婚姻起源書**　彝文　清道光十年（1830）抄本

綫裝。開本高 25.6 厘米，廣 15.9 厘米。貴州省畢節地區彝文文獻翻譯研究中心藏。

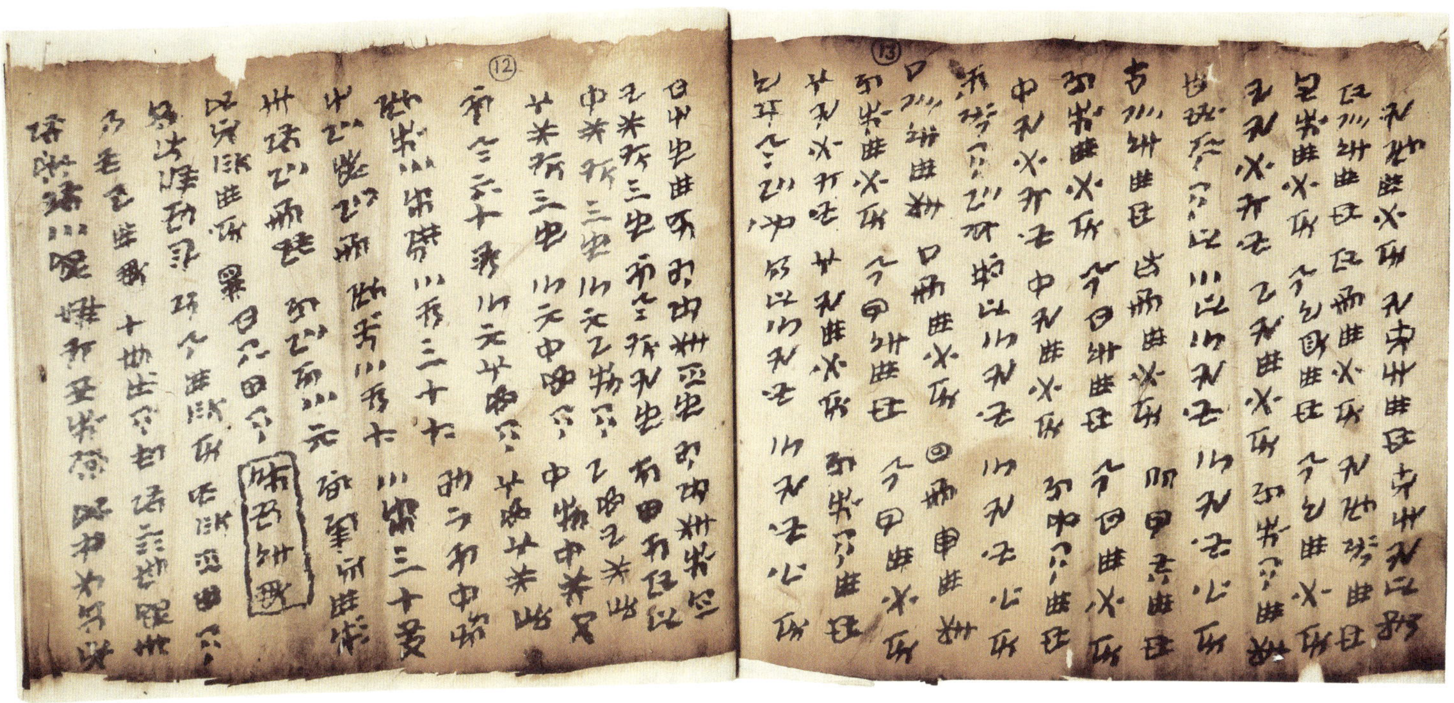

11293 婚嫁曲姐蘇 彝文 清道光十年（1830）抄本

綫裝。開本高 24.2 厘米，廣 27.7 厘米。貴州省畢節地區彝文文獻翻譯研究中心藏。

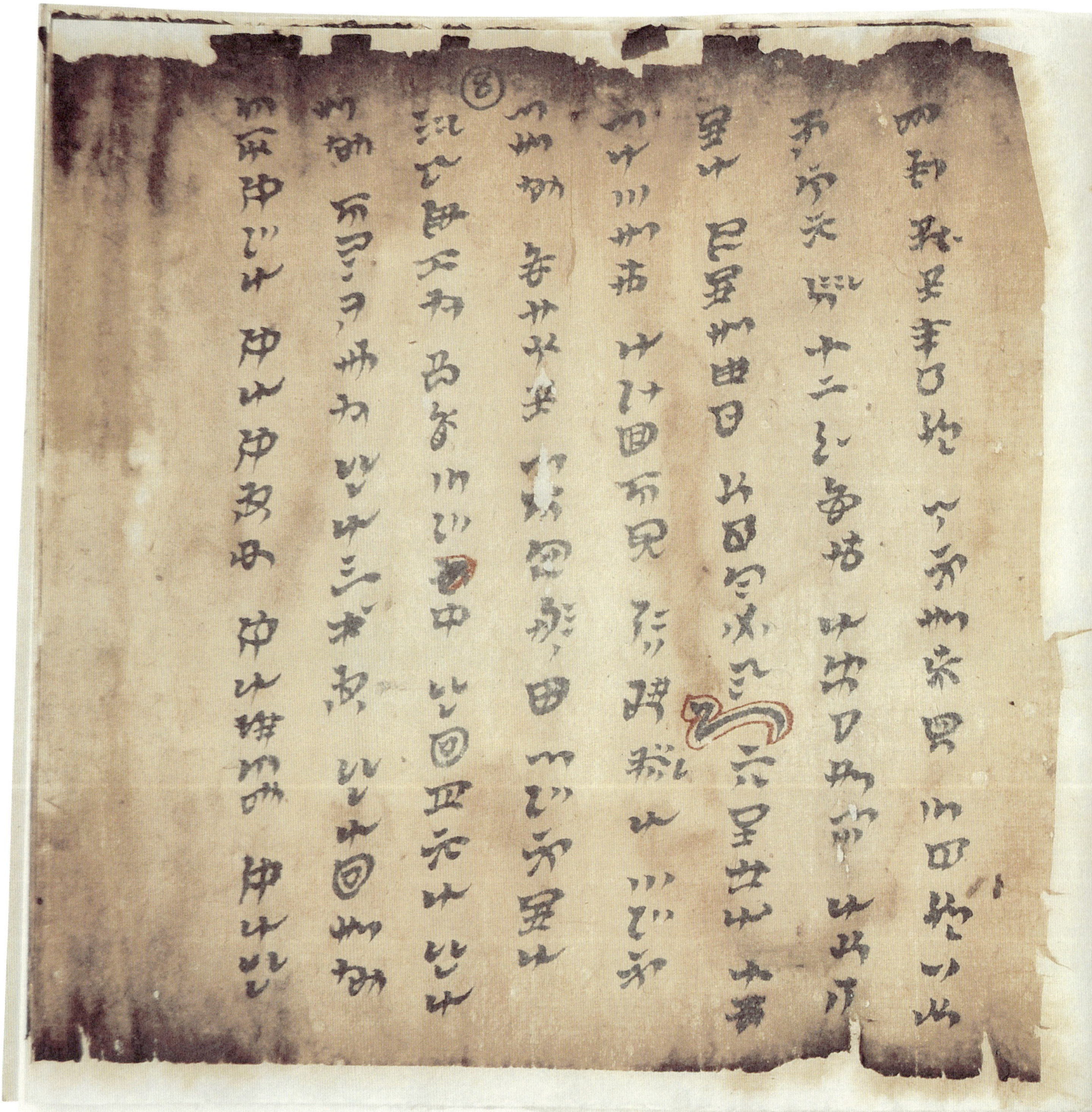

11294 畢摩溯源經　彝文　清道光十年（1830）抄本

綫裝。開本高 21.2 厘米，廣 22.4 厘米。貴州省畢節地區彝文文獻翻譯研究中心藏。

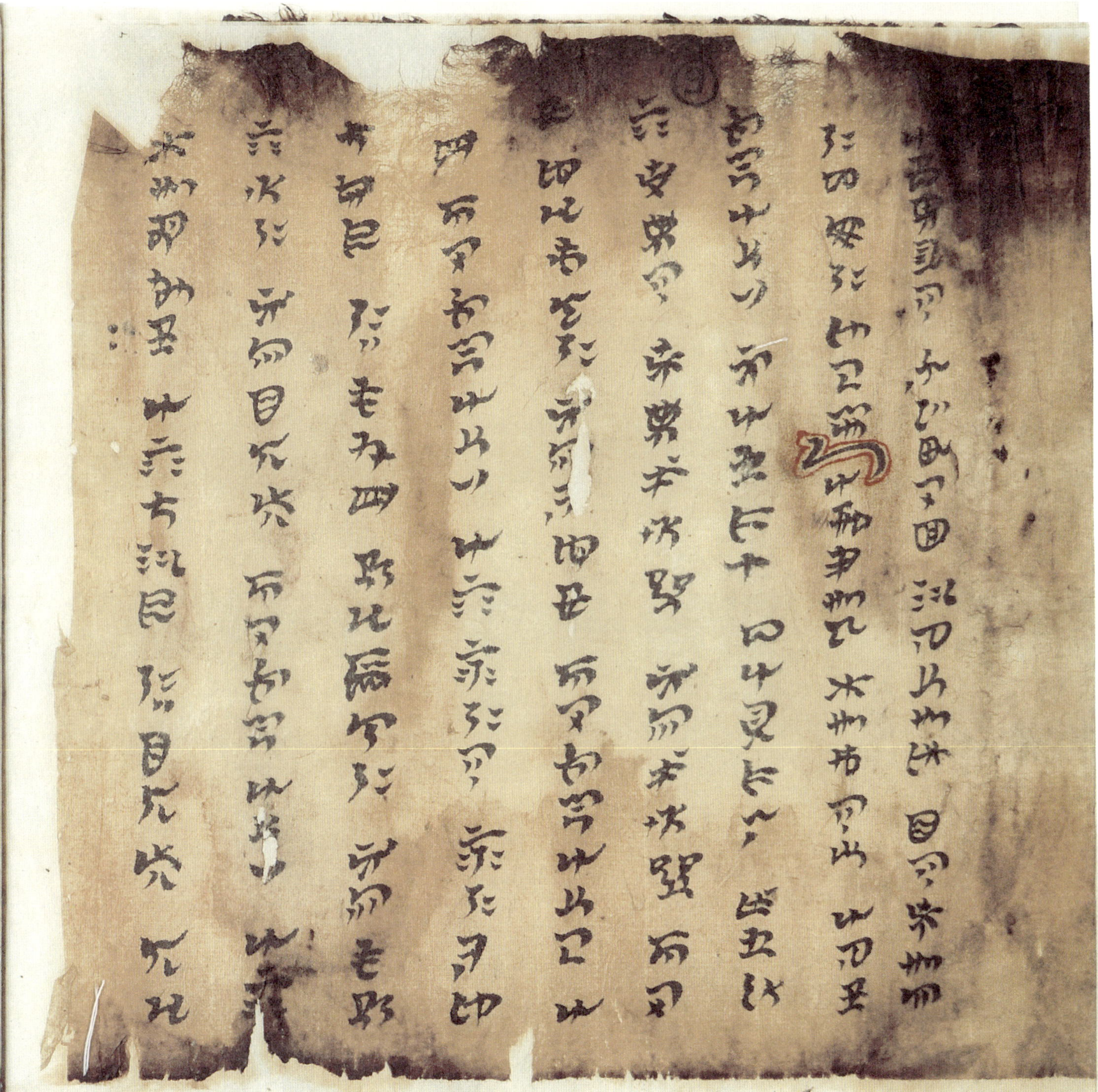

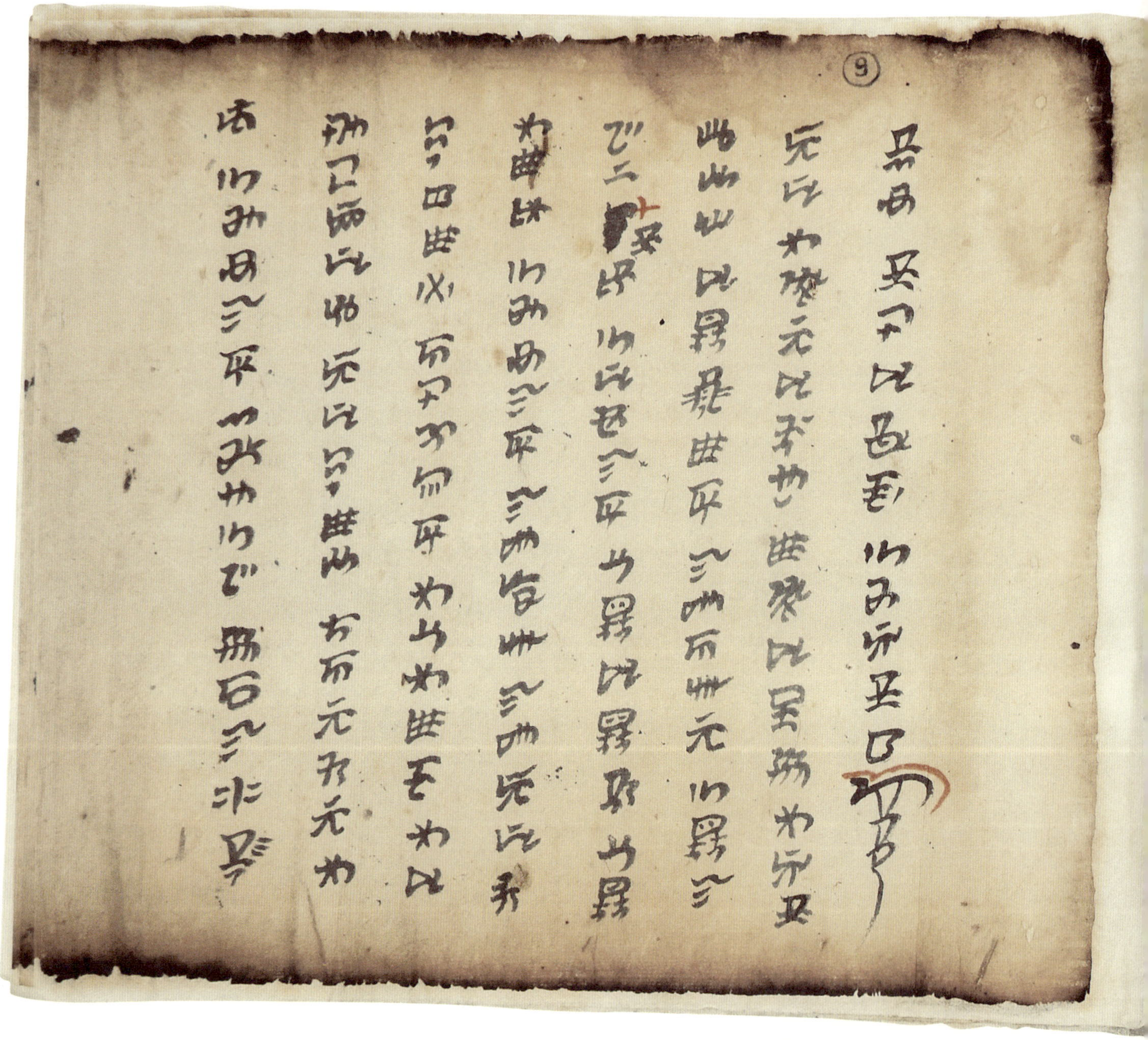

11295 **諾漚曲姐書**　彝文　清道光十年（1830）抄本

綫裝。開本高 23 厘米，廣 27.2 厘米。貴州省畢節地區彝文文獻翻譯研究中心藏。

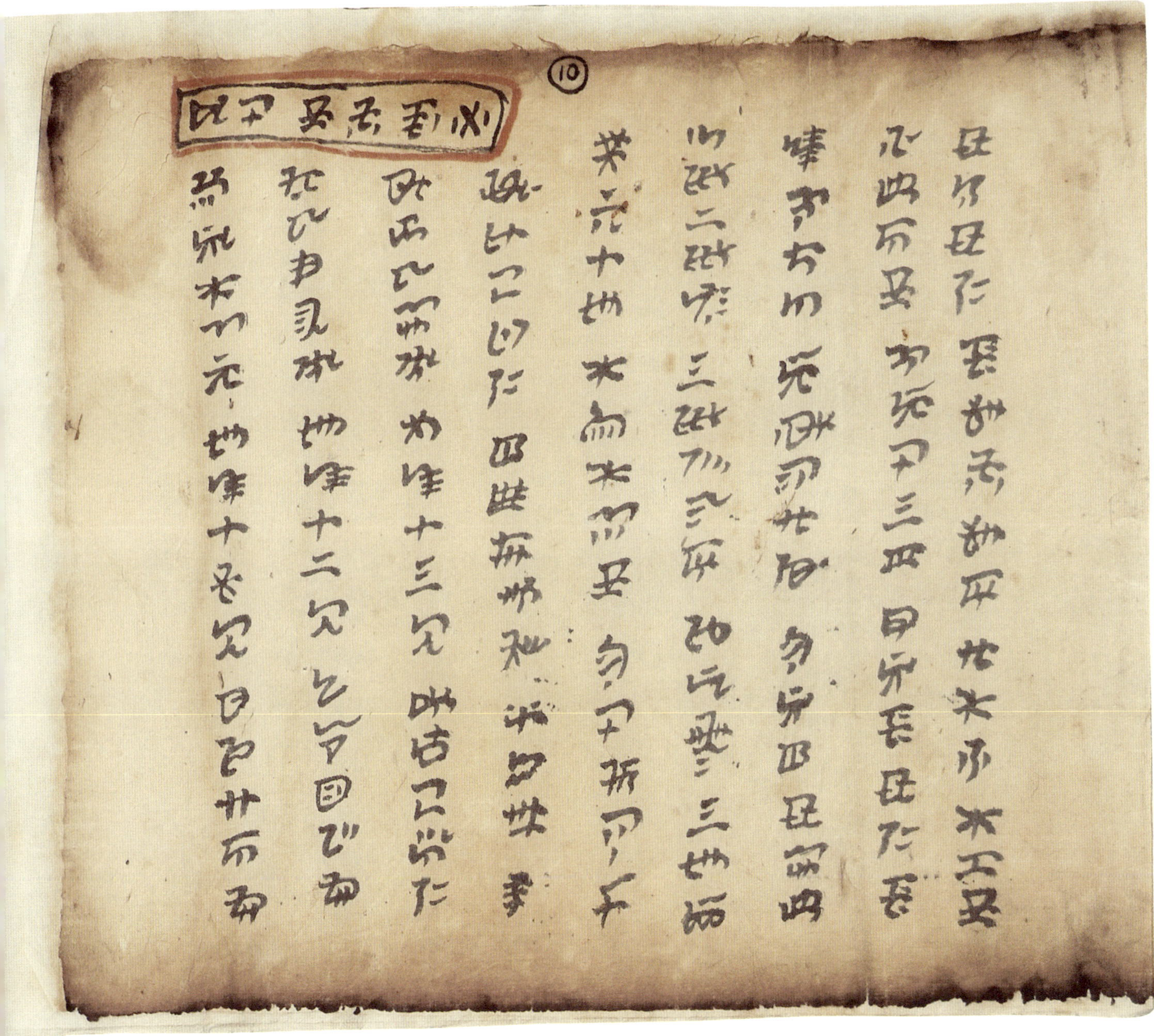

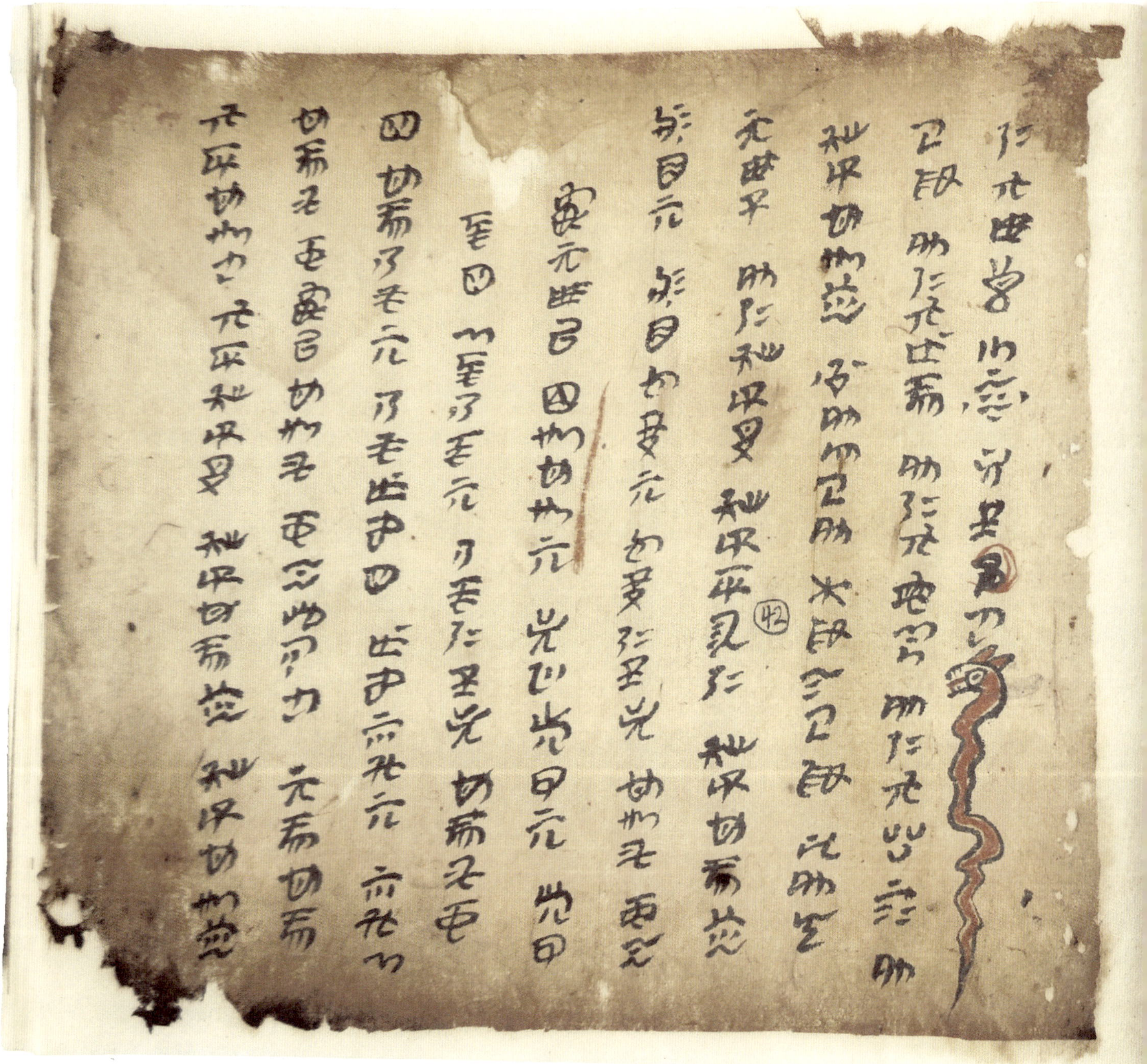

11297 安頓祖靈經 彝文 清道光十三年（1833）抄本

綫裝。開本高 22.2 厘米，廣 23.8 厘米。貴州省畢節地區彝文文獻翻譯研究中心藏。

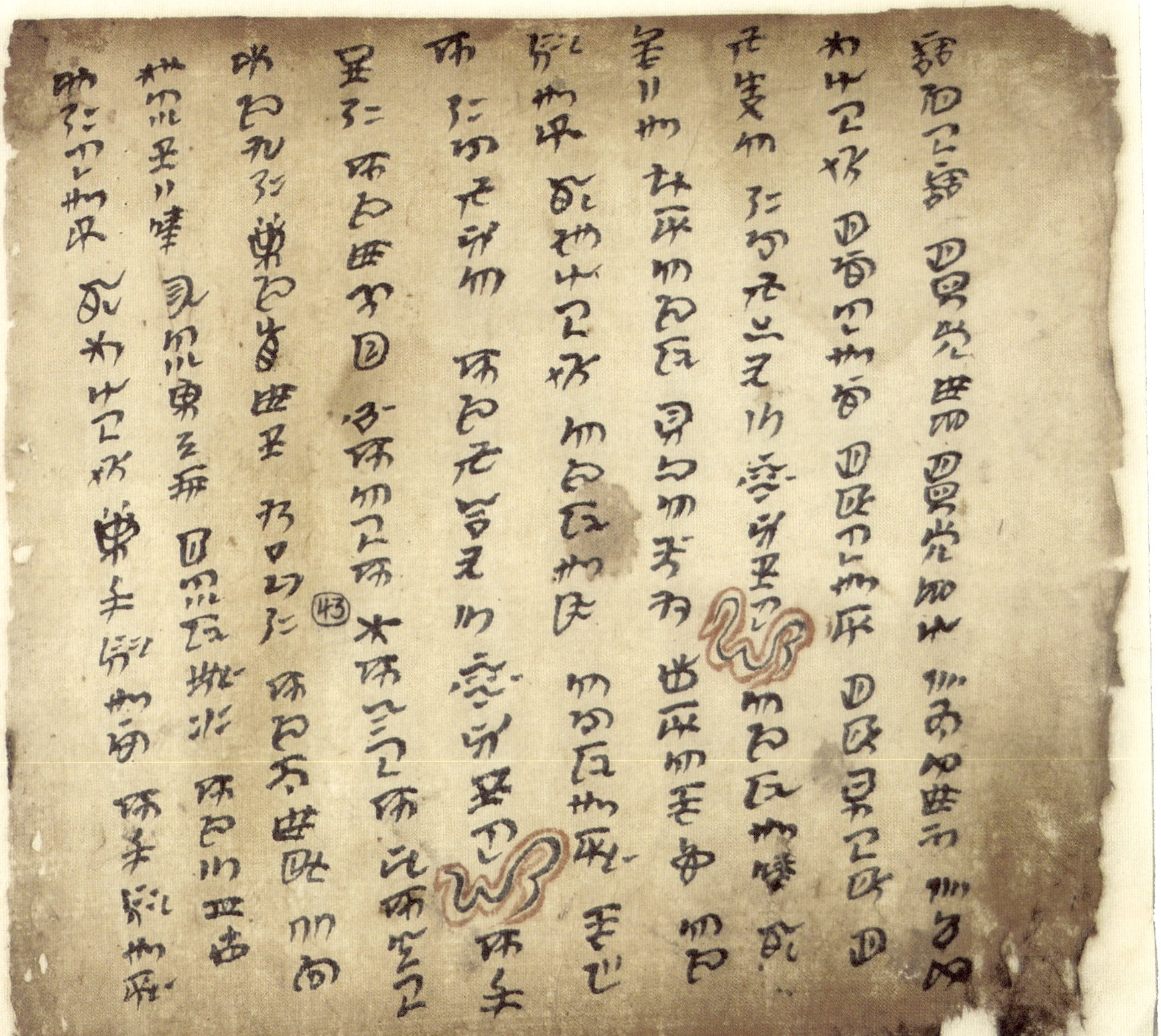
43

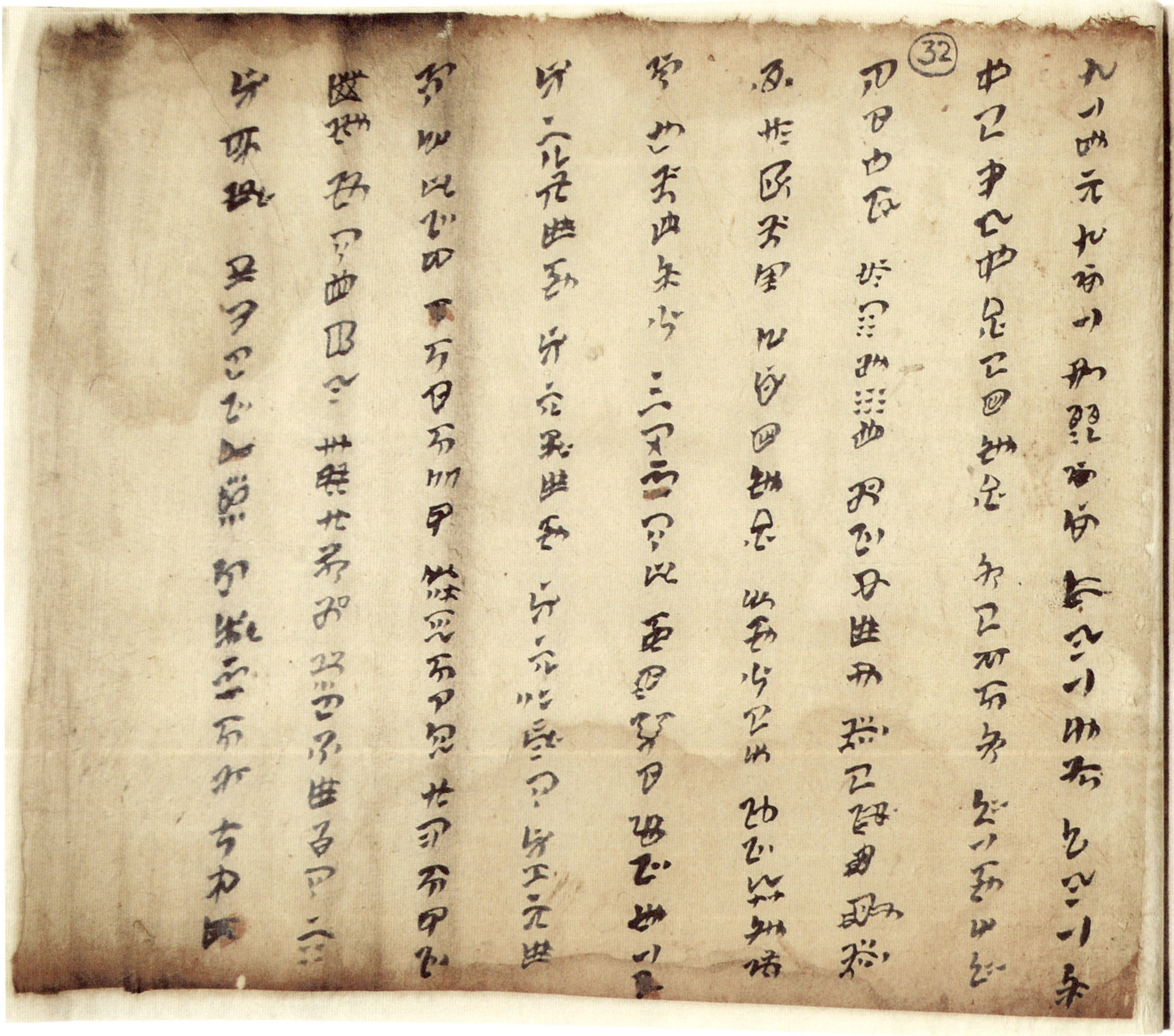

11298 婚姻史話　彝文　清道光十三年（1833）抄本

綫裝。開本高 22.1 厘米，廣 24.6 厘米。貴州省畢節地區彝文文獻翻譯研究中心藏。

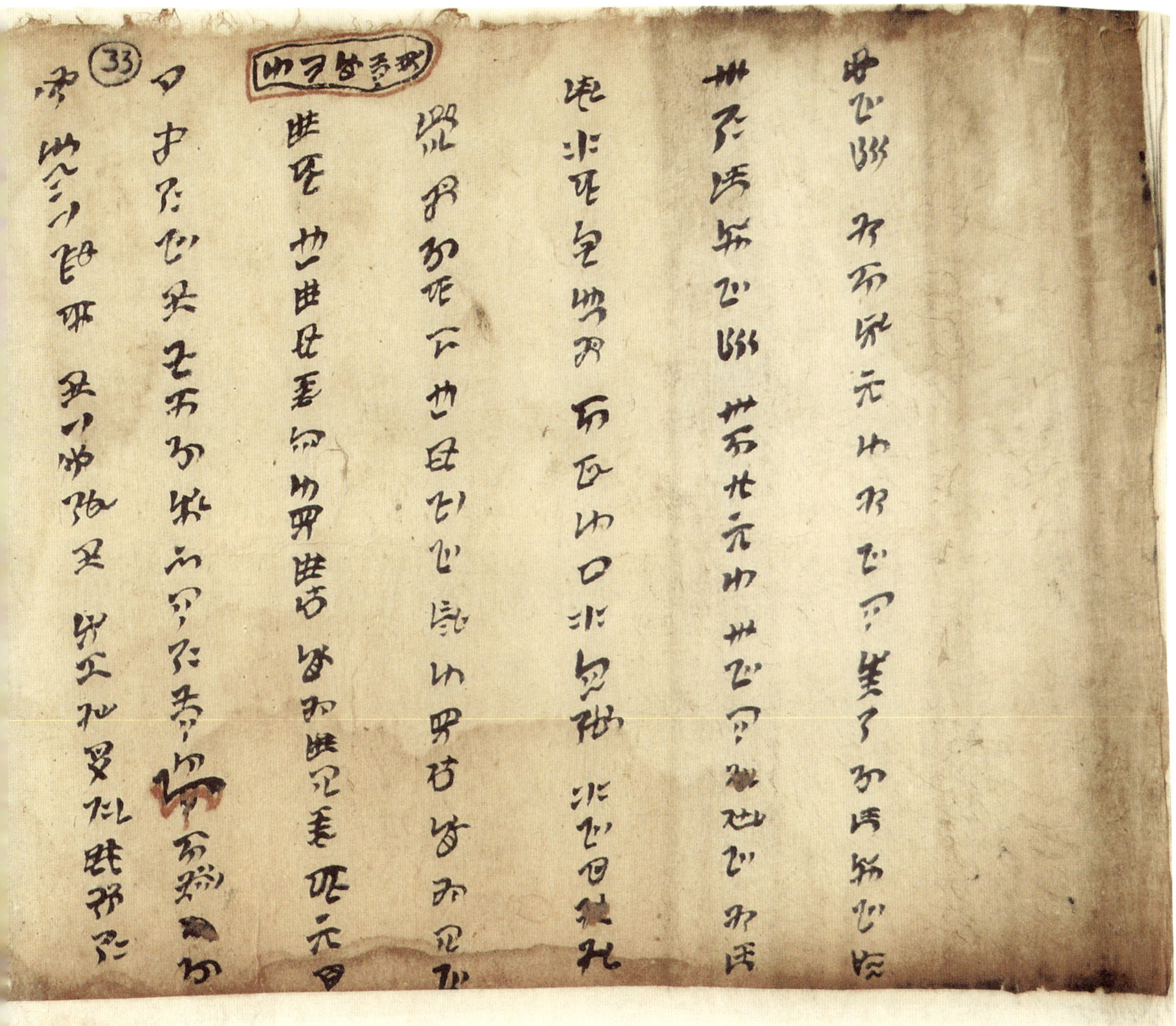

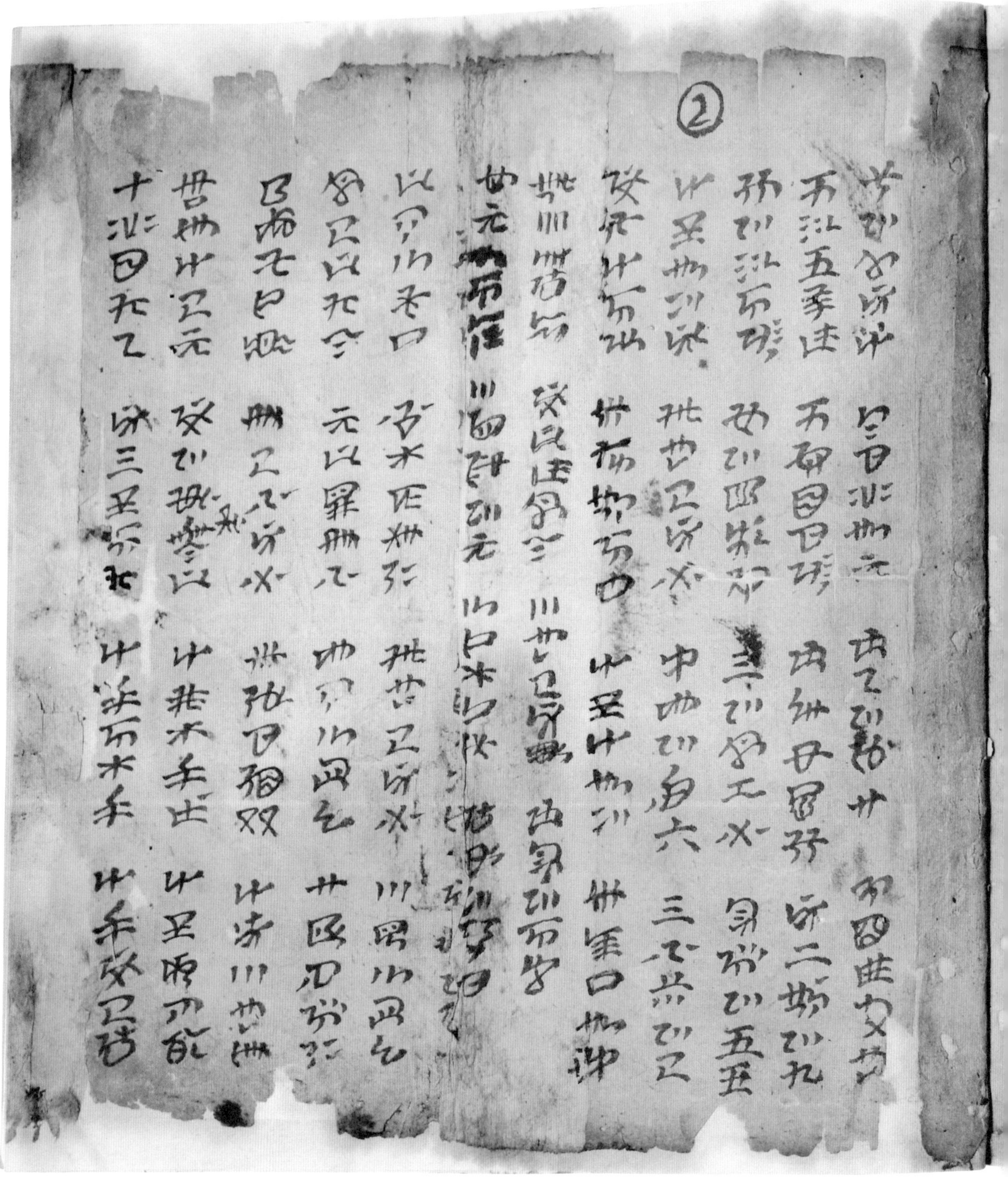

11299 喪祭獻酒經 彝文 清道光十四年（1834）抄本

綫裝。開本高 22.8 厘米，廣 21.5 厘米。貴州省畢節地區彝文文獻翻譯研究中心藏。

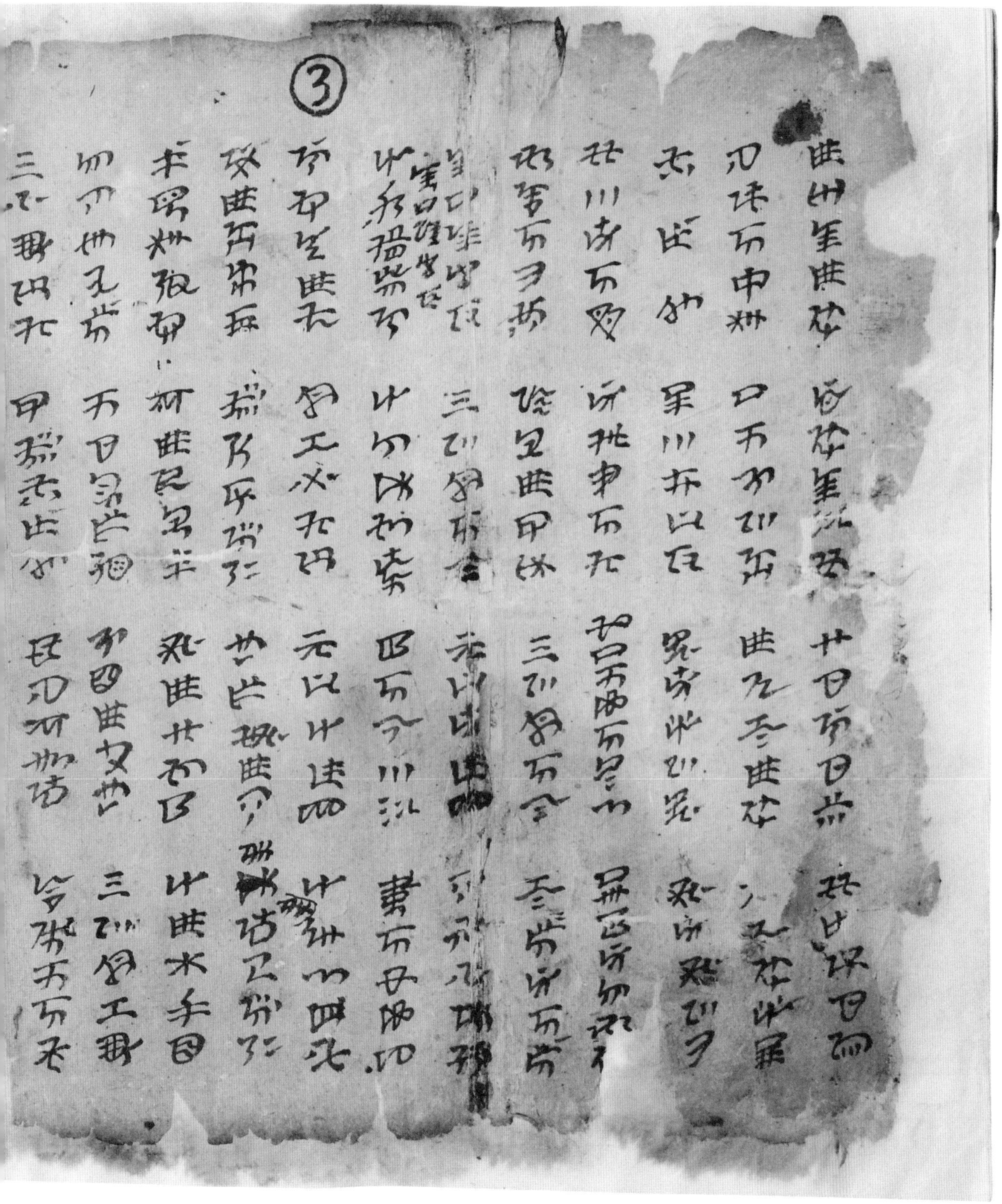

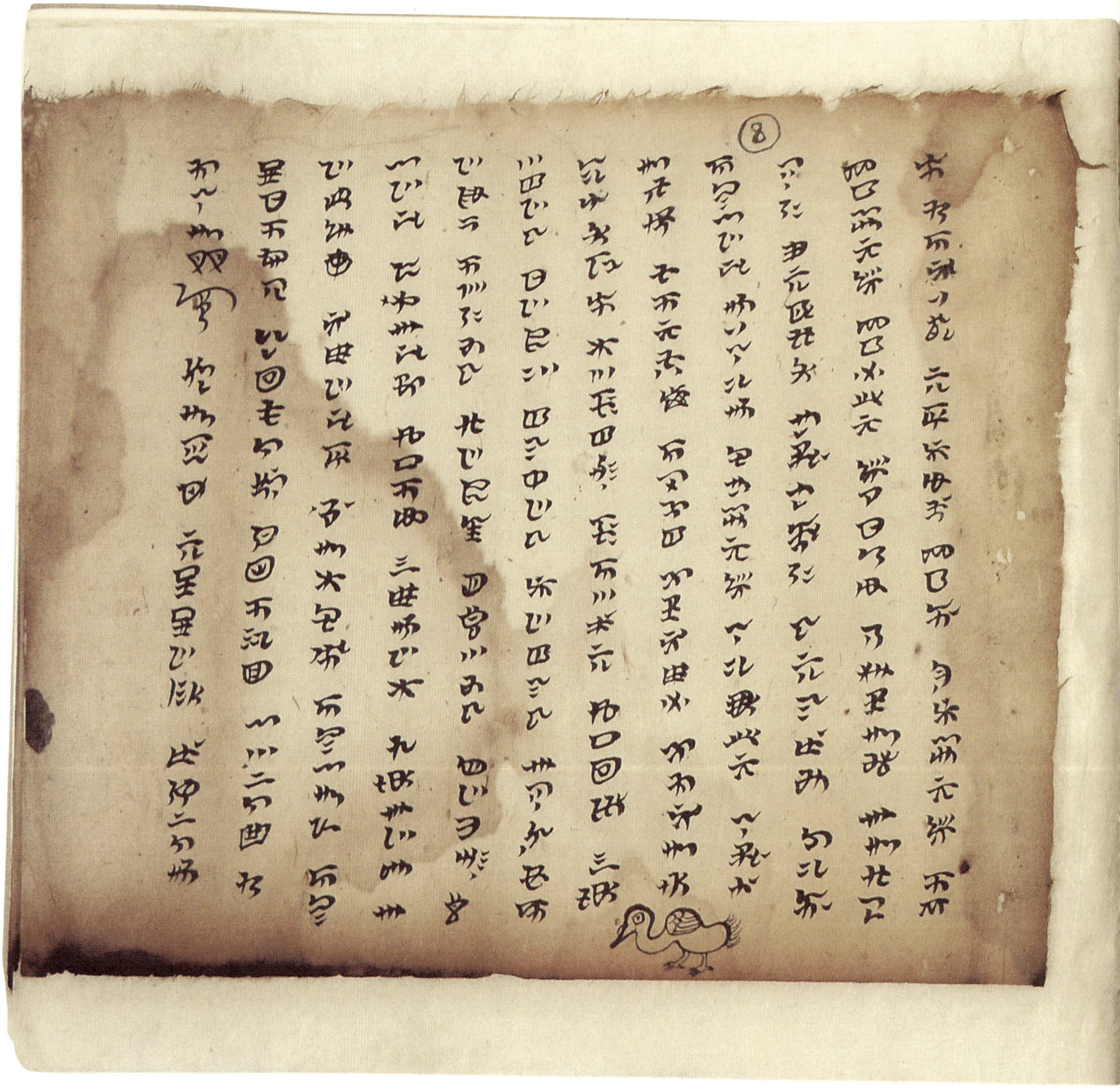

11300 烏撒彝族祭祖經 彝文 清道光十五年（1835）抄本

綫裝。開本高 24.6 厘米，廣 29 厘米。貴州省畢節地區彝文文獻翻譯研究中心藏。

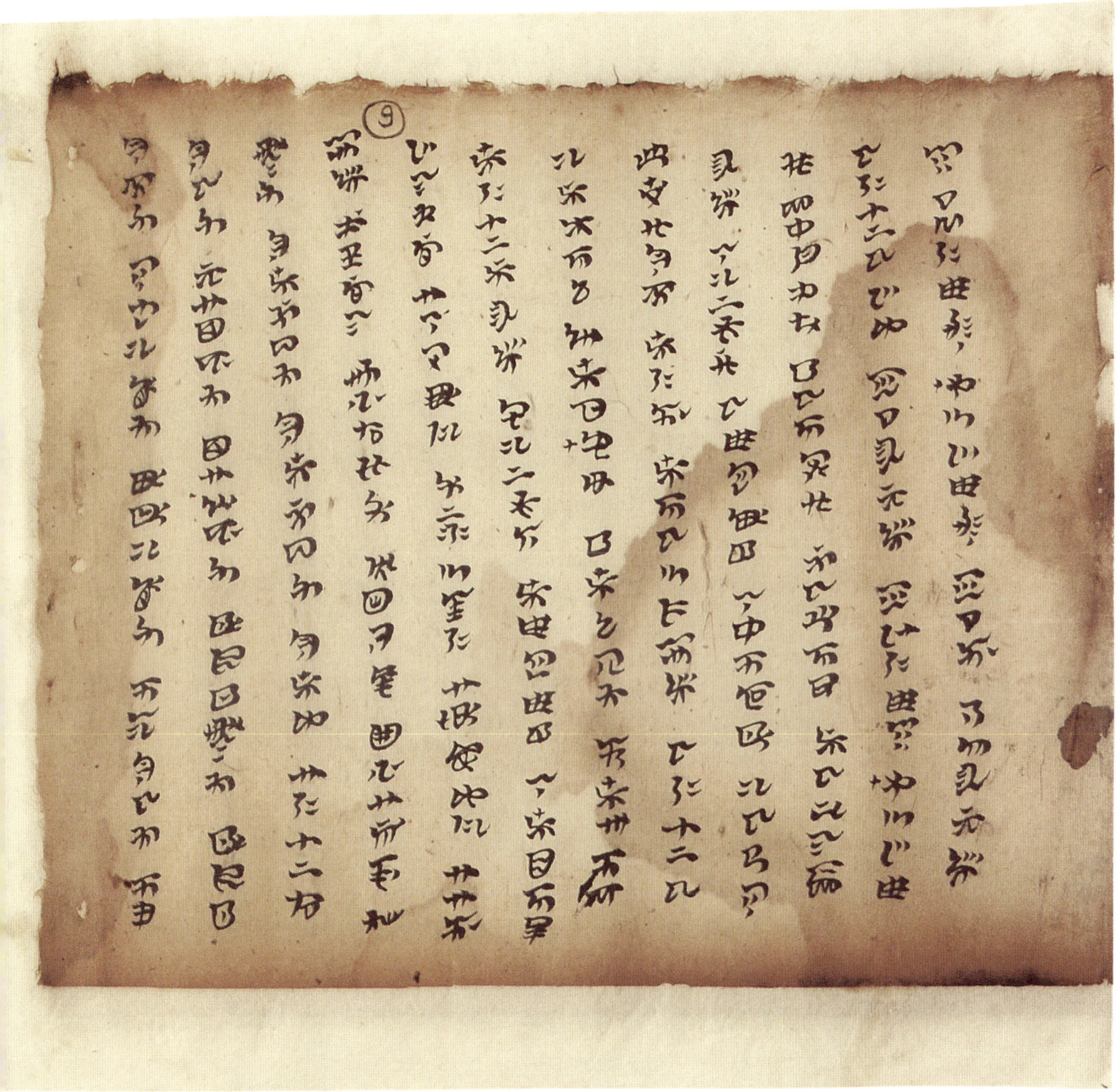

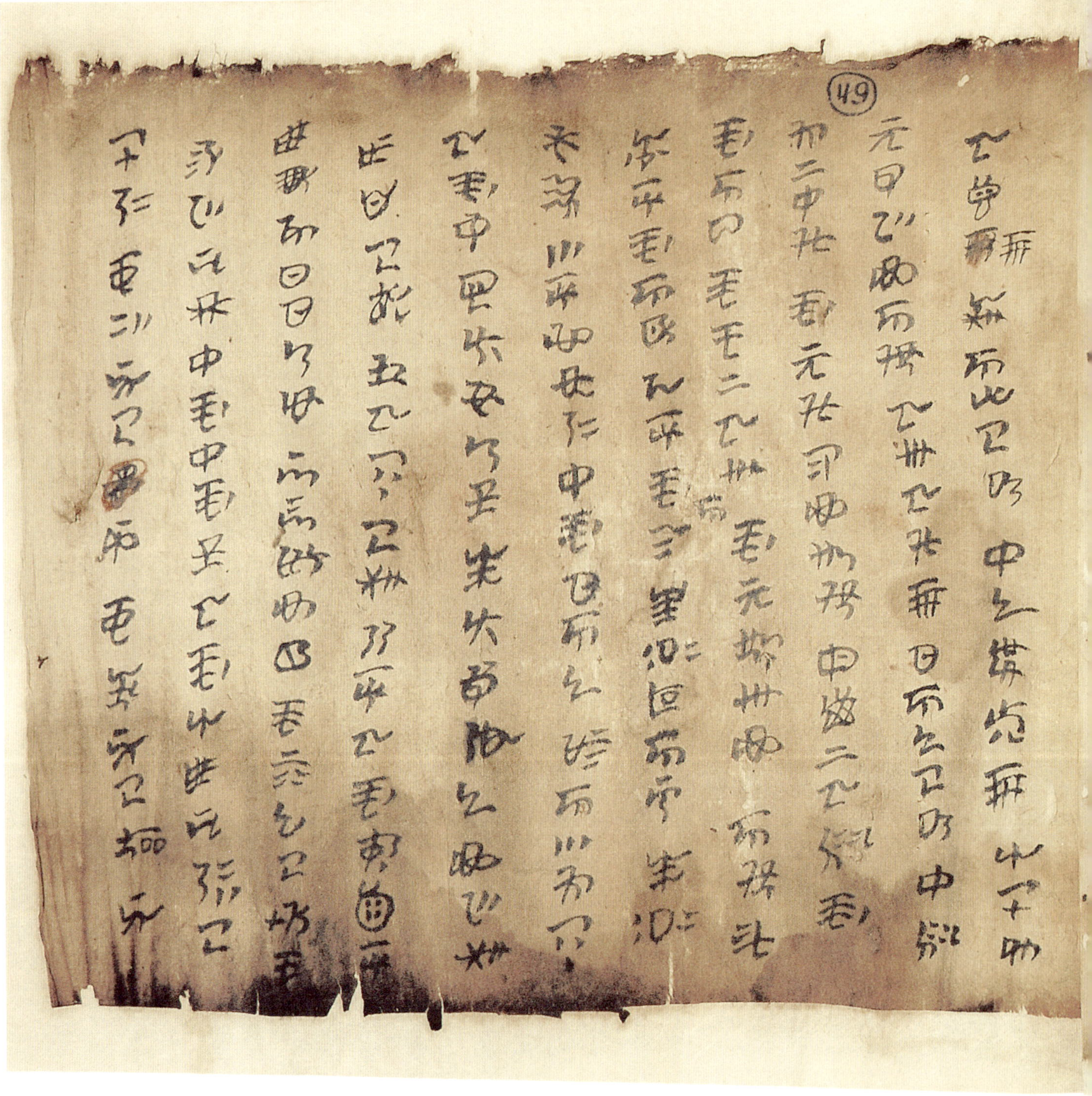

11301 喪葬習俗經 彝文 清道光十五年（1835）抄本

綫裝。開本高 27.5 厘米，廣 28.5 厘米。貴州省畢節地區彝文文獻翻譯研究中心藏。

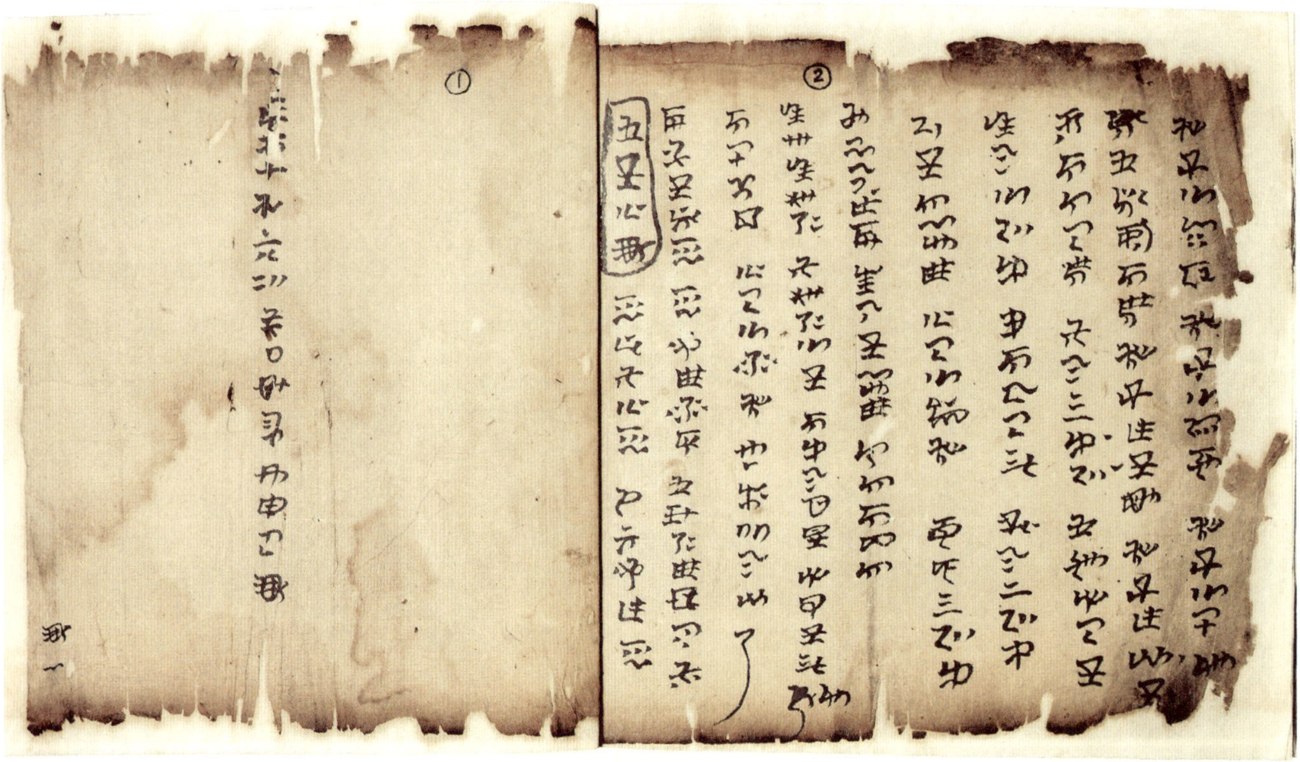

11302 祭祖儀式經　彝文　清道光十七年（1837）抄本

綫裝。開本高 24.5 厘米，廣 24.9 厘米。貴州省畢節地區彝文文獻翻譯研究中心藏。

11303 **經玉改結開路經**　彝文　清道光二十二年（1842）抄本

綫裝。開本高 25.5 厘米，廣 35.5 厘米。貴州省六盤水市少數民族古籍整理辦公室藏。

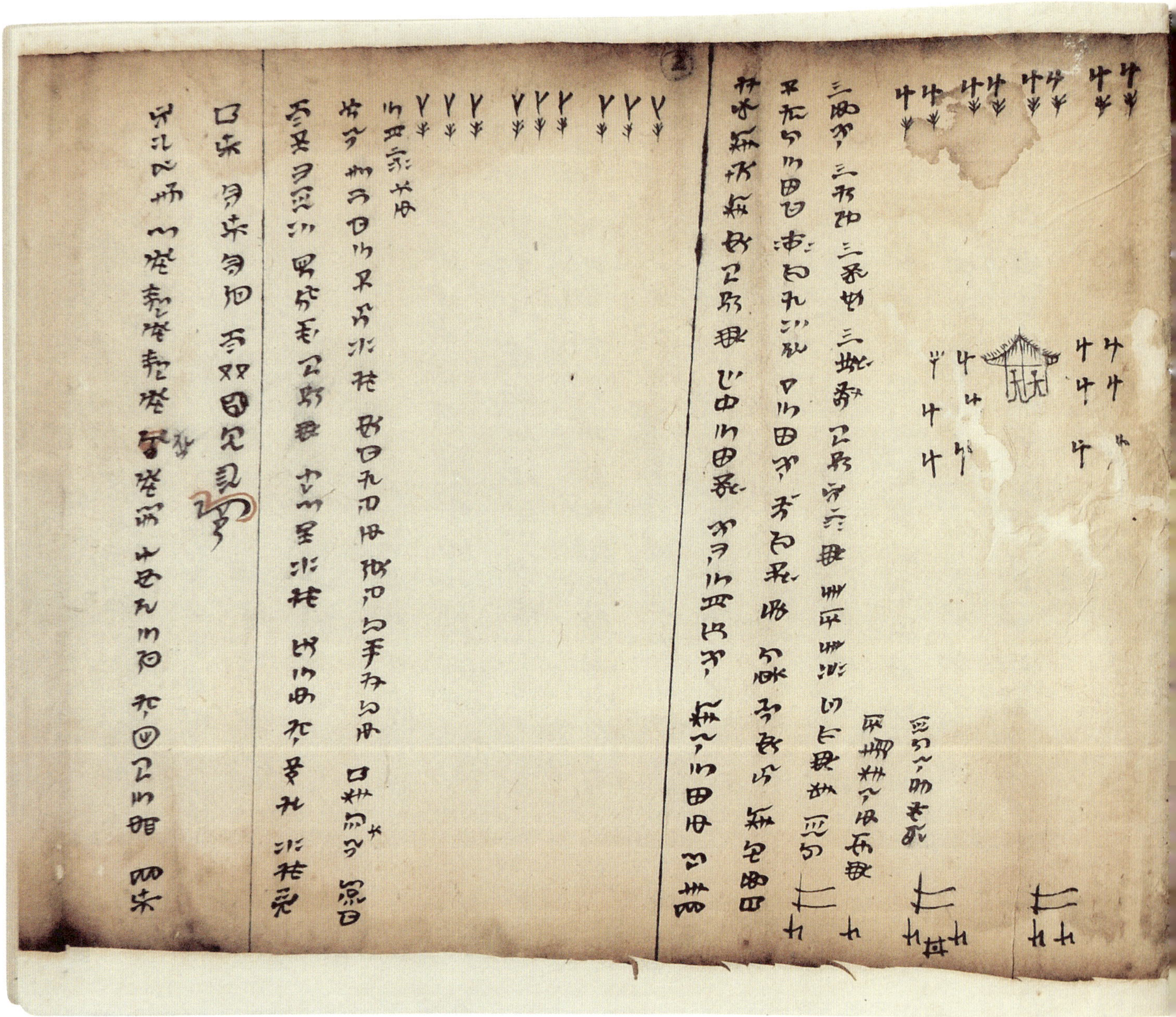

11304 祭祖大典示範經　彝文　清道光二十三年（1843）抄本
綫裝。開本高 27 厘米，廣 35.7 厘米。貴州省畢節地區彝文文獻翻譯研究中心藏。

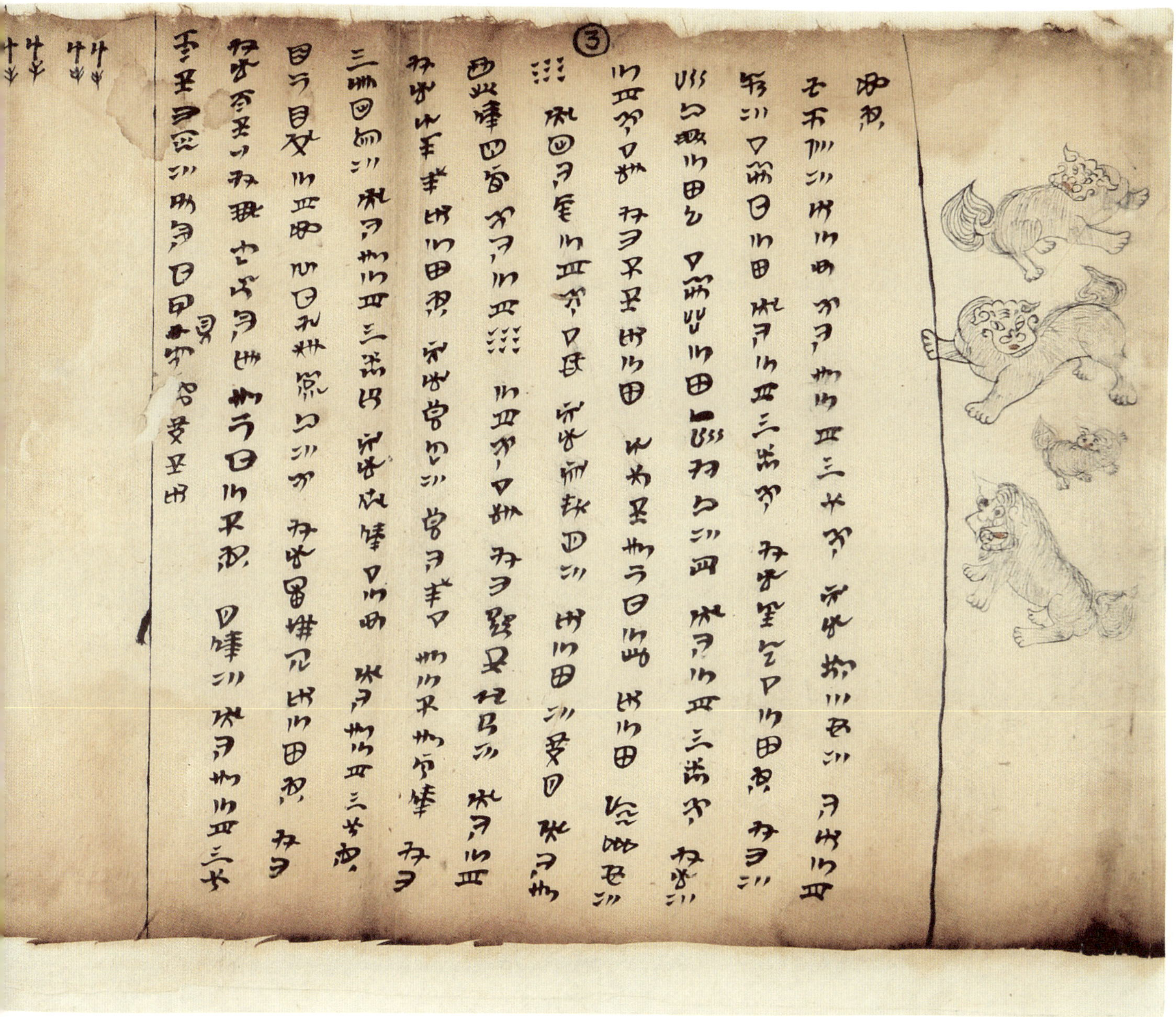

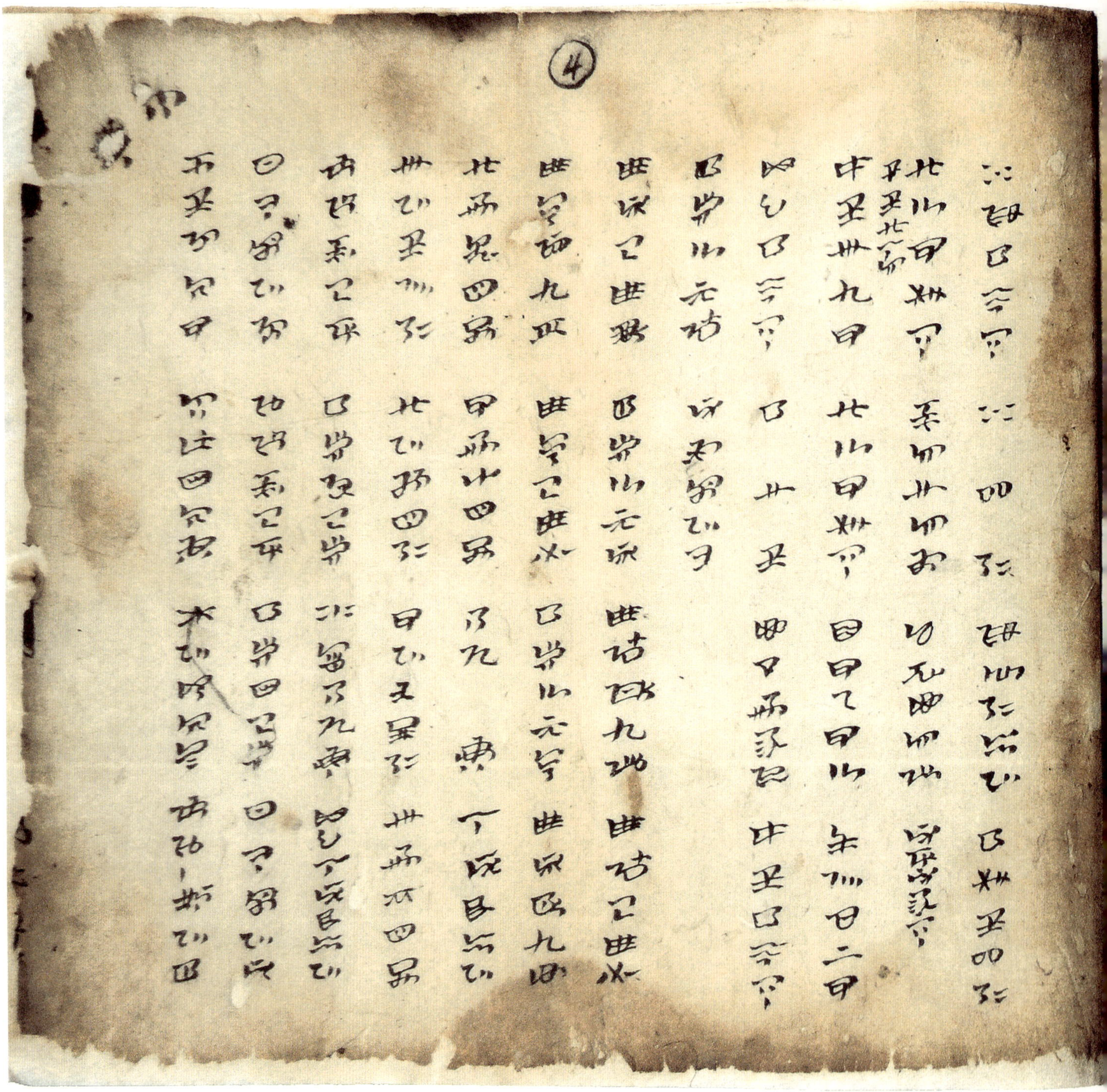

11305 家園消災祈福經 彝文 清道光二十四年（1844）抄本

綫裝。開本高 24.3 厘米，廣 25.4 厘米。貴州省畢節地區彝文文獻翻譯研究中心藏。

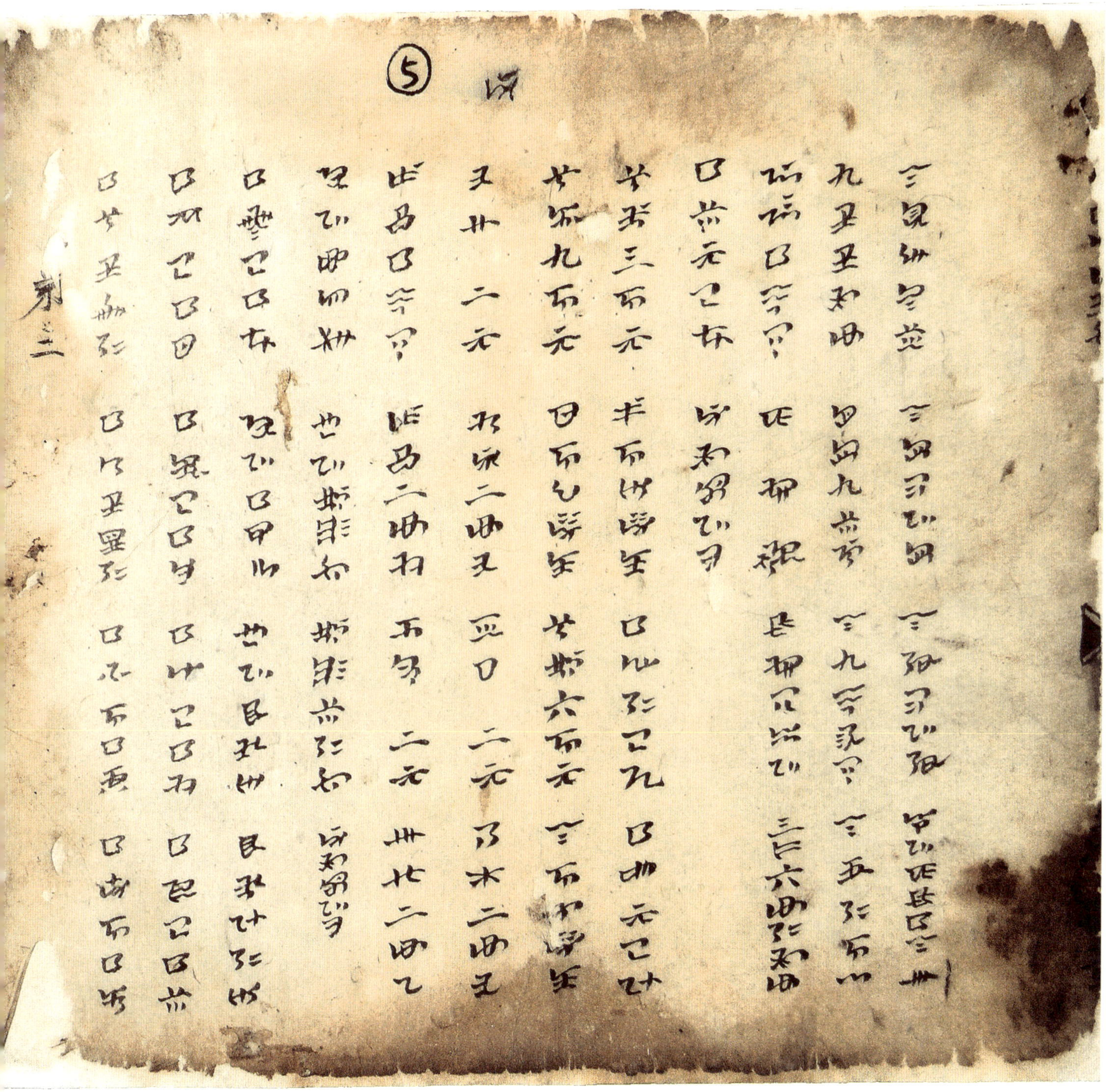

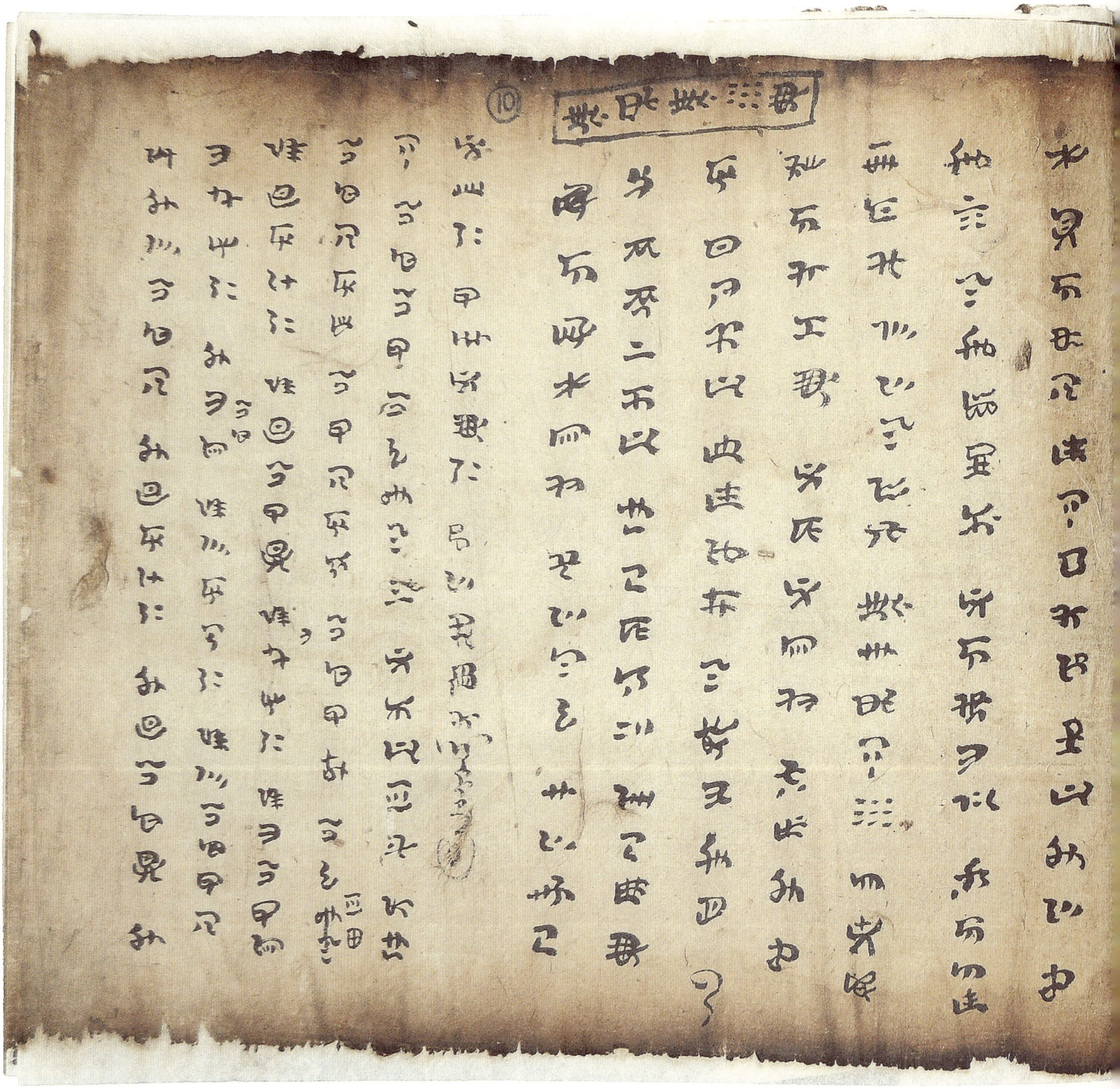

11307 摩史叙史録 彝文 清道光二十七年（1847）抄本

綫裝。開本高 24.6 厘米，廣 27.5 厘米。貴州省畢節地區彝文文獻翻譯研究中心藏。

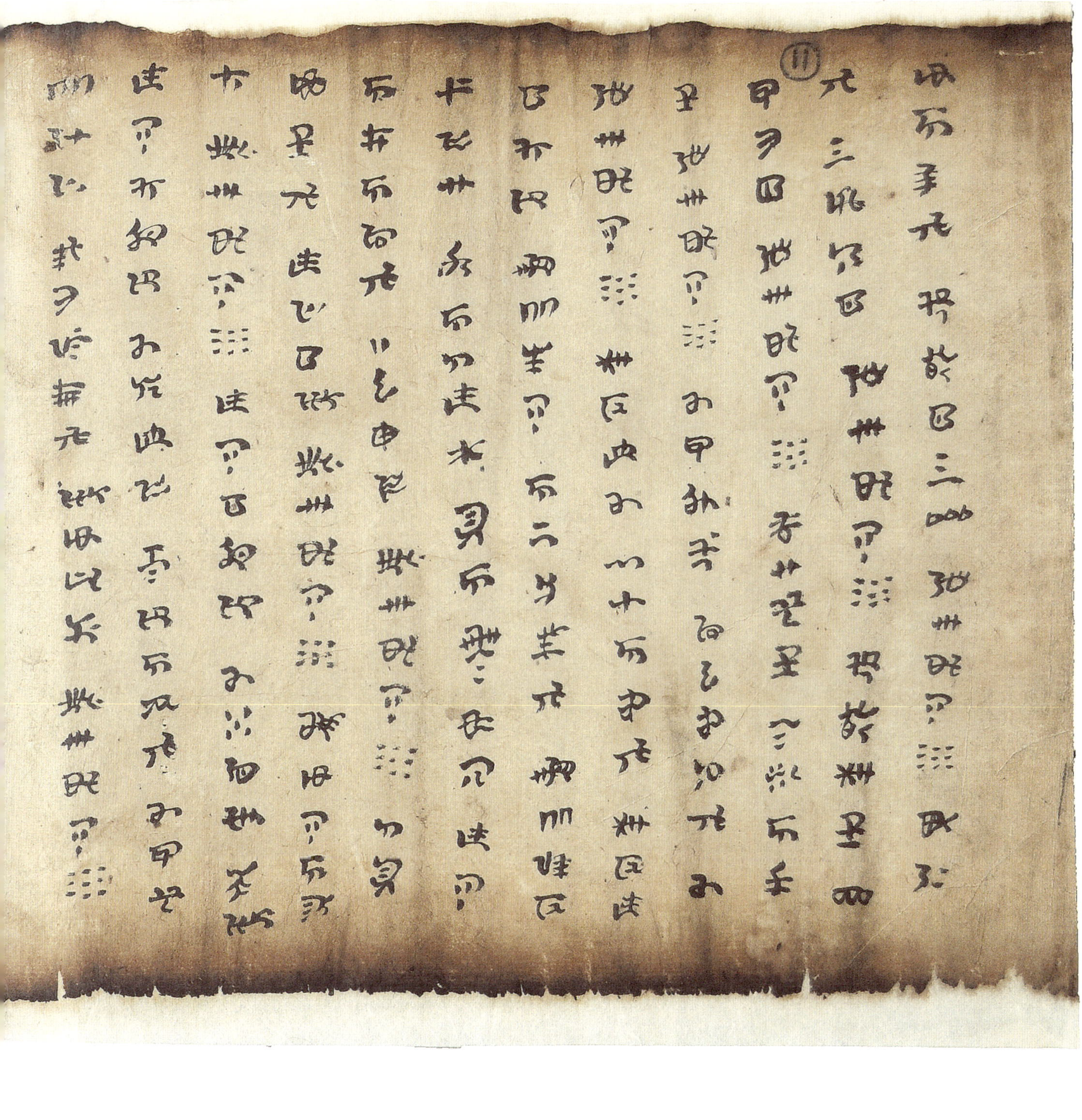

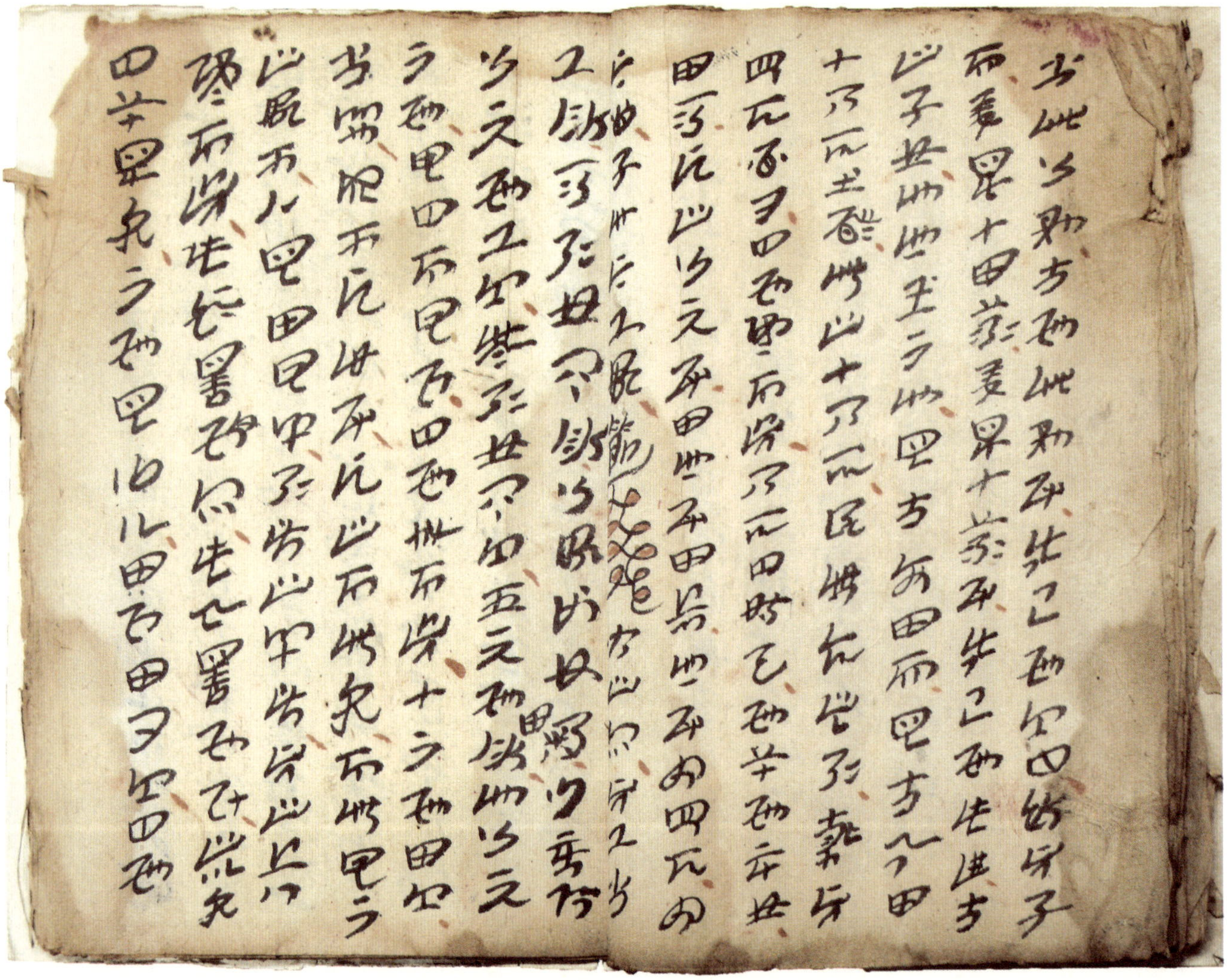

11306 洪水與篤慕 彝文 清道光二十六年（1846）抄本

綫裝。開本高 18 厘米，廣 12.4 厘米。貴州民族文化宫圖書館藏。

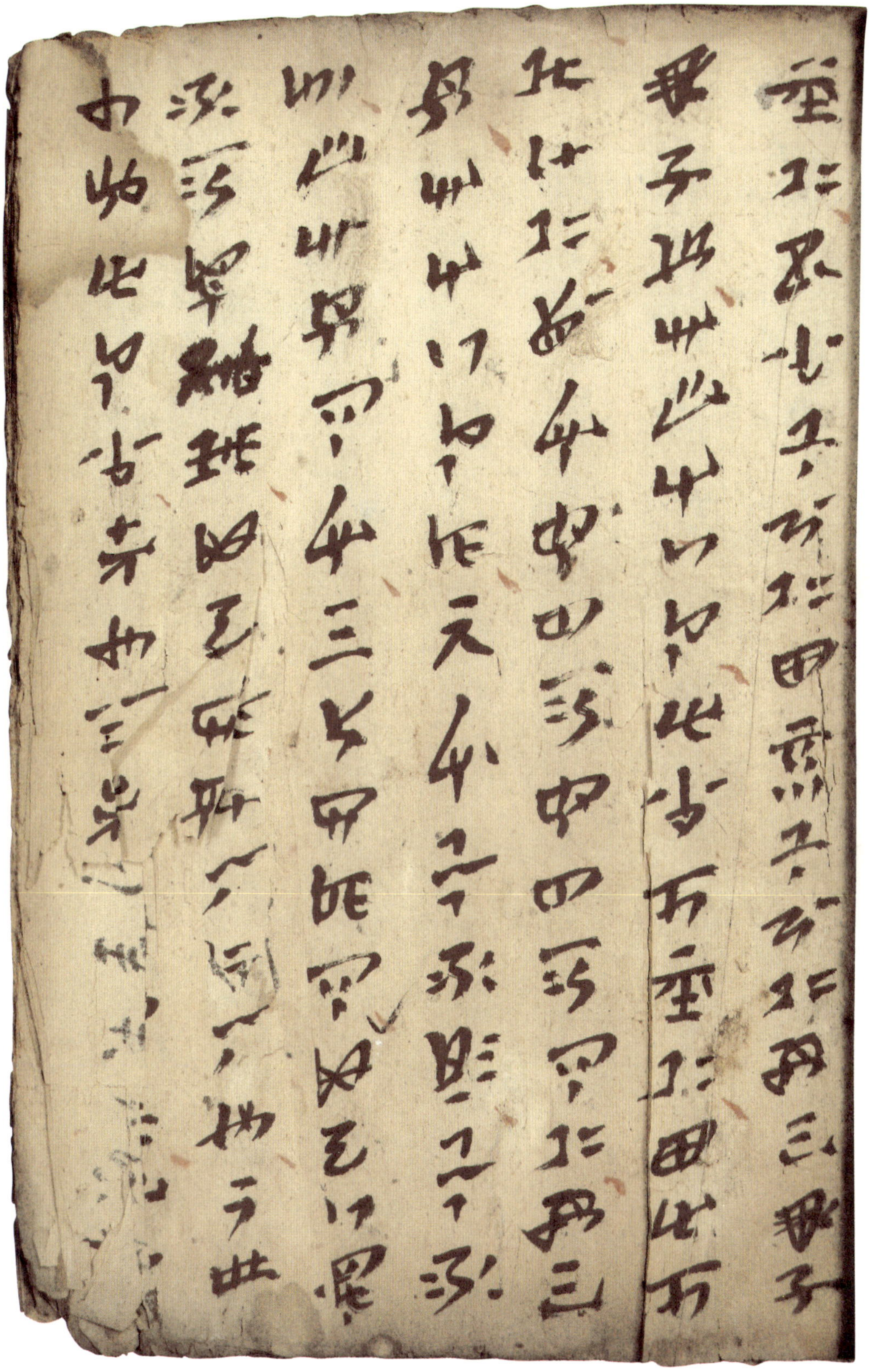

11308 婚儀誦本 彝文 清道光三十年（1850）抄本

綫裝。開本高 18.2 厘米，廣 15.5 厘米。貴州民族文化宫圖書館藏。

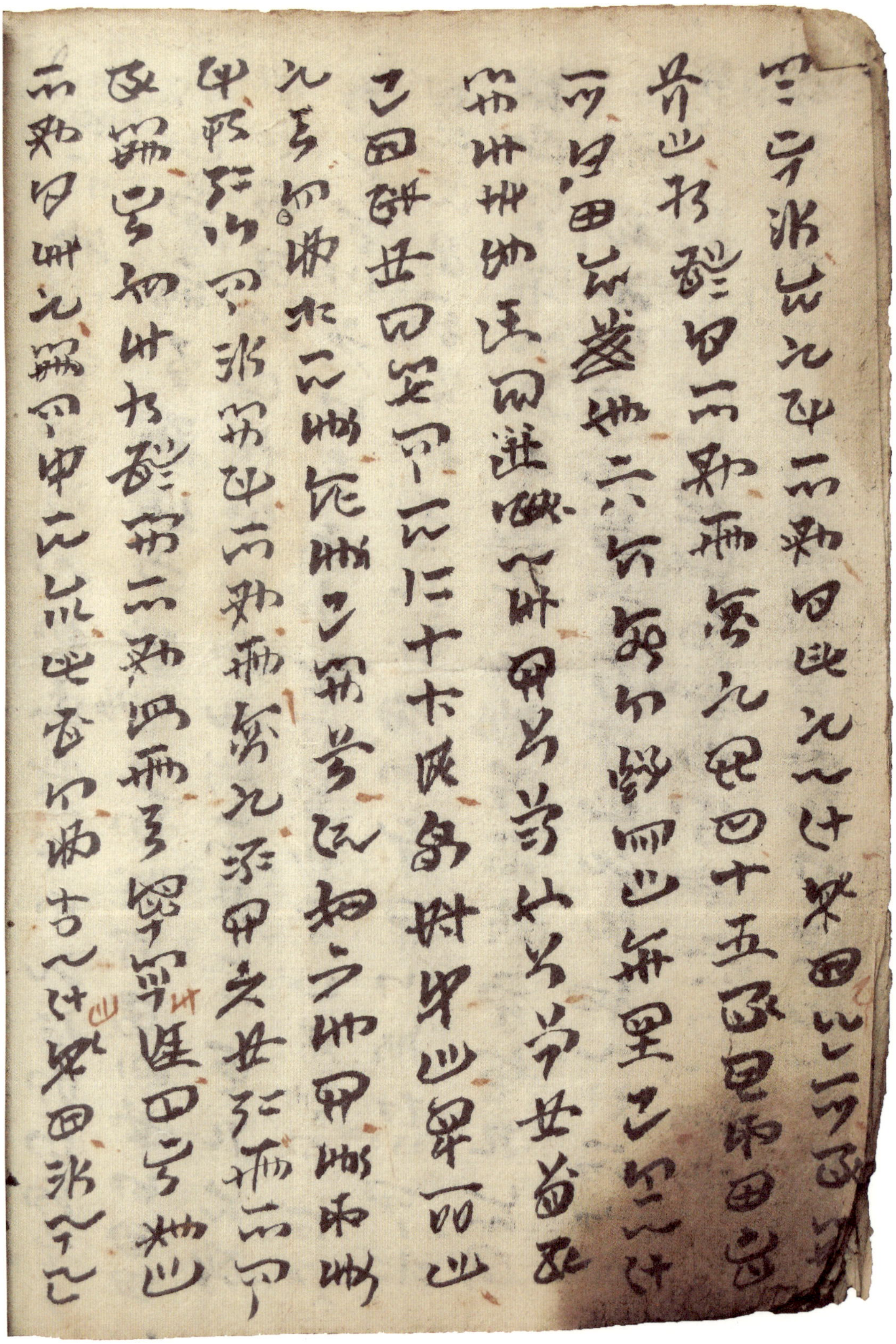

11309 阿哲君長世系　彝文　清道光三十年（1850）抄本
綫裝。開本高 18 厘米，廣 14 厘米。貴州民族文化宫圖書館藏。

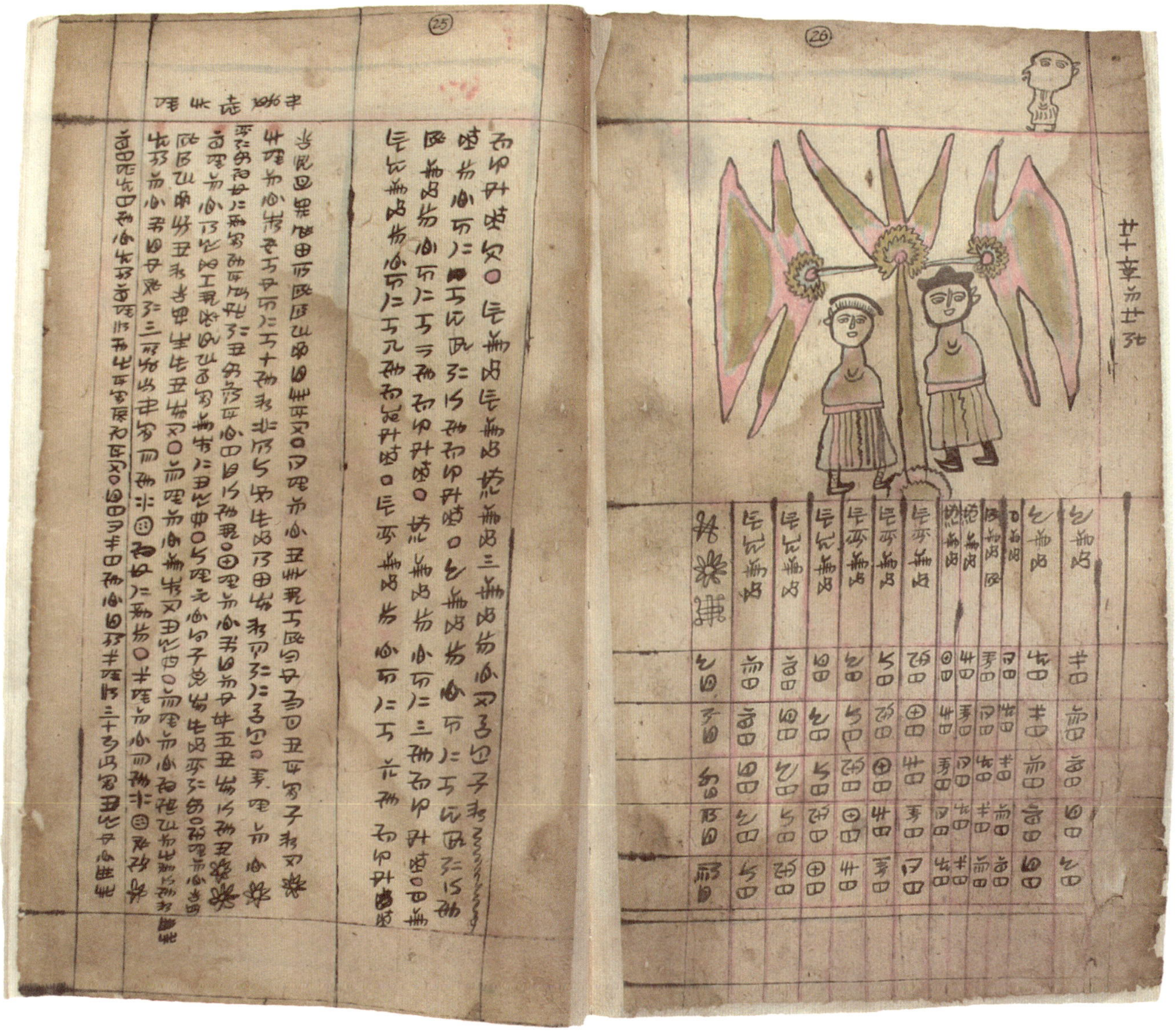

06763 **玄通大書**　彝文　清道光寫本

綫裝。開本高 47.5 厘米，廣 26.8 厘米。貴州省畢節地區彝文翻譯組藏。

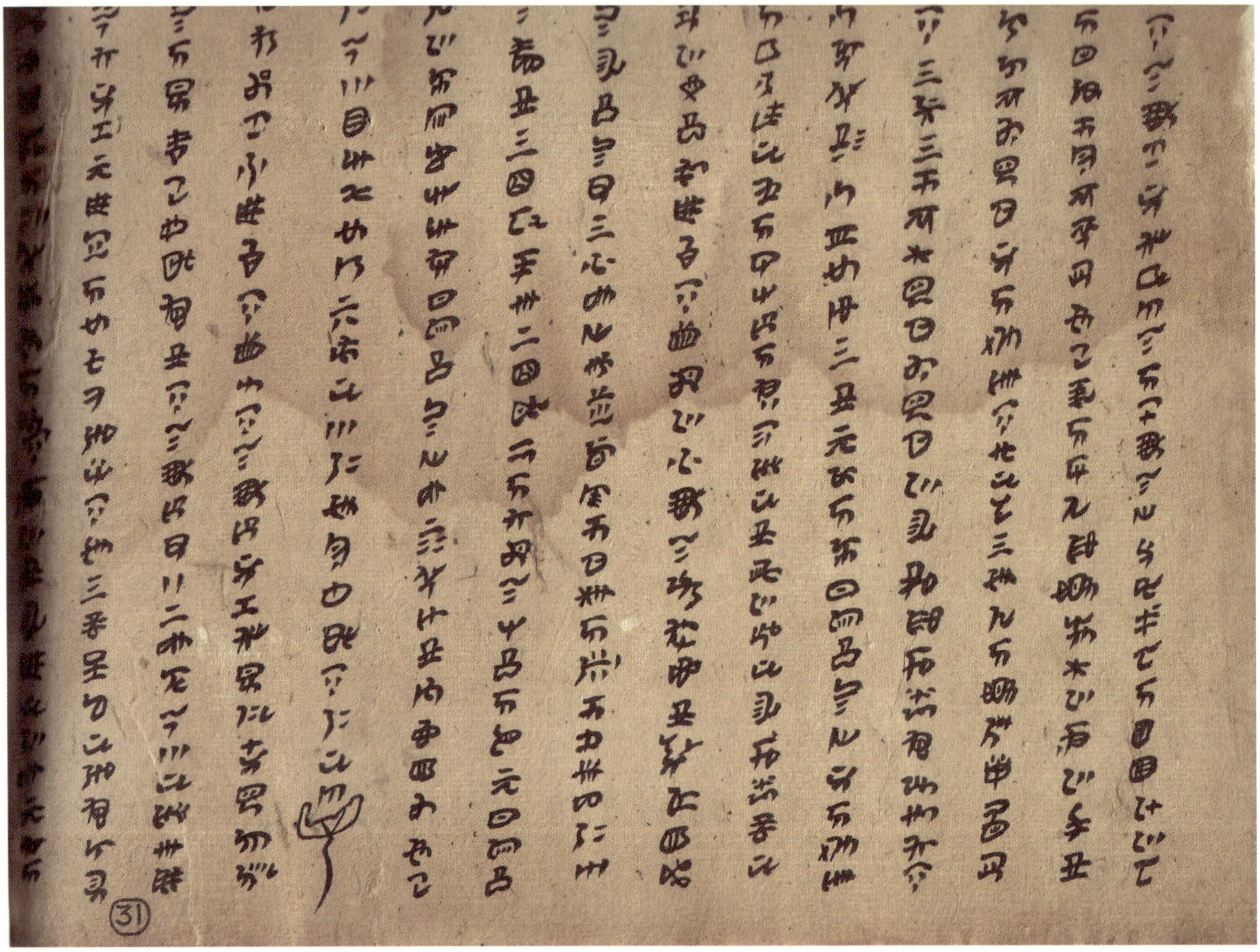

06764 摩史諾漚蘇 彝文 俄索摩史撰 清道光寫本

綫裝。開本高 24 厘米，廣 31 厘米。貴州省畢節地區彝文翻譯組藏。

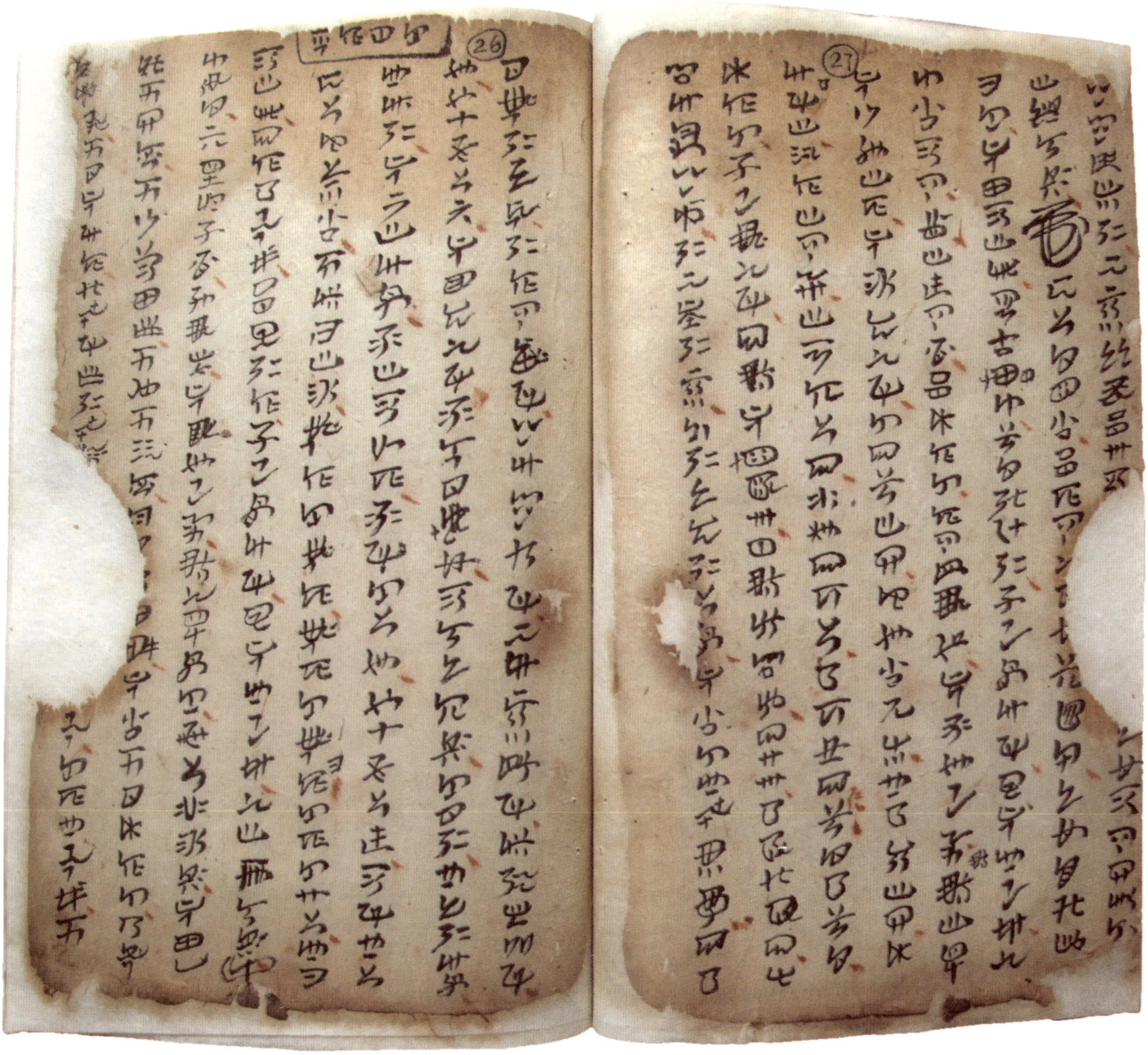

09726 宇宙人文論　彝文　清道光抄本

綫裝。開本高 25.3 厘米，廣 16.7 厘米。貴州省畢節地區彝文文獻翻譯研究中心藏。

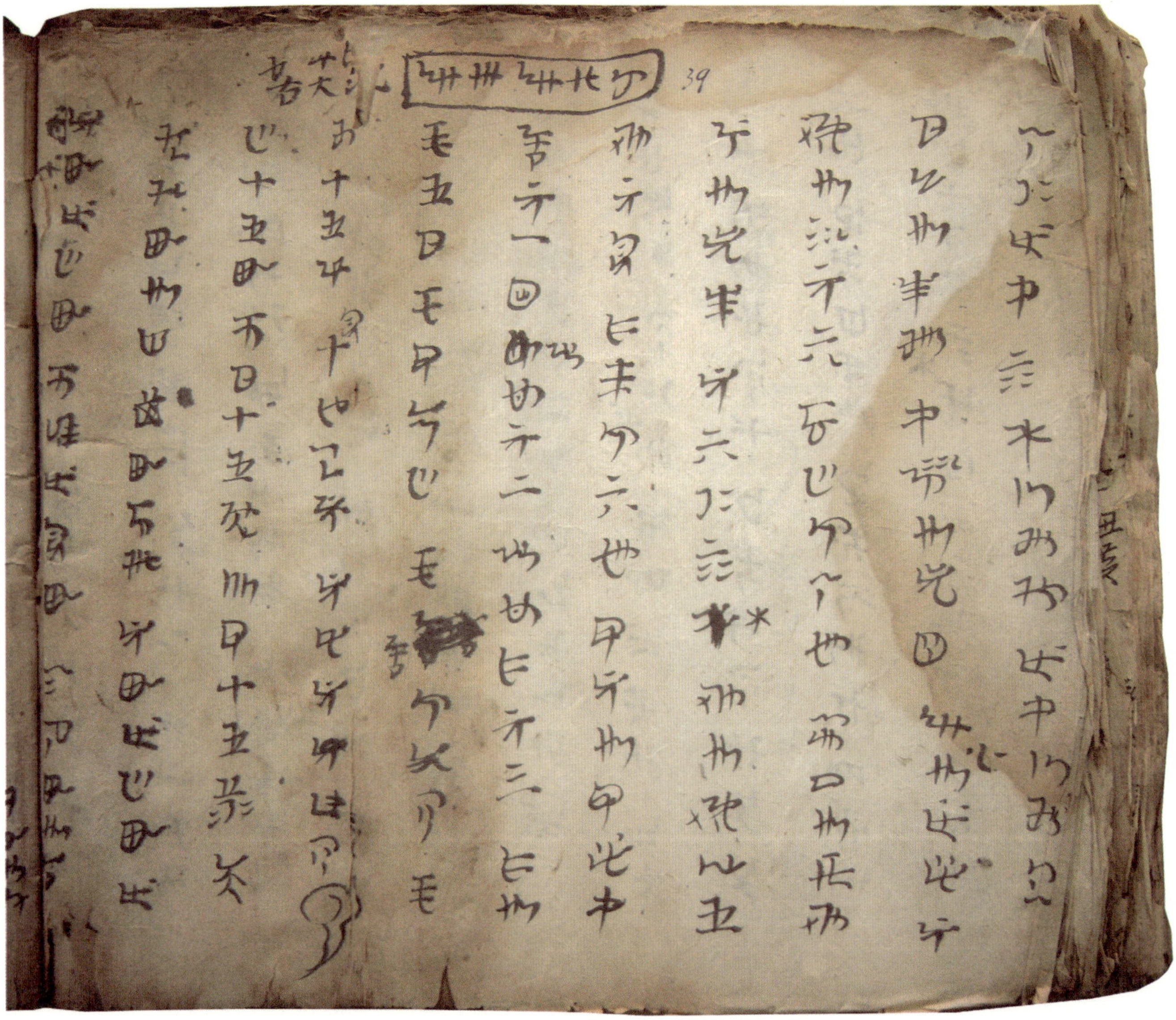

06765 彝家宗譜 彝文 布陀布舉 麻博阿維等撰 清咸豐十年（1860）寫本
綫裝。開本高 26 厘米，廣 27.3 厘米。貴州省畢節地區檔案館藏。

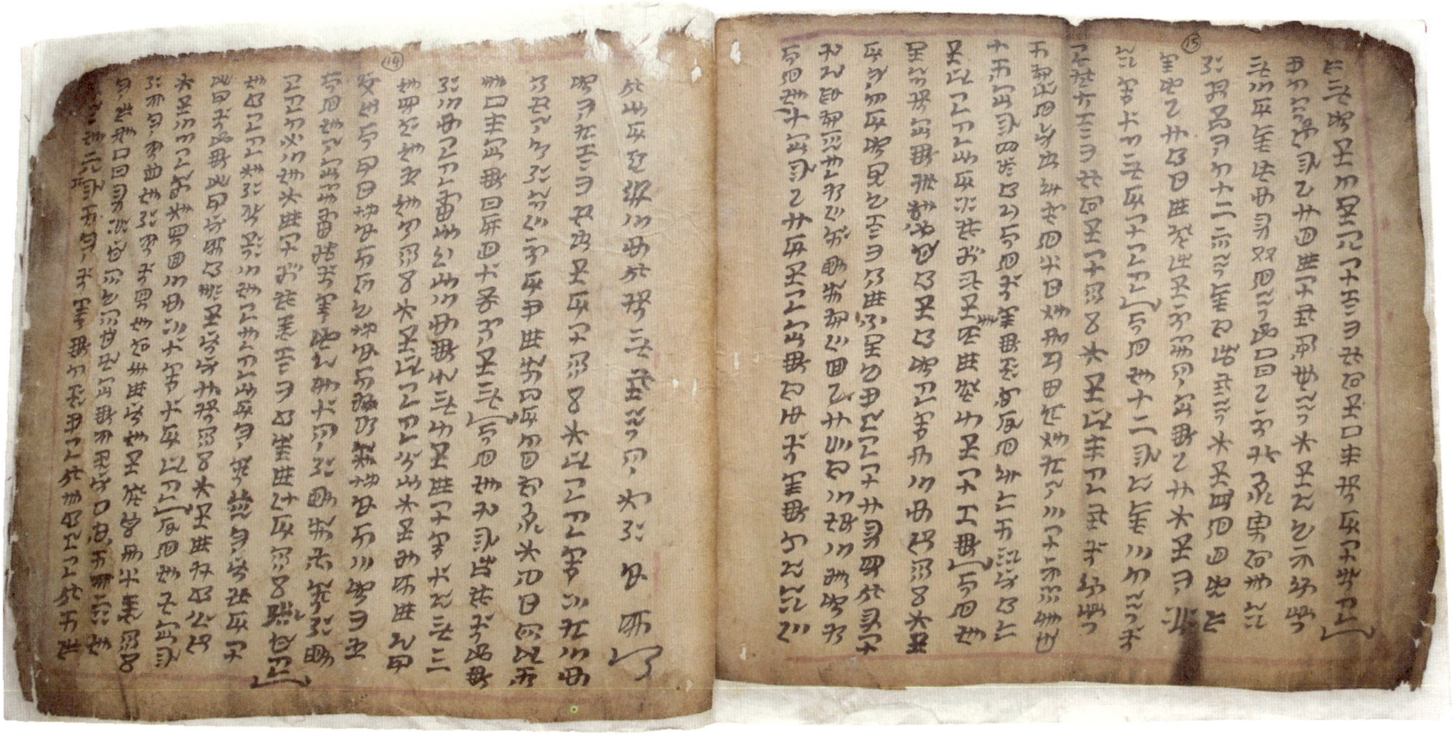

09733 阿魯玄通書 彝文 清抄本

綫裝。開本高 26 厘米，廣 29 厘米。貴州省畢節地區彝文文獻翻譯研究中心藏。

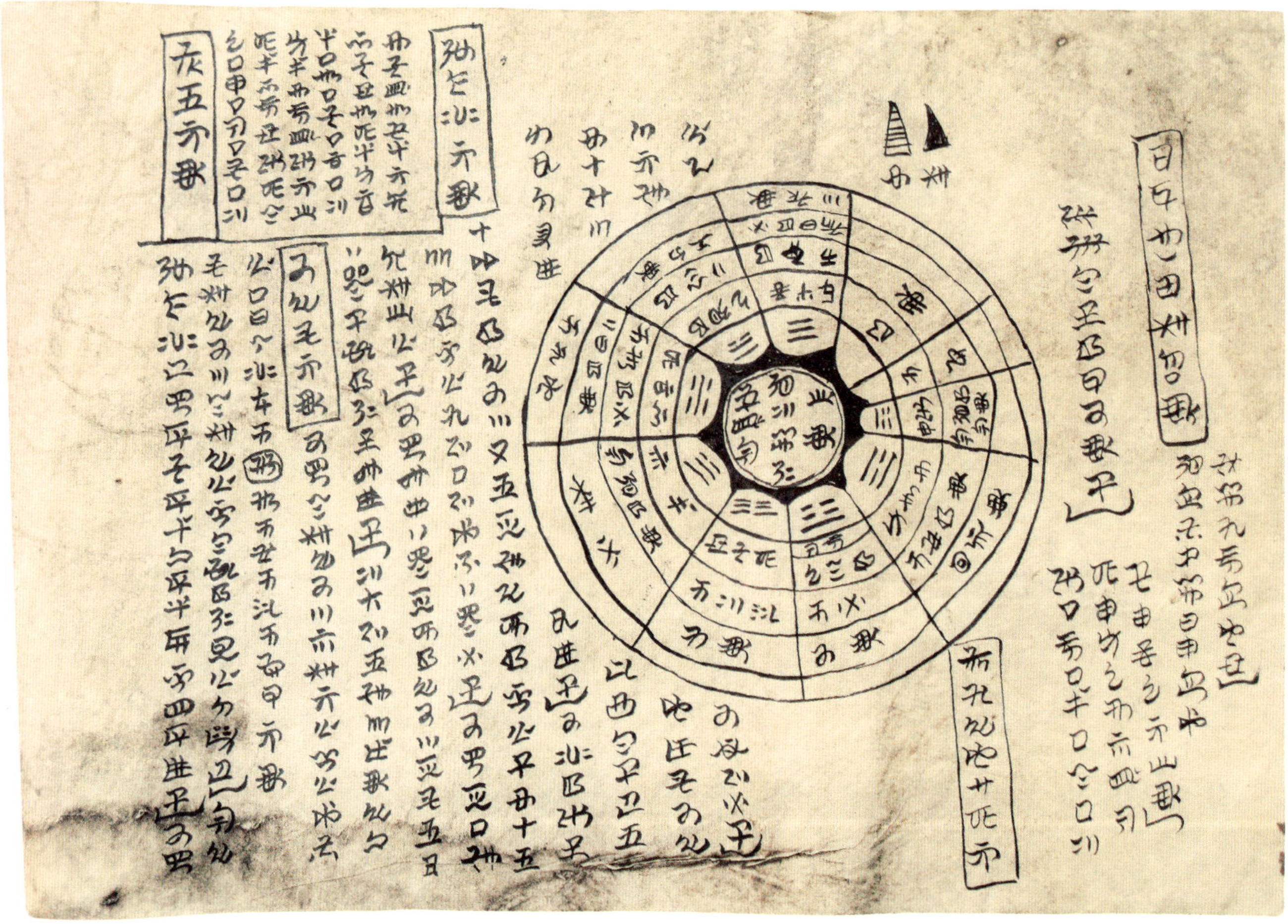

11312 **阿魯預測書**　彝文　清咸豐抄本

綫裝。開本高 28 厘米，廣 41 厘米。貴州民族文化宫圖書館藏。

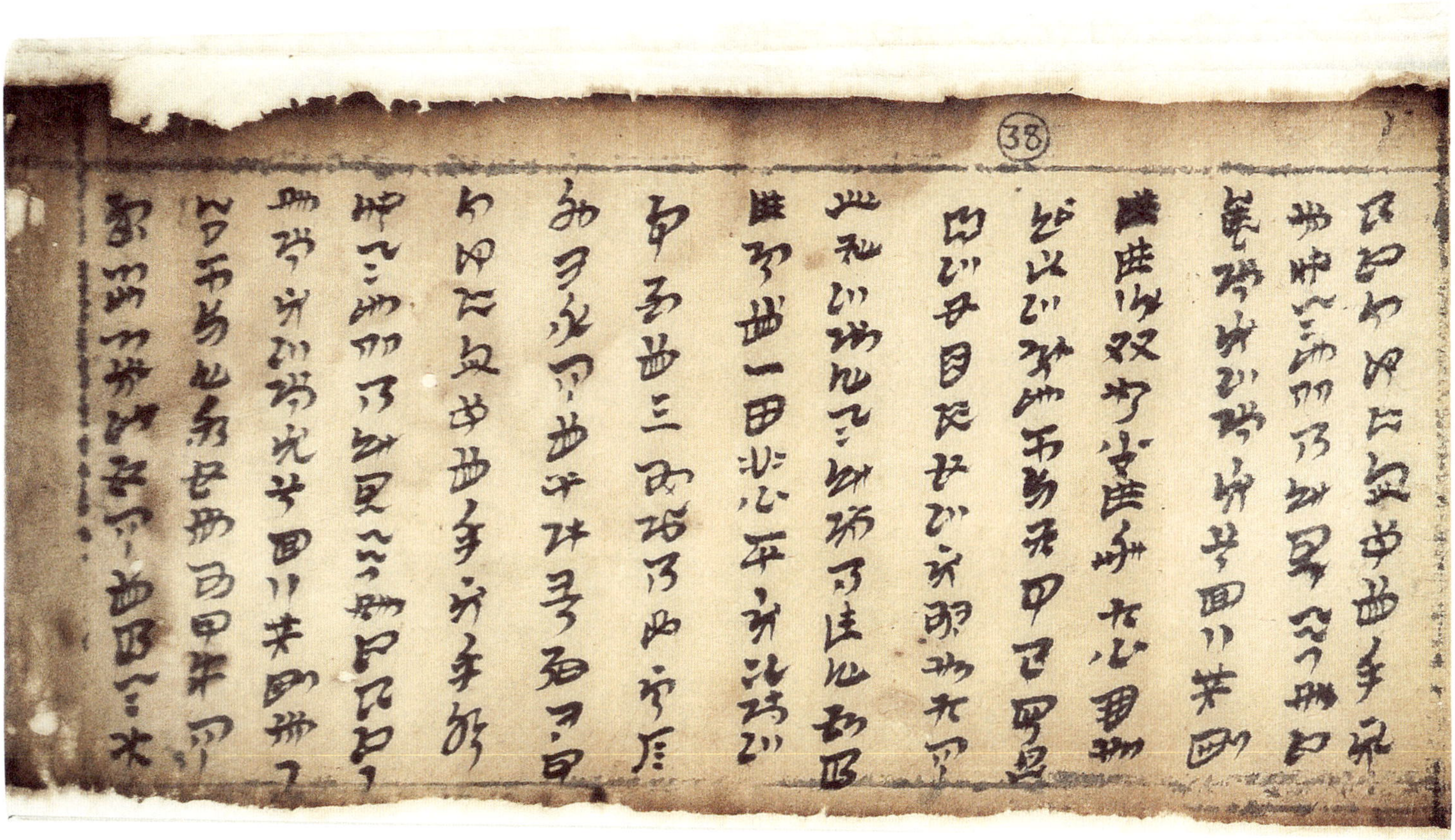

11313 彝家婚禮叙事詩　彝文　清同治五年（1866）抄本

綫裝。開本高 12.8 厘米，廣 28 厘米。貴州省畢節地區彝文文獻翻譯研究中心藏。

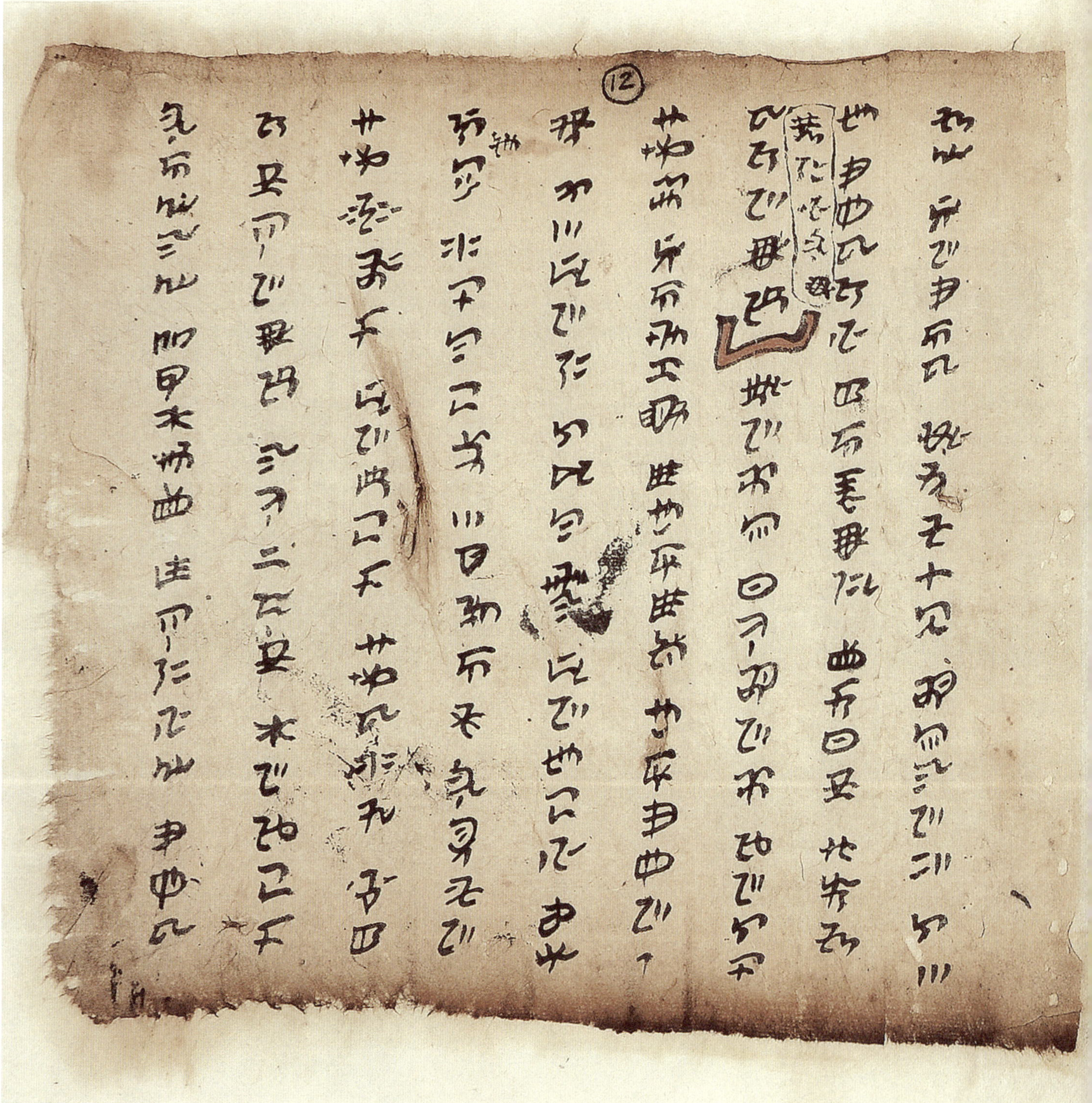

11314 宗法與祭祖　彝文　清同治七年（1868）抄本

綫裝。開本高 24 厘米，廣 26.3 厘米。貴州省畢節地區彝文文獻翻譯研究中心藏。

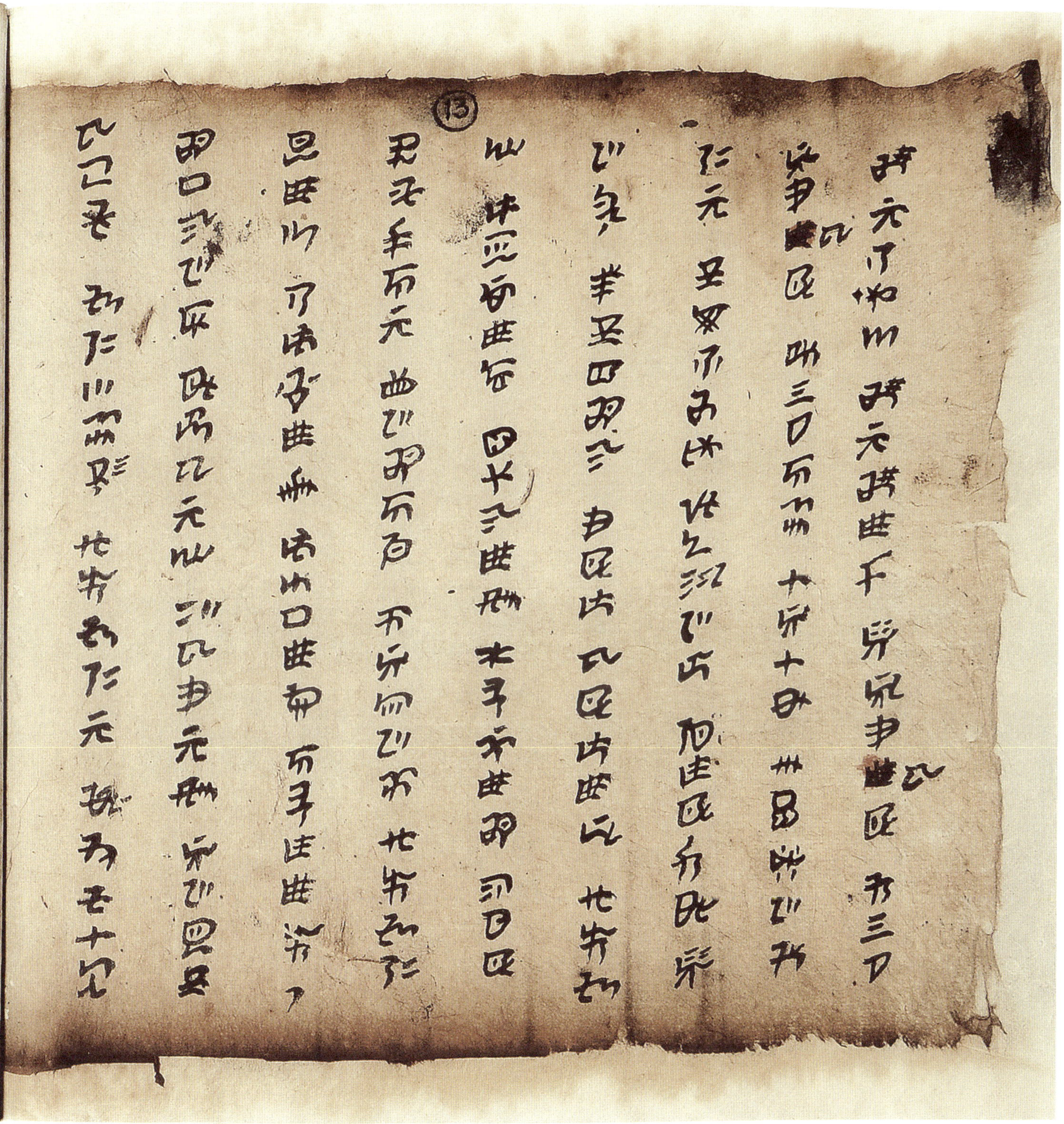
13

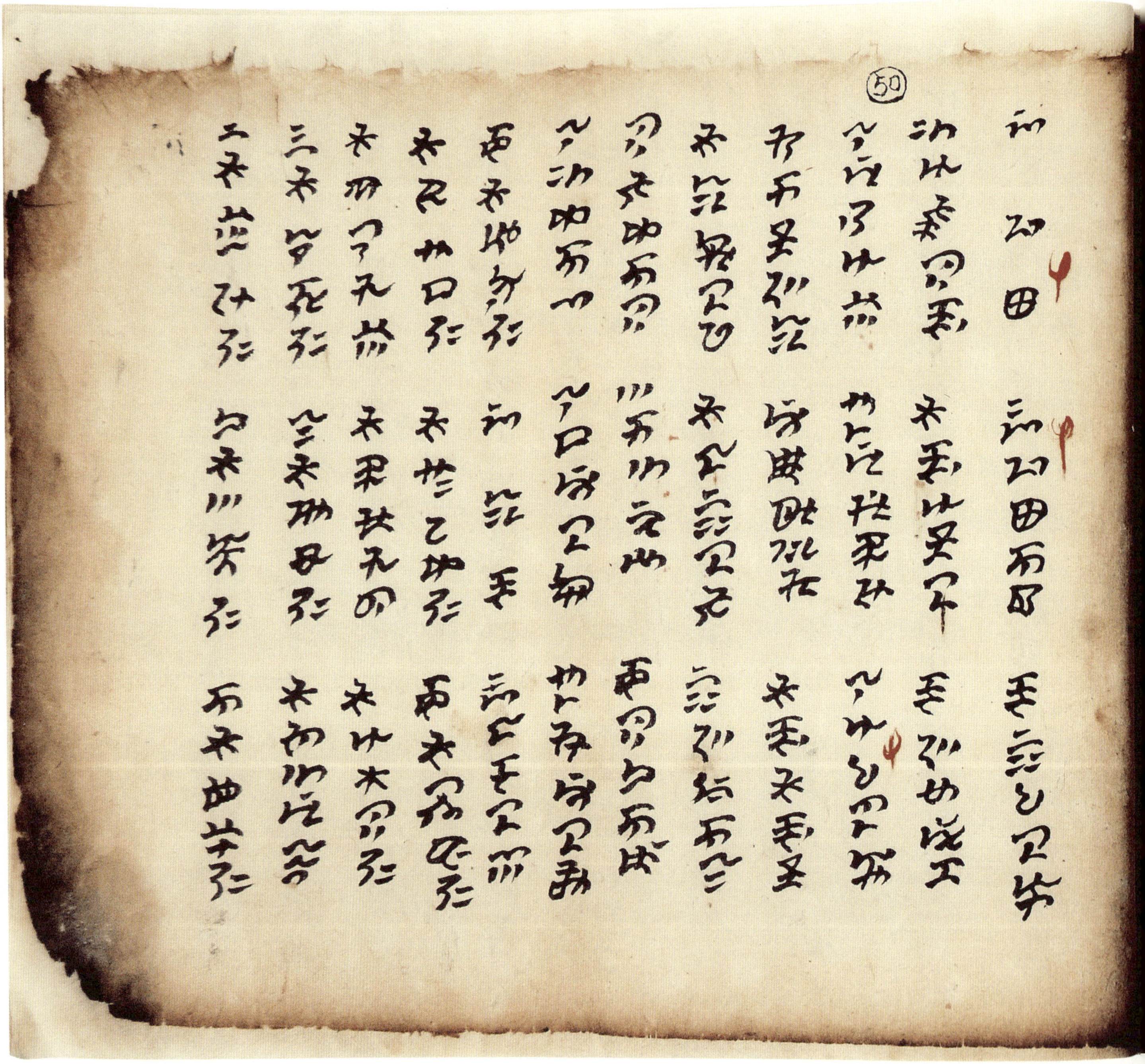

11315 驅病退災書 彝文 清光緒十五年（1889）抄本

綫裝。開本高 24.6 厘米，廣 27.6 厘米。貴州省畢節地區彝文文獻翻譯研究中心藏。

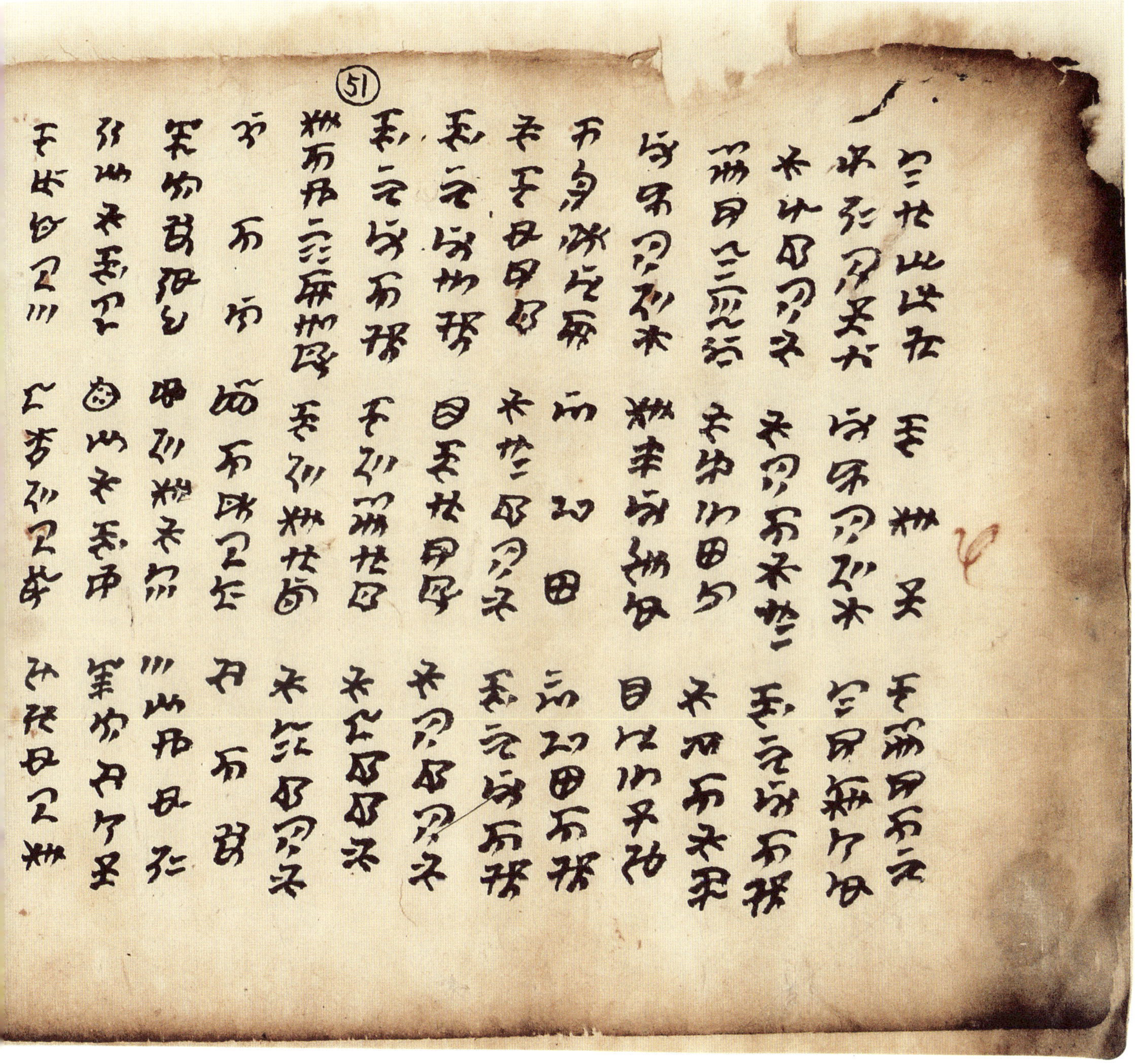
51

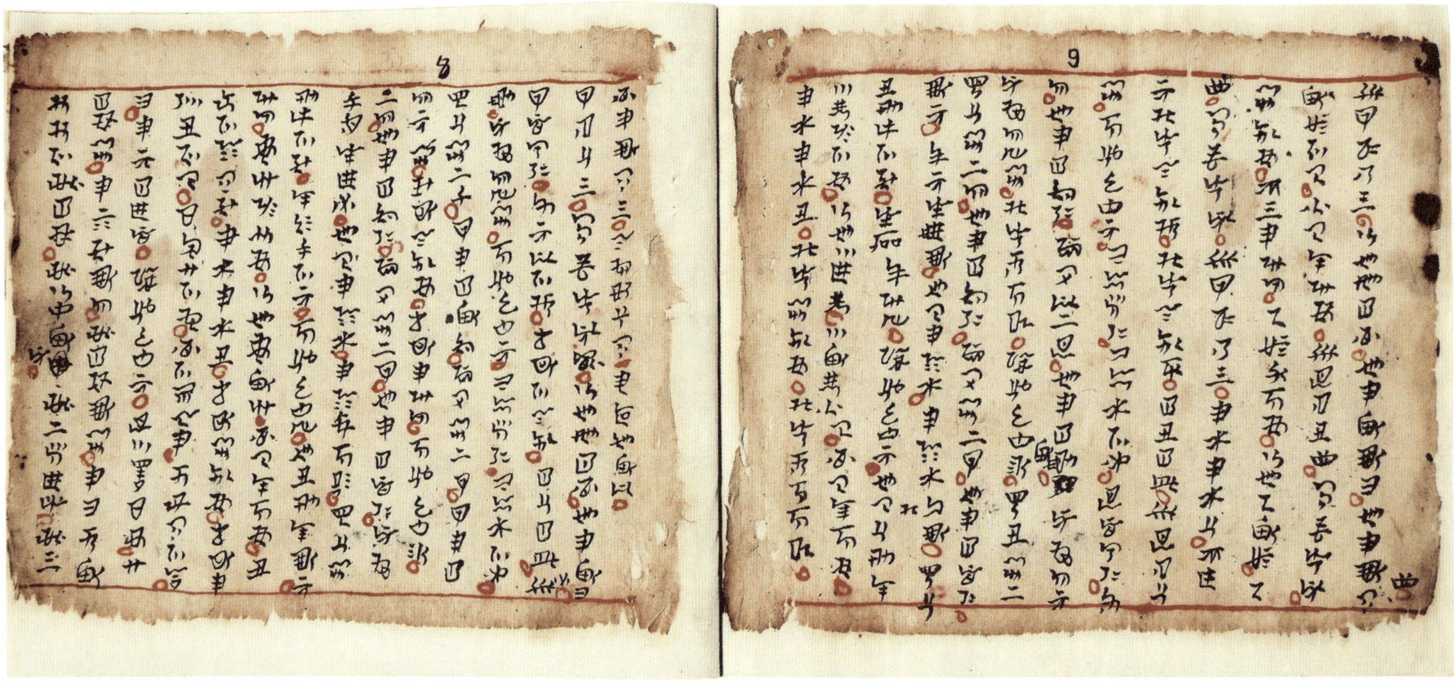

11316 祭奠哭靈書　彝文　清光緒二十二年（1896）抄本

綫裝。開本高 24 厘米，廣 27.5 厘米。貴州省畢節地區彝文文獻翻譯研究中心藏。

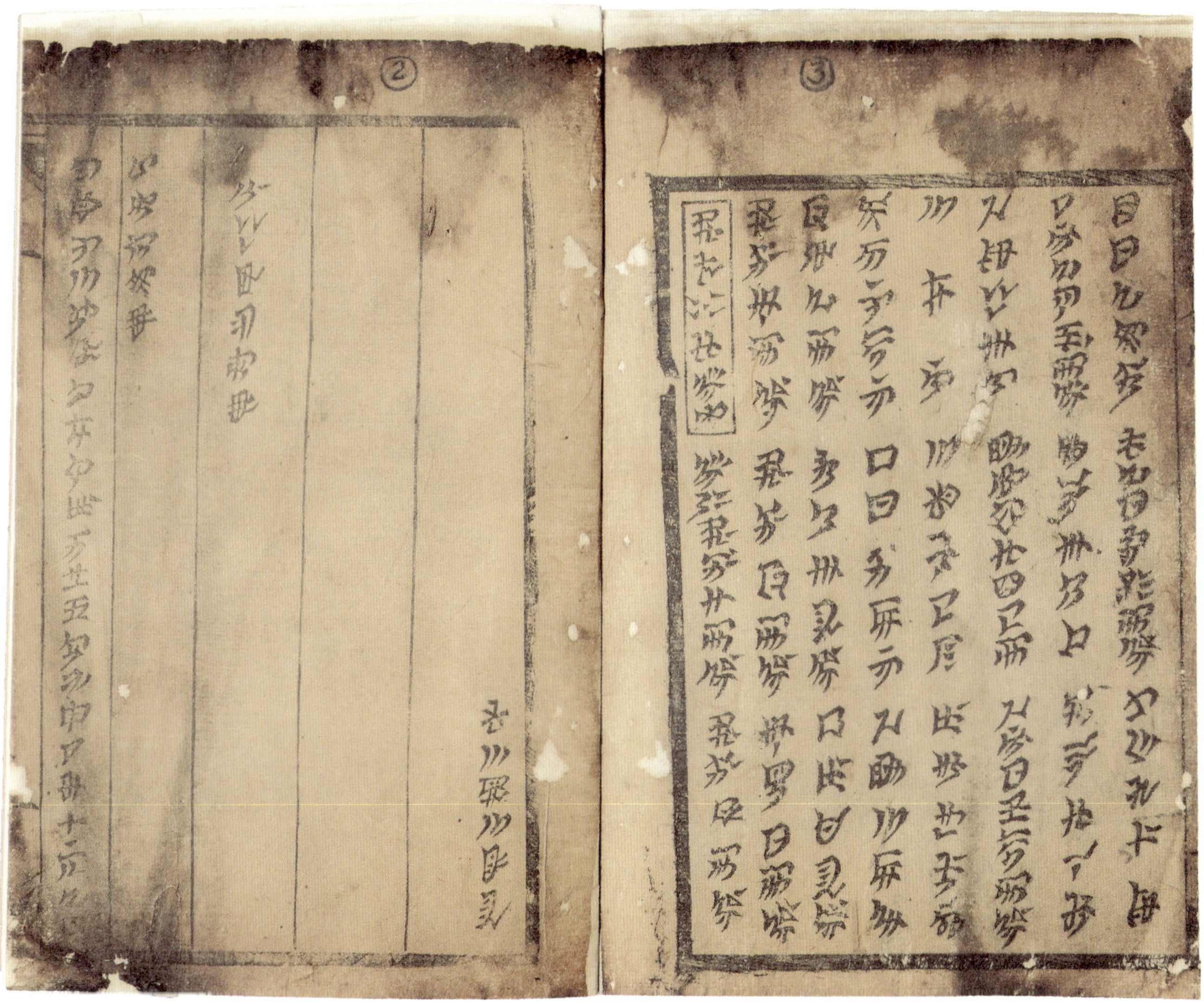

11318 摩史蘇四卷 彝文 清光緒二十五年（1899）刻本

綫裝。開本高 25 厘米，廣 15.5 厘米。框高 20.4 厘米，廣 13.5 厘米。貴州省畢節地區彝文文獻翻譯研究中心藏。

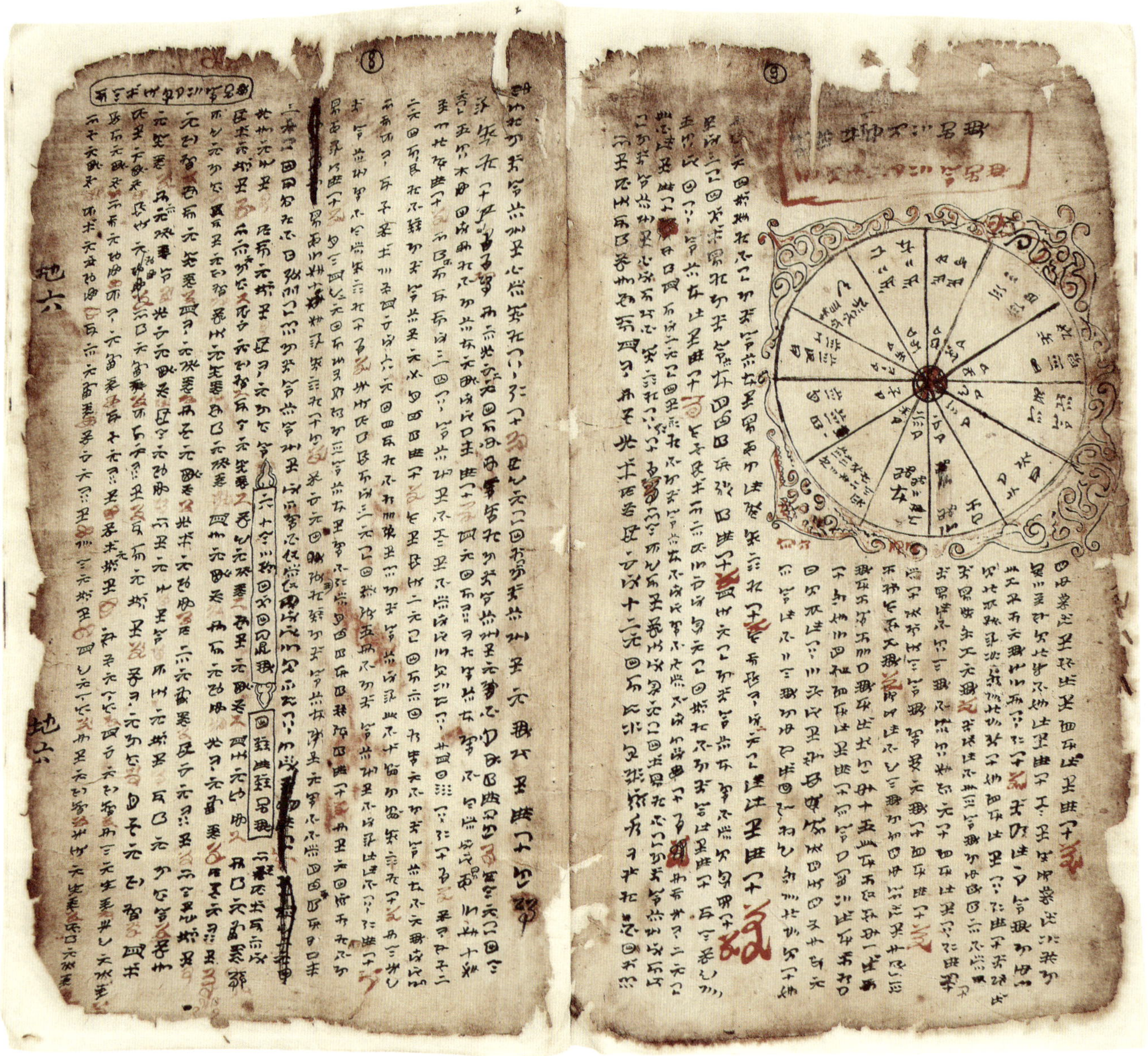

11319 **擇期書**　彝文　清光緒二十六年（1900）抄本

綫裝。開本高 54.5 厘米，廣 32 厘米。貴州省畢節地區彝文文獻翻譯研究中心藏。

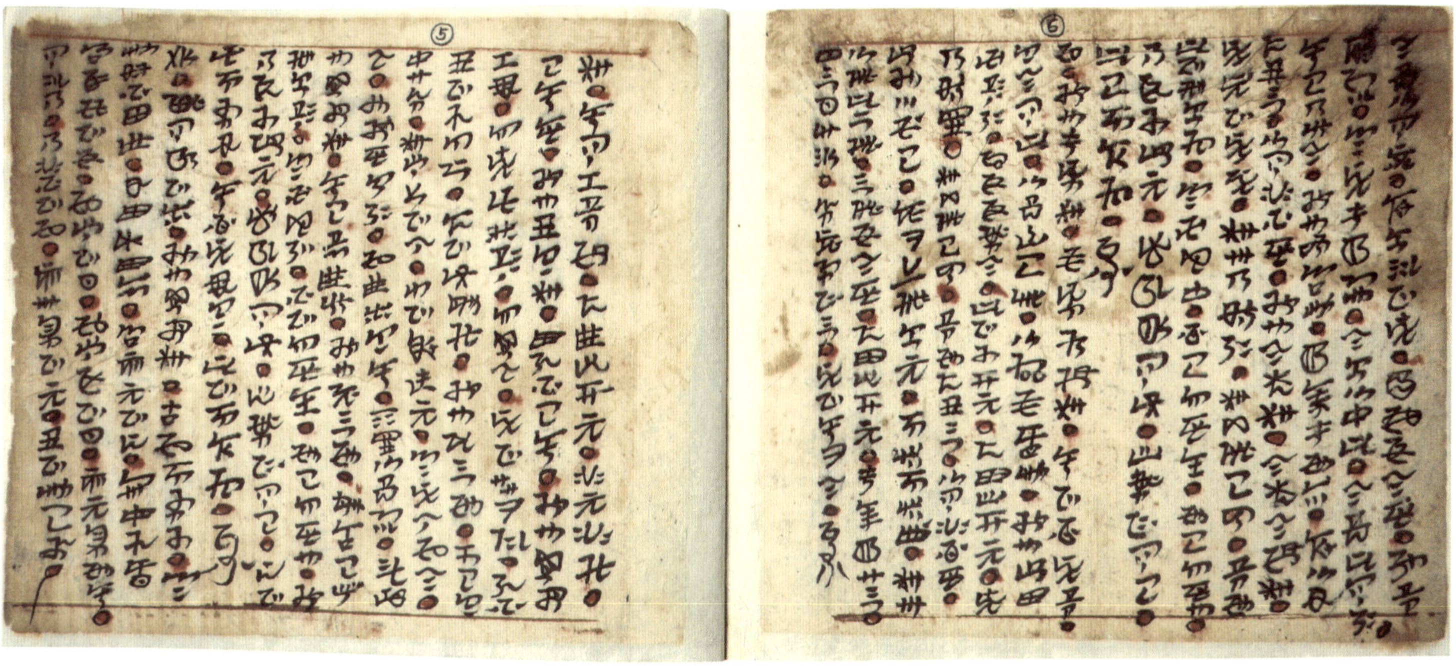

11320 **播勒對歌記**　彝文　清光緒二十七年（1901）抄本

綫裝。開本高 23 厘米，廣 24.5 厘米。貴州省畢節地區彝文文獻翻譯研究中心藏。

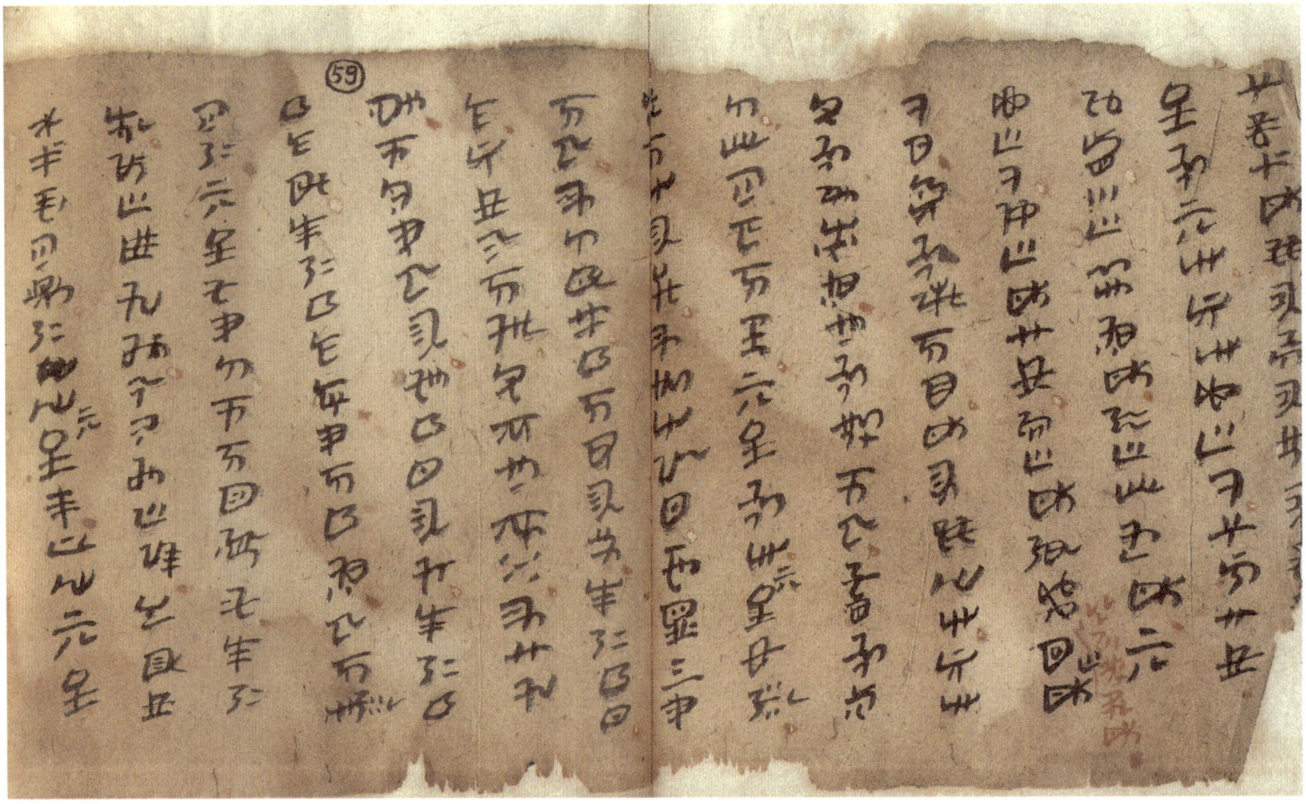

02353 彝族源流二十七卷　彝文　清抄本

綫裝。開本第一册高 19.4 厘米，廣 34.5 厘米；第二册至第三册高 24.6 厘米，廣 35 厘米；第四册至第五册高 27.6 厘米，廣 32 厘米；第六册高 22 厘米，廣 22.5 厘米。各葉行字不等。貴州省畢節地區彝文翻譯組藏，存十一卷。

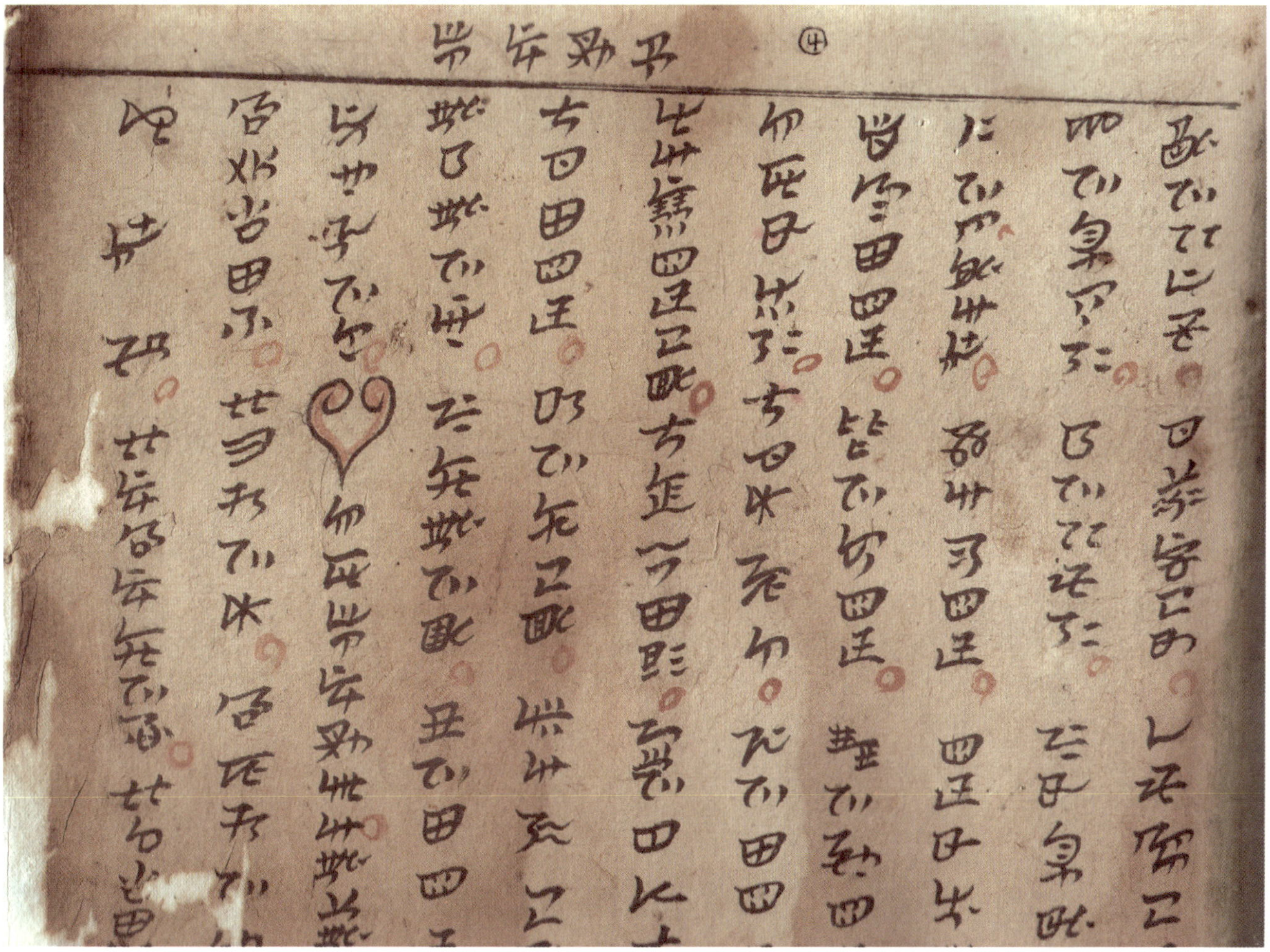

09735 扯勒喪儀經　彝文　清抄本

綫裝。開本高 26 厘米，廣 40 厘米。貴州省畢節地區彝文文獻翻譯研究中心藏。

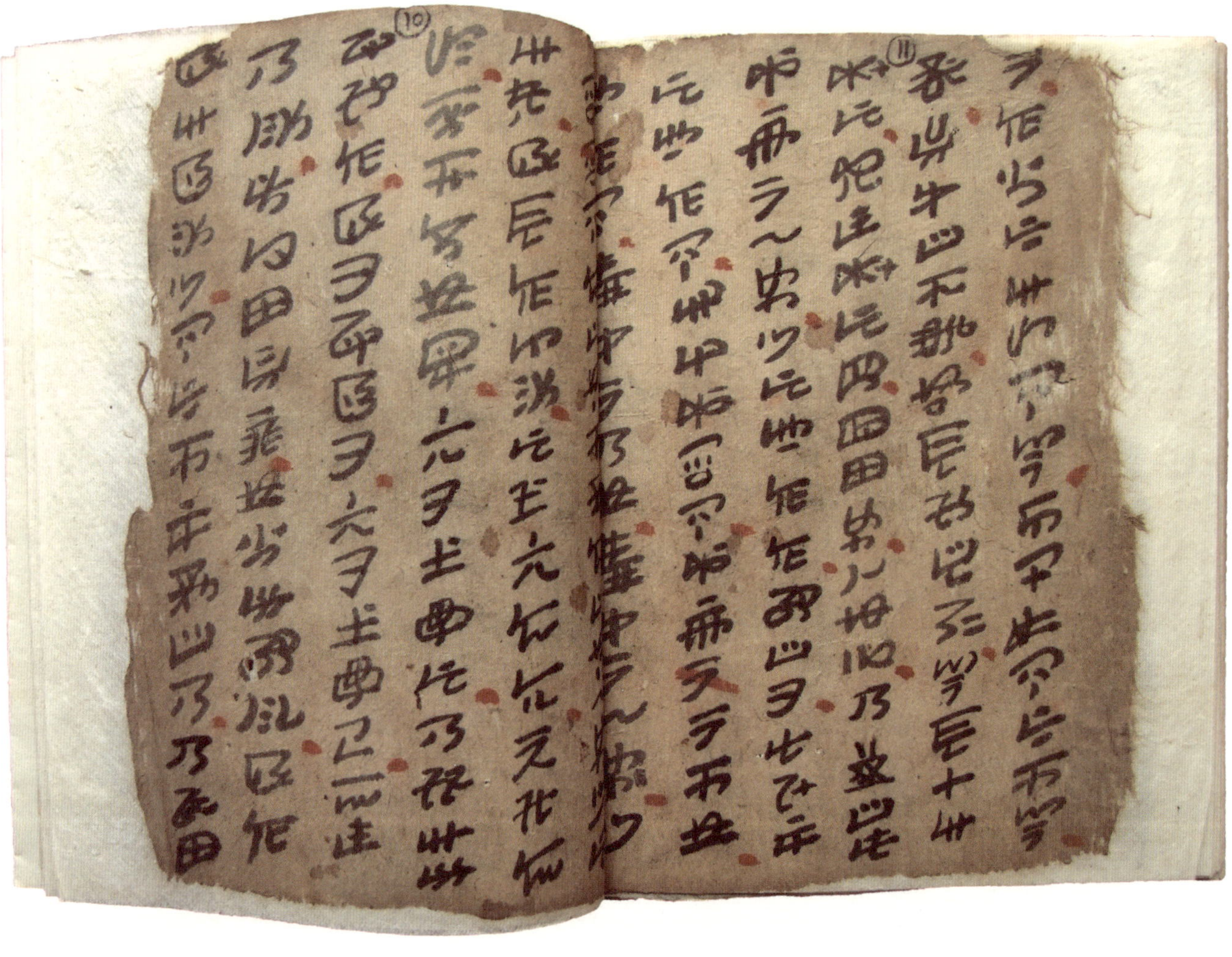

09737 洪水泛濫記　彝文　清抄本

綫裝。開本高 18.5 厘米，廣 15.4 厘米。貴州省畢節地區彝文文獻翻譯研究中心藏。

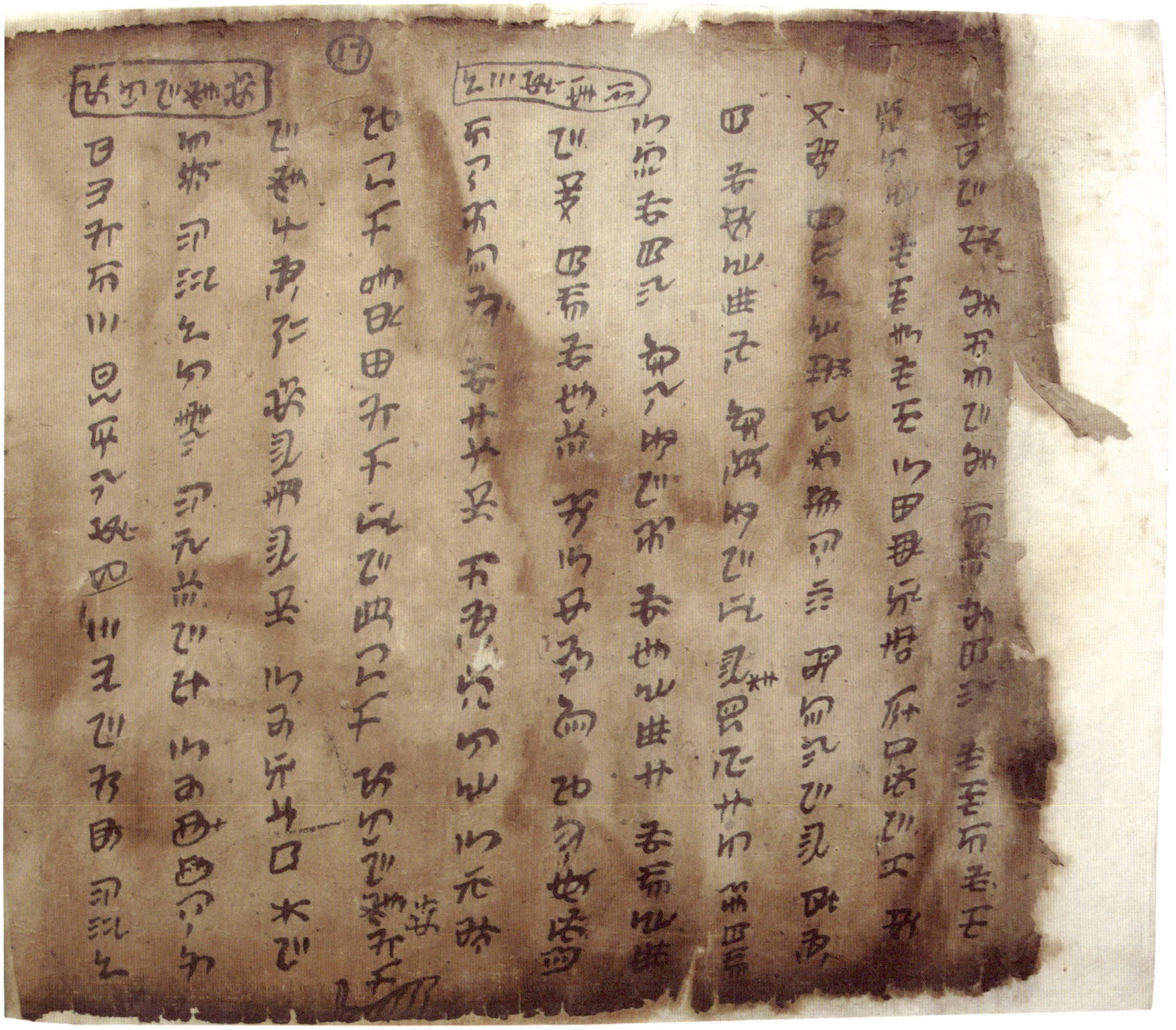

09739 那史釋名經　彝文　清抄本

綫裝。開本高 25.2 厘米，廣 28.7 厘米。貴州省畢節地區彝文文獻翻譯研究中心藏。

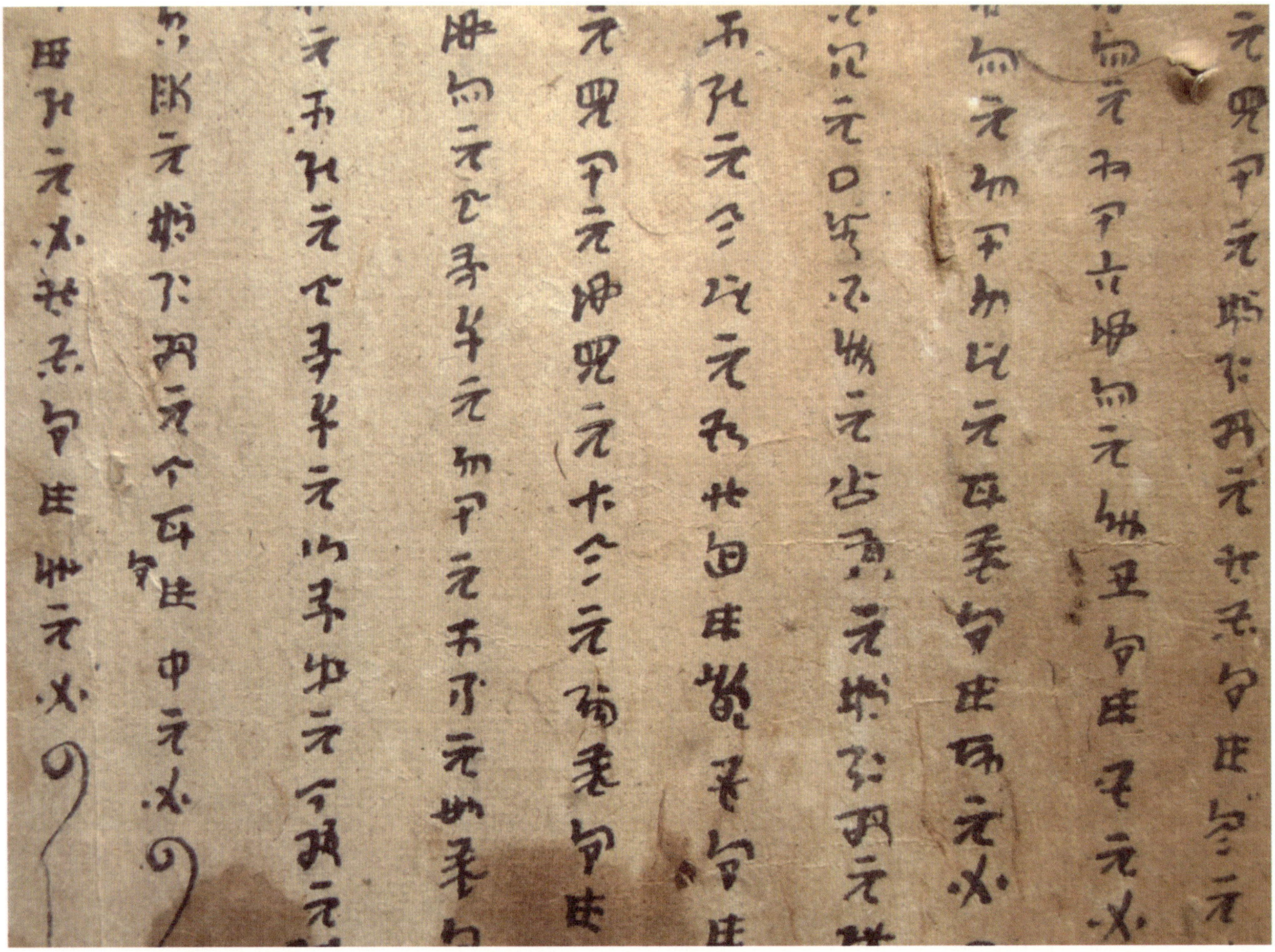

09742 祈福消災大經　彝文　清抄本

綫裝。開本高 13 厘米，廣 23.2 厘米。貴州省畢節地區彝文文獻翻譯研究中心藏。

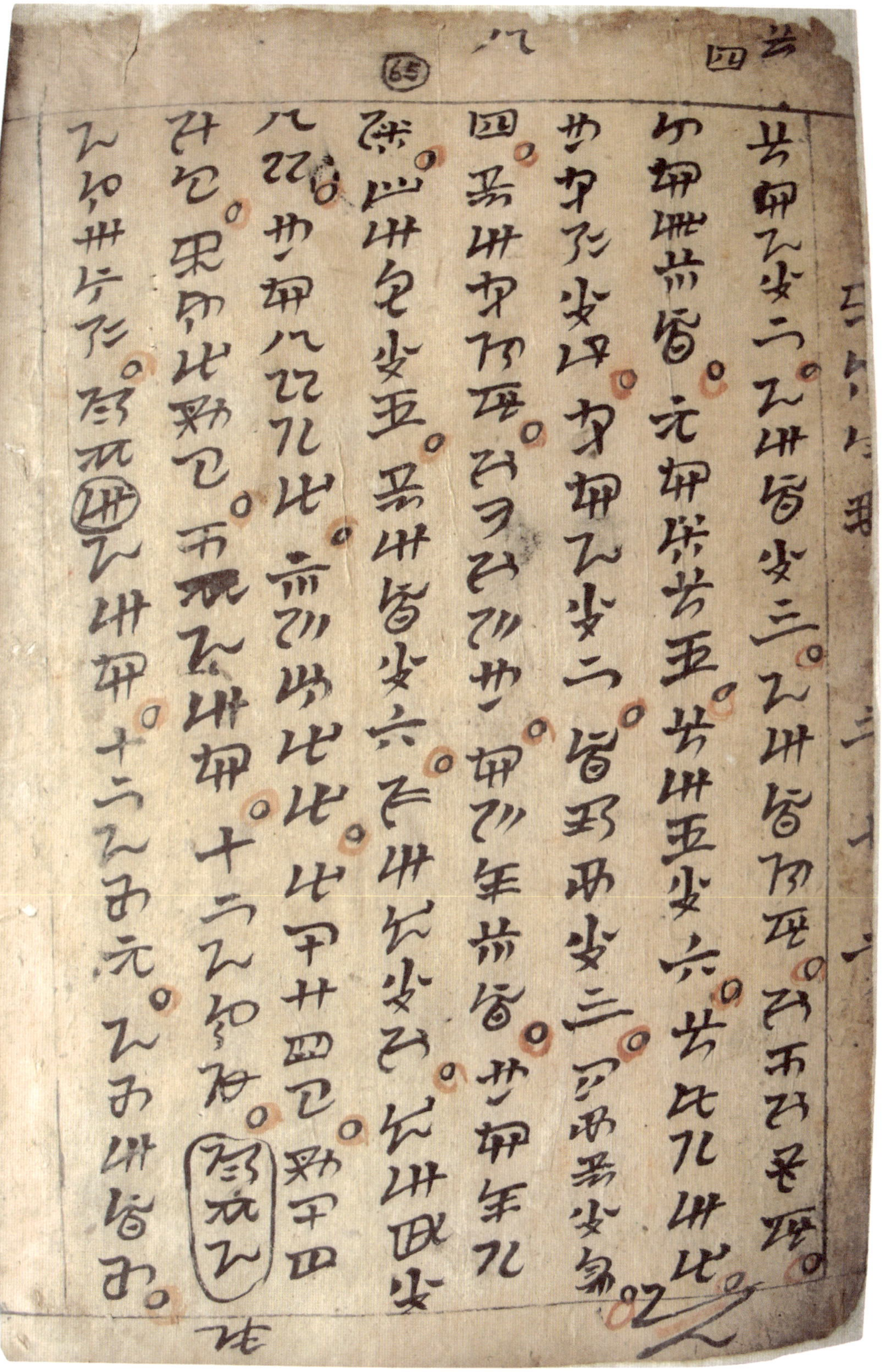

09743 水西彝族解冤經　彝文　清抄本

綫裝。開本高 27.5 厘米，廣 17.4 厘米。貴州省畢節地區彝文文獻翻譯研究中心藏。

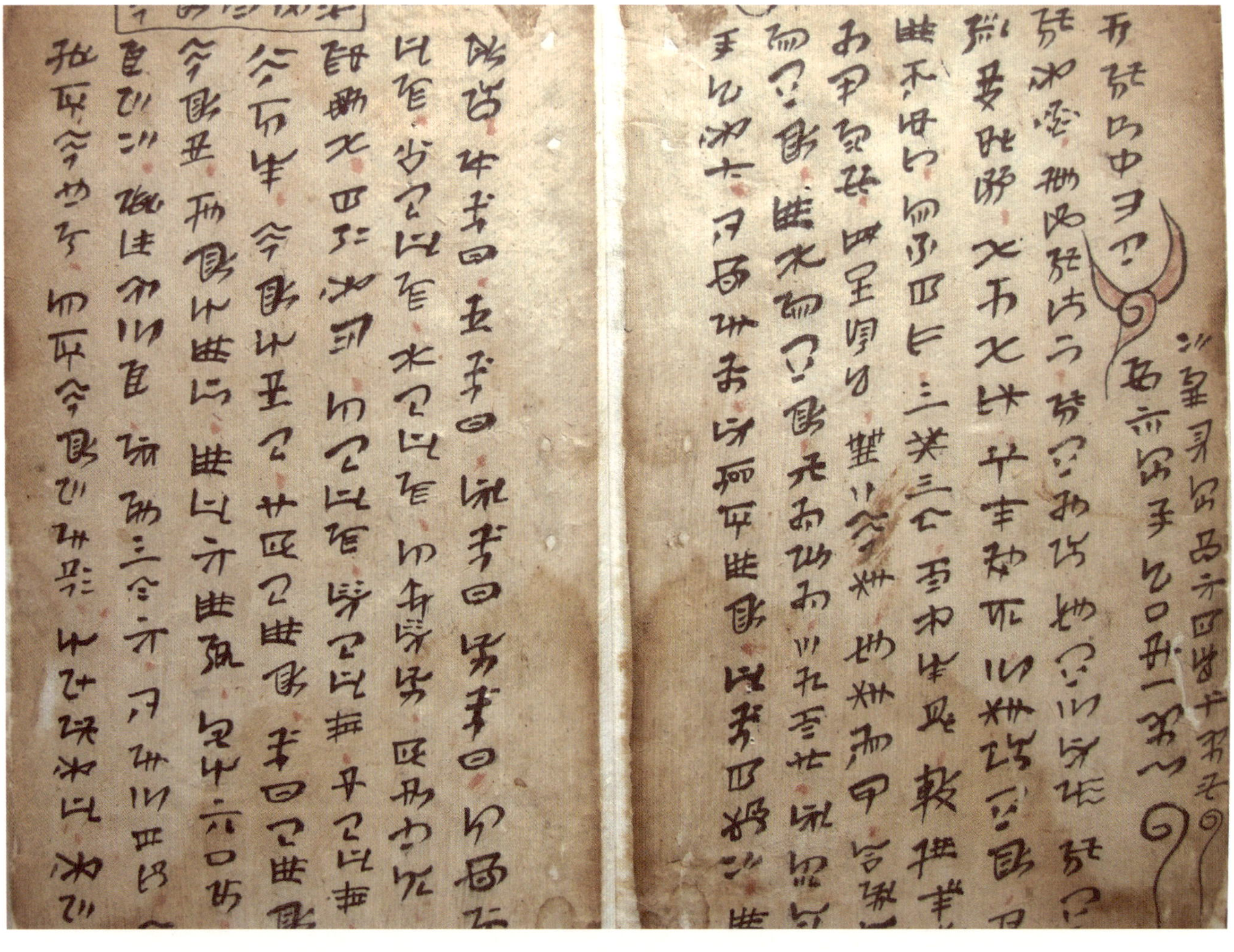

09747 **彝家大通書** 彝文 清抄本

綫裝。開本高 28 厘米，廣 25 厘米。貴州省畢節地區彝文文獻翻譯研究中心藏。

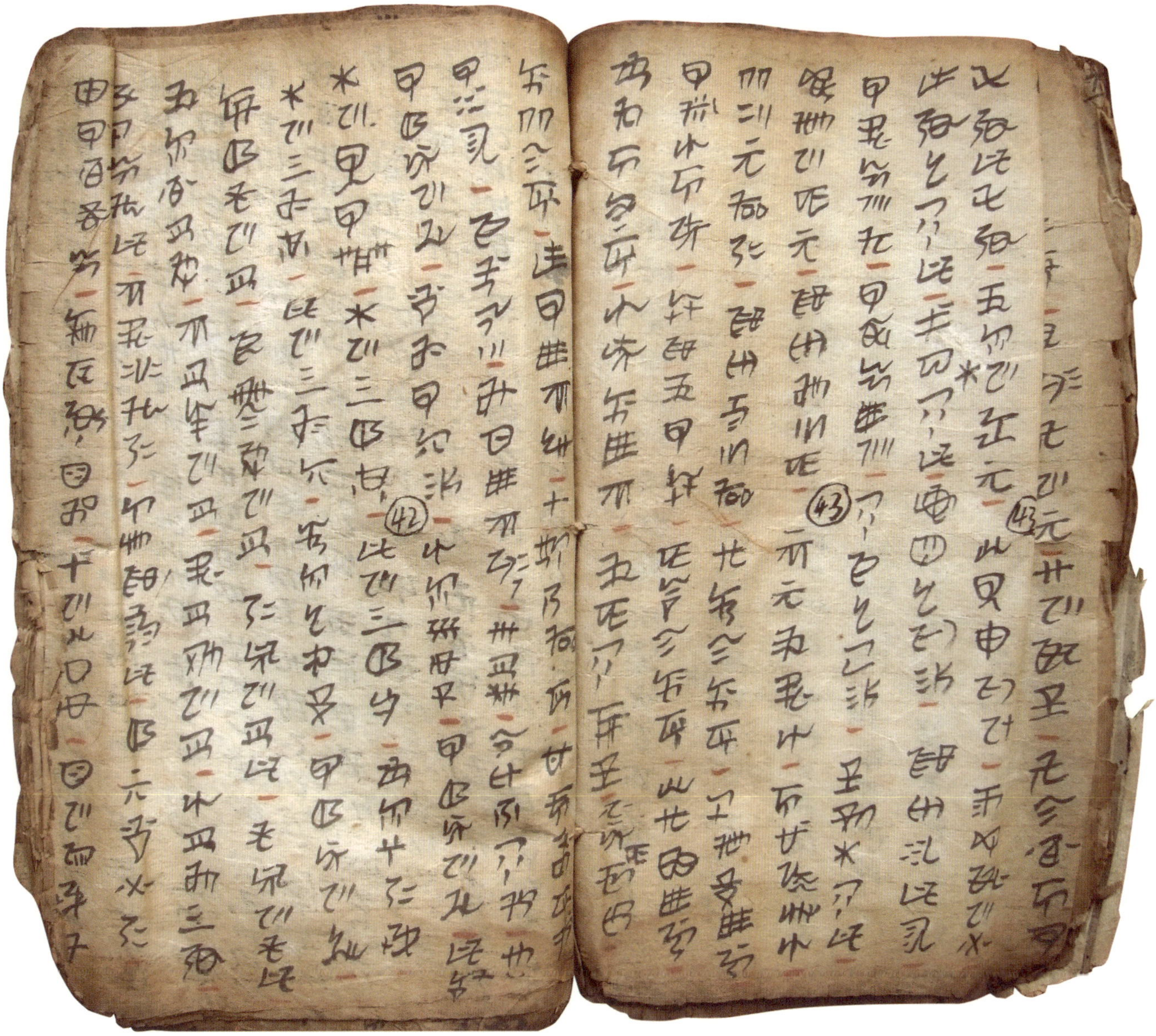

09748 **彝史輯録** 彝文 清抄本

綫裝。開本高 24.2 厘米，廣 13.7 厘米。貴州省畢節地區彝文文獻翻譯研究中心藏。

水文珍貴古籍

12210 水西制度 水文 清嘉慶五年（1800）抄本

綫裝。開本高 17.5 厘米，廣 24 厘米。貴州省民族古籍整理辦公室藏。

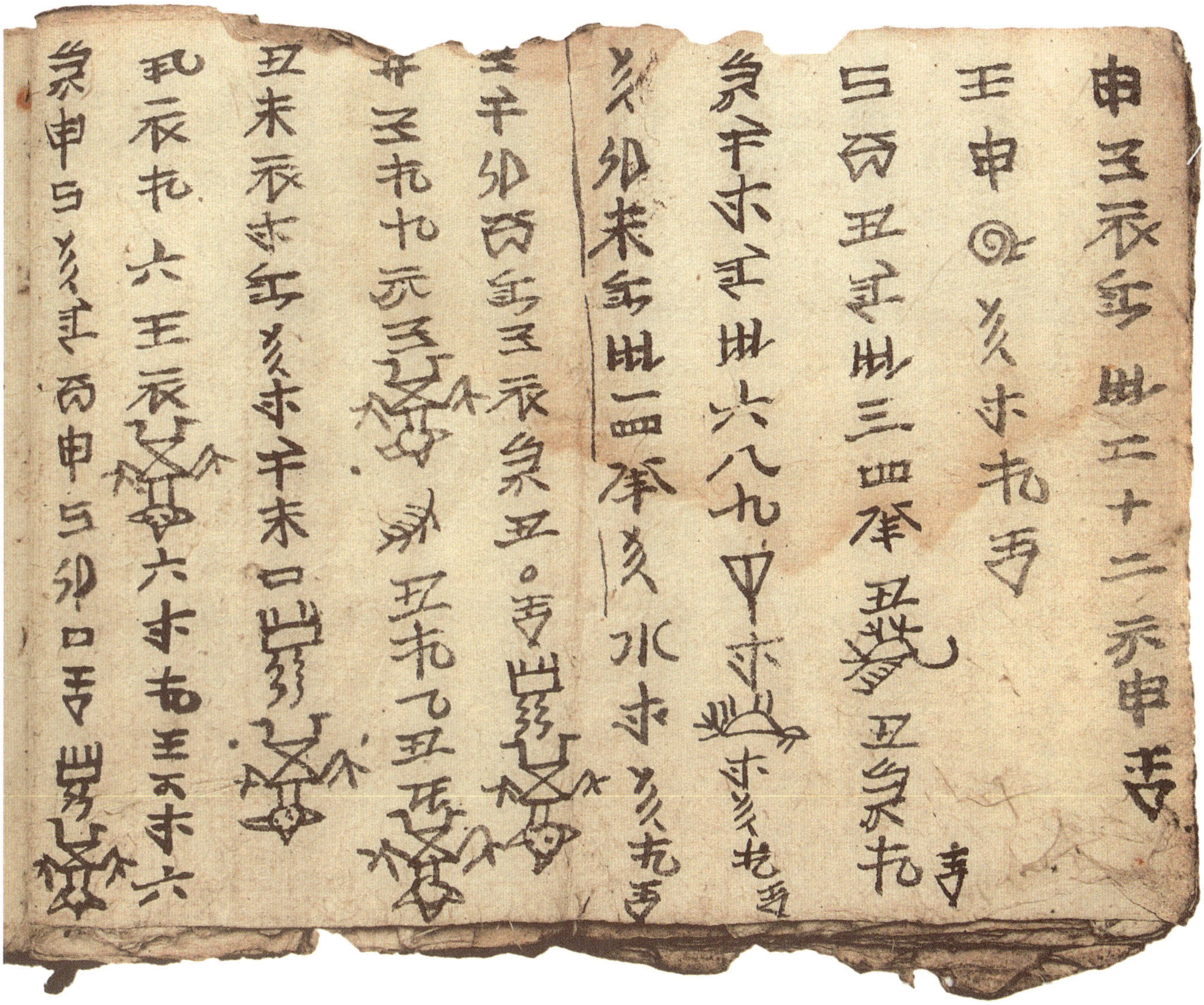

12249 **保福書** 水文 清嘉慶二十年（1815）抄本

綫裝。開本高 18 厘米，廣 25.7 厘米。貴州省荔波縣檔案館藏。

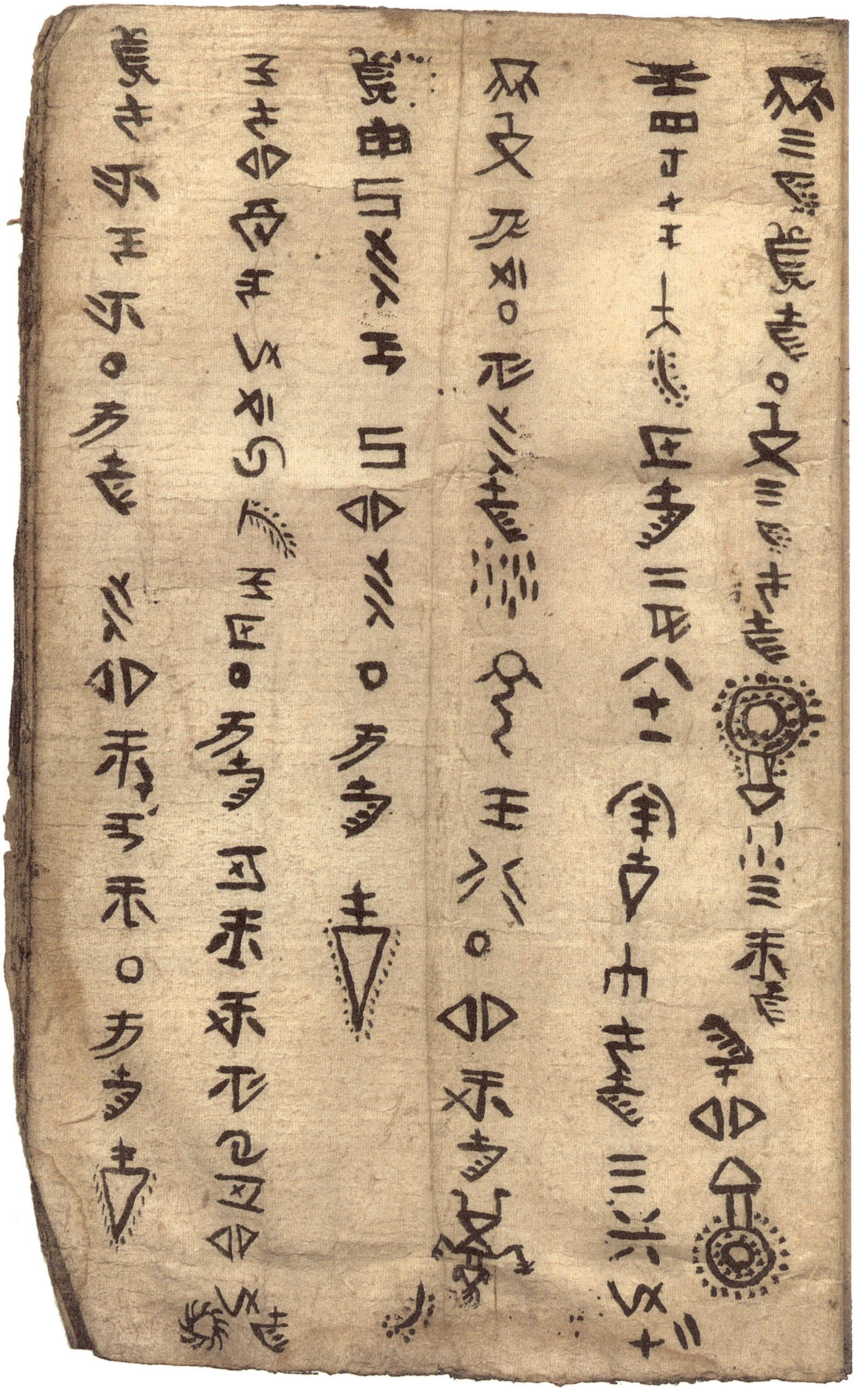

06840 擋　水文　清嘉慶二十二年（1817）寫本

綫裝。開本高 29.7 厘米，廣 19.4 厘米。貴州省荔波縣檔案館藏。

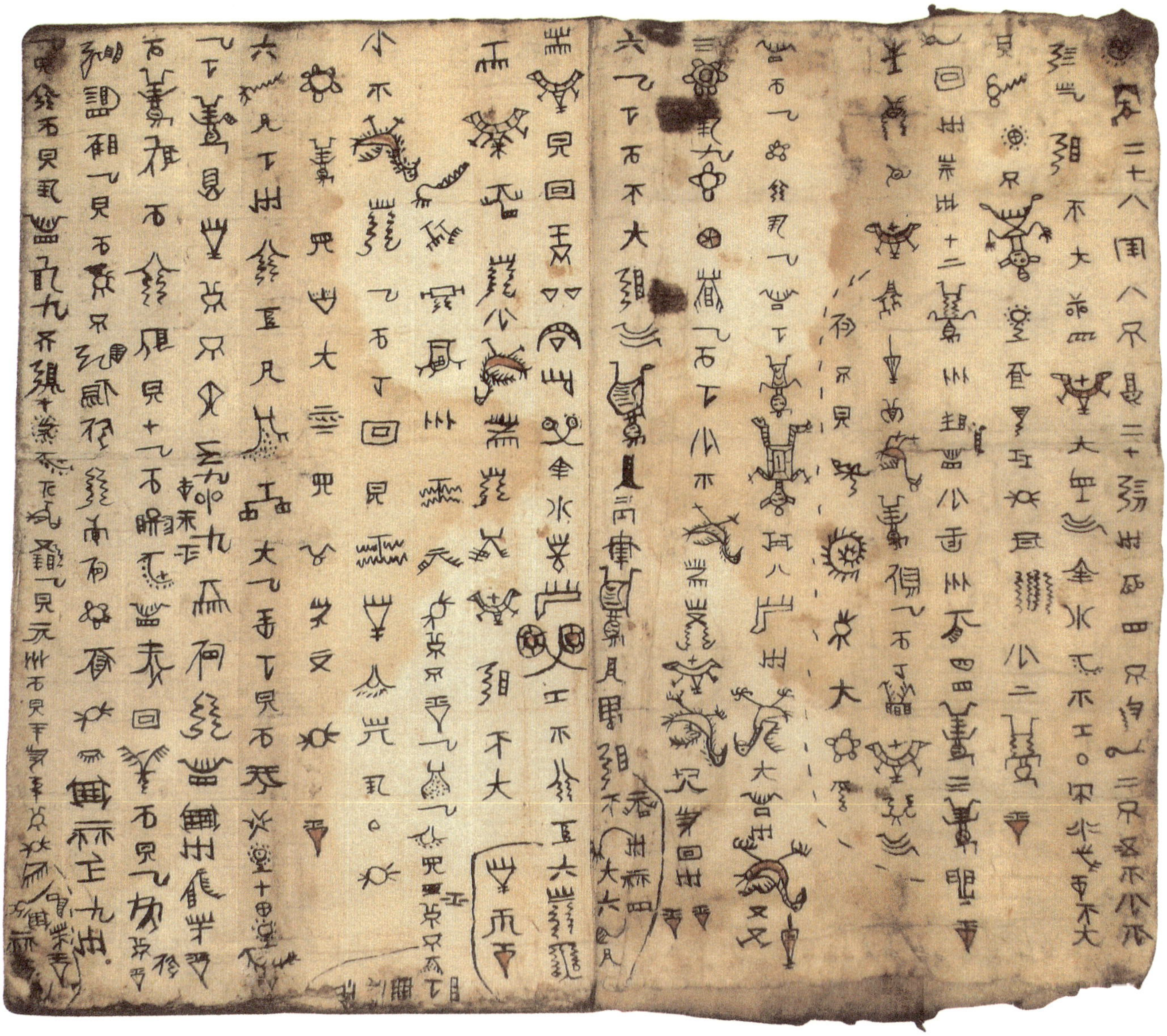

02375 **九星誦讀** 水文 清嘉慶抄本

綫裝。開本高 31.5 厘米，廣 19.5 厘米。半葉七至九行。用自製竹簽筆抄寫。貴州民族學院潘朝霖藏。

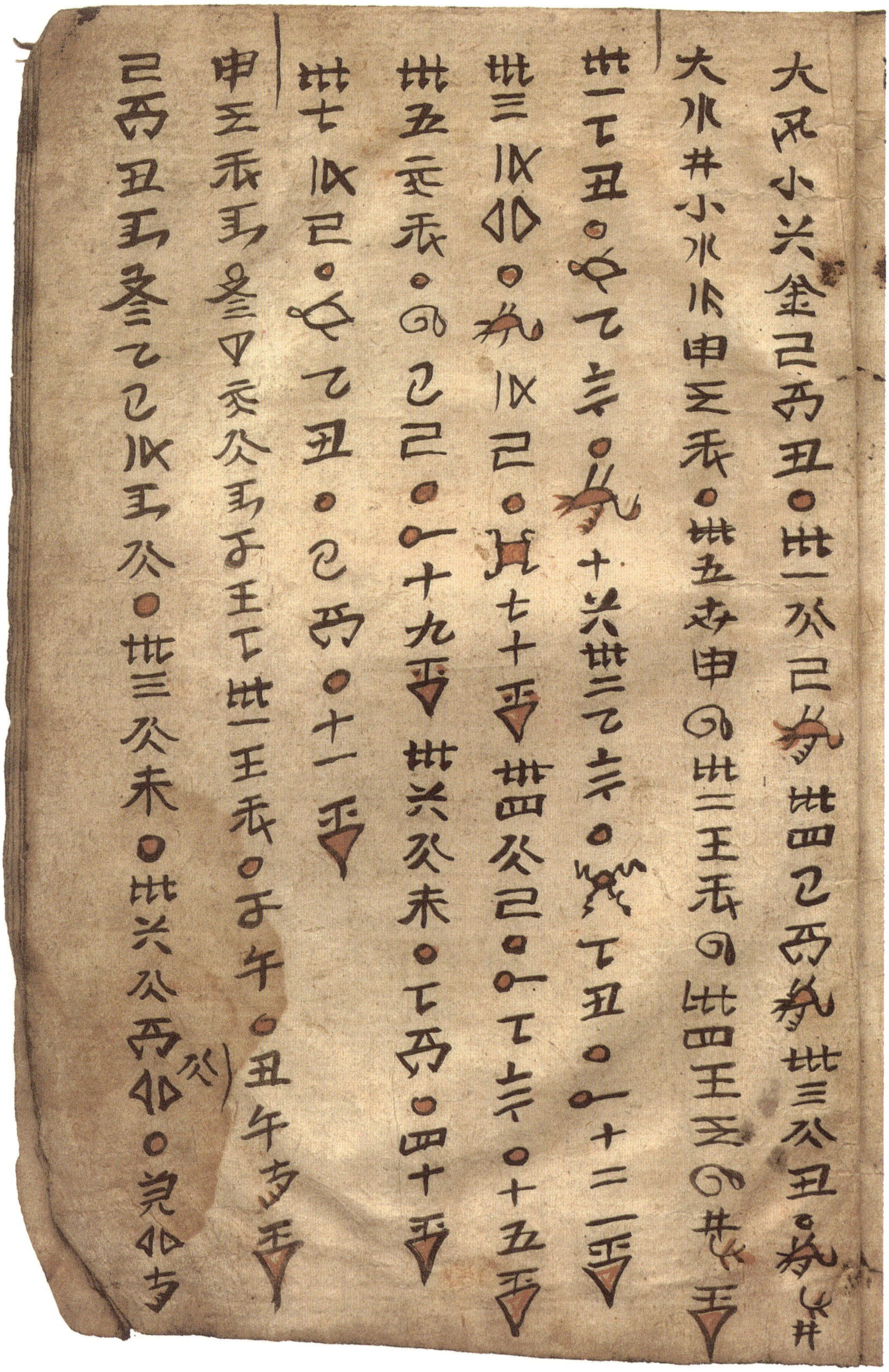

06841 大旺 水文 清道光十二年（1832）潘仕八抄本

綫裝。開本高 29.4 厘米，廣 20.5 厘米。貴州省荔波縣檔案館藏。

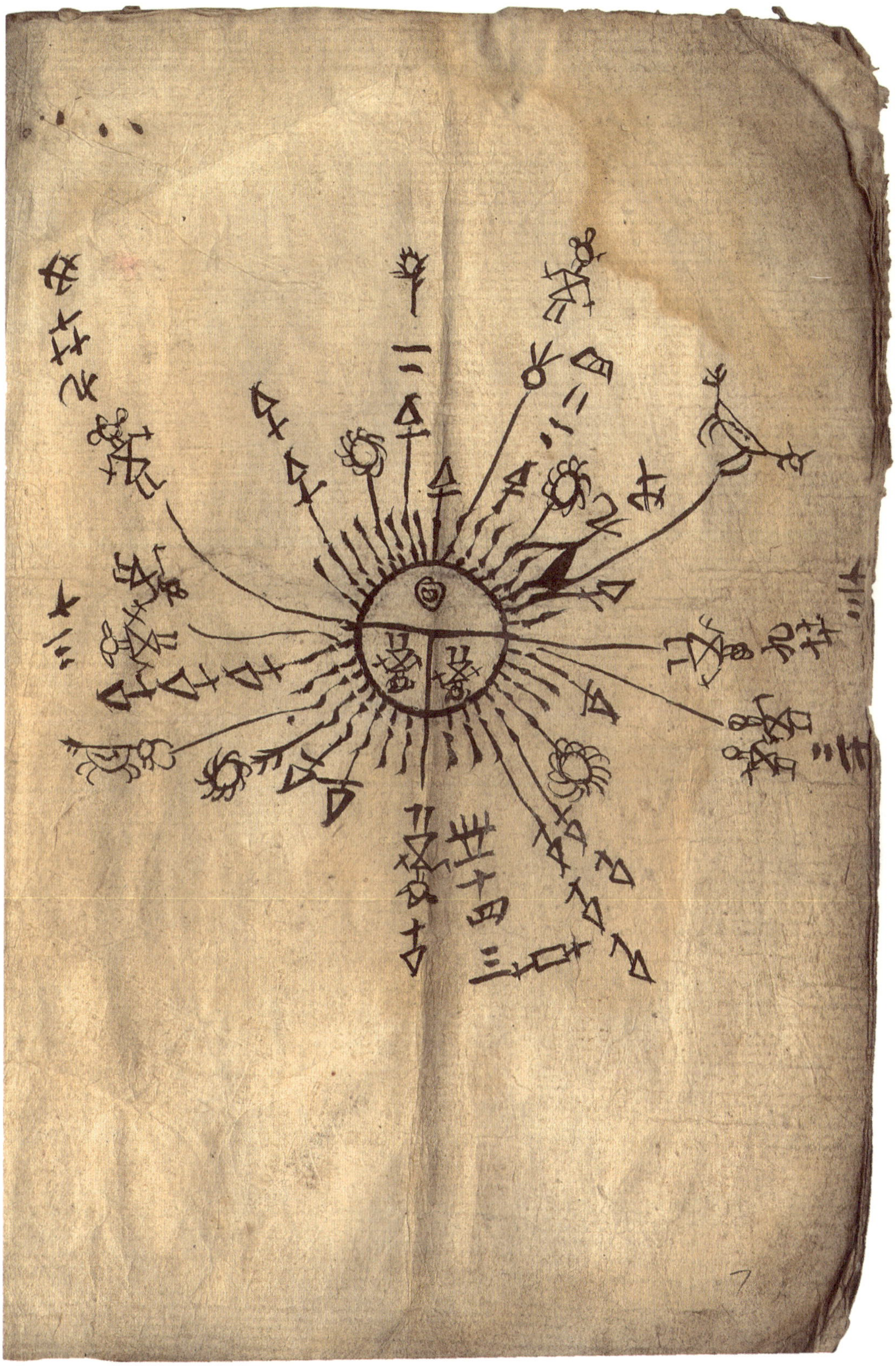

09803 萬事明指 水文 清道光十三年（1833）抄本

綫裝。開本高 28 厘米，廣 19.5 厘米。貴州省荔波縣檔案館藏。

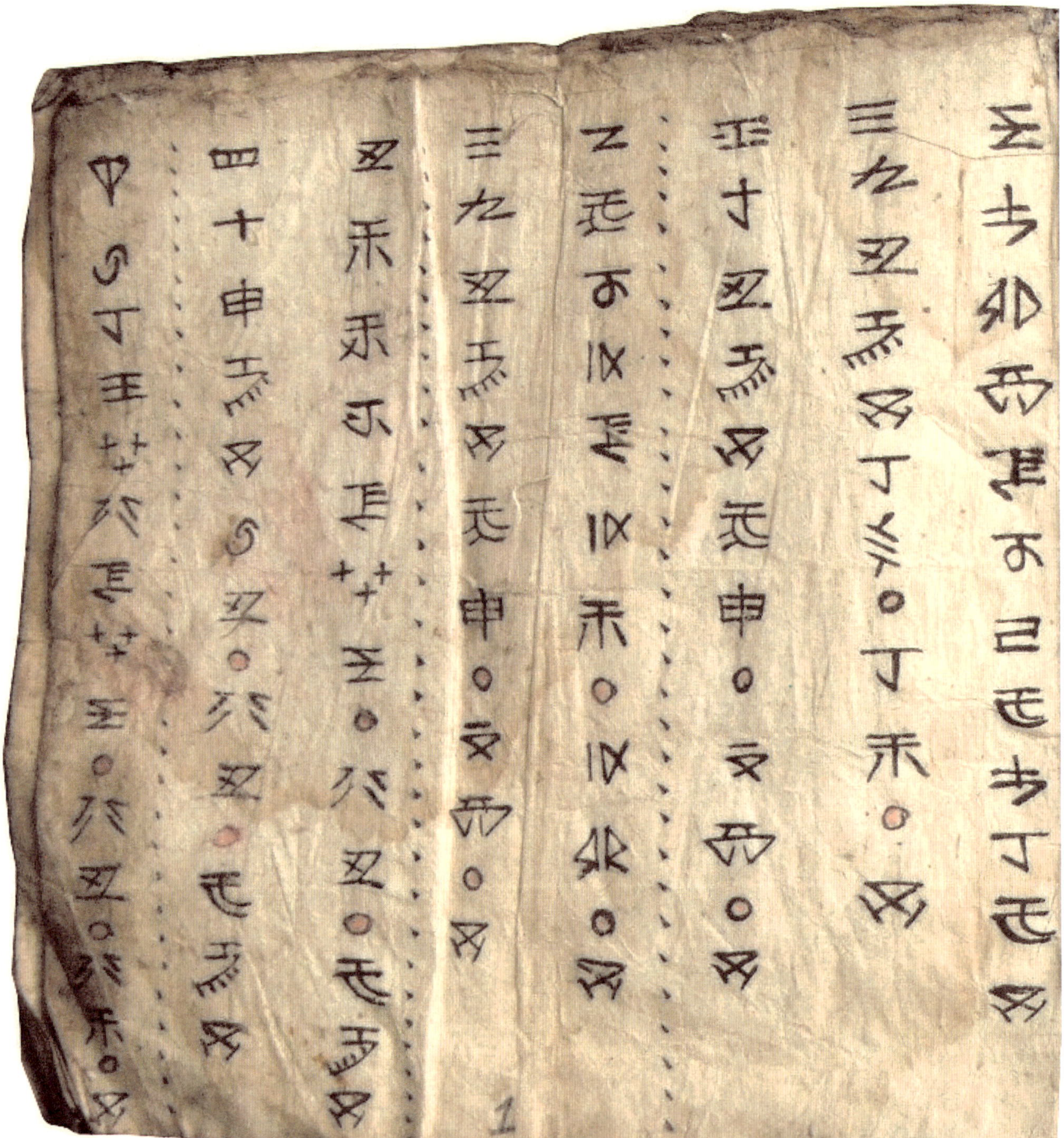

09830 **陰陽**　水文　清抄本

綫裝。開本高 28 厘米，廣 18 厘米。貴州省三都水族自治縣檔案館藏。

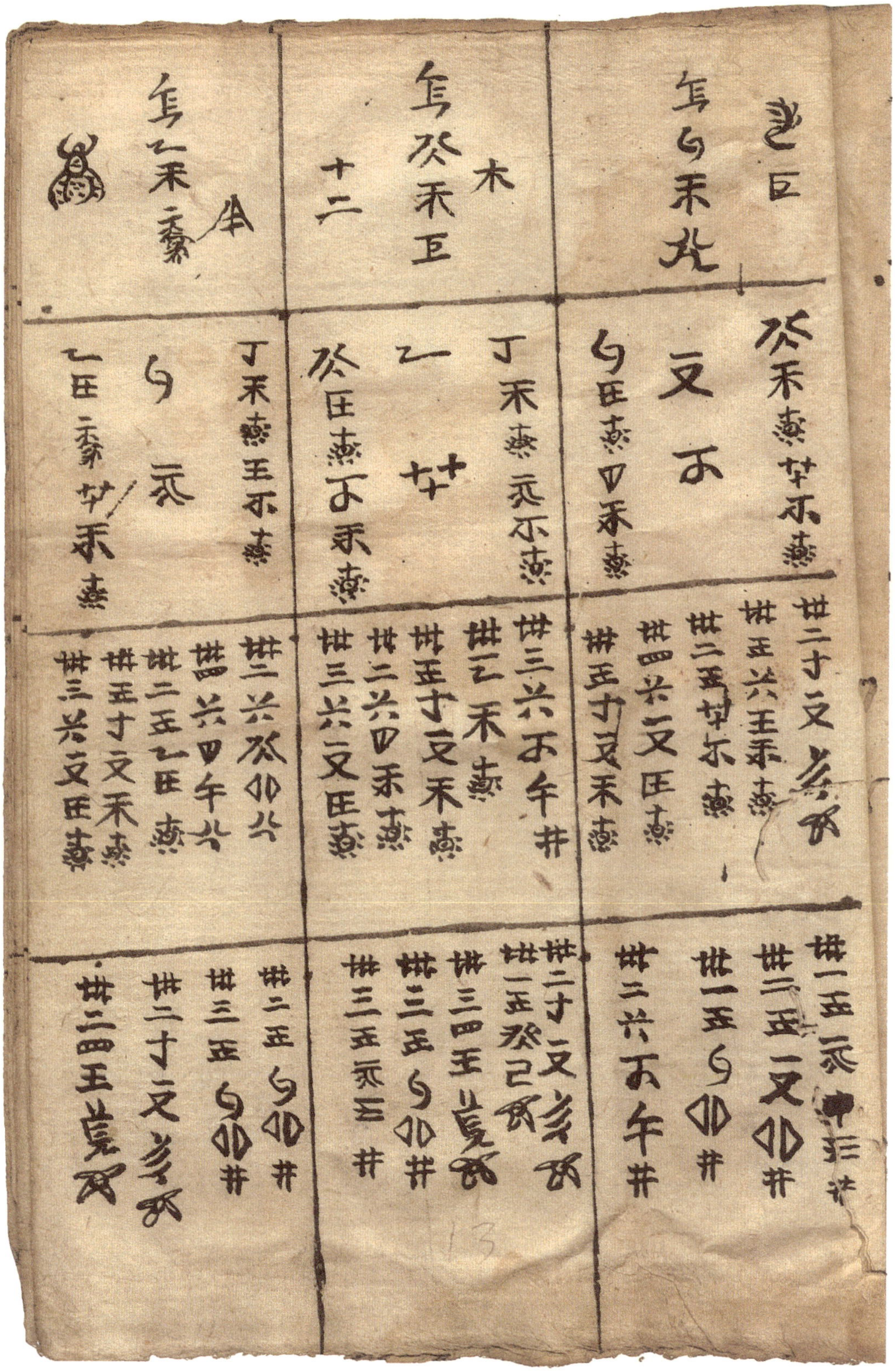

06842 六十甲子貪巨　水文　清道光二十年（1840）王朝鳳抄本
綫裝。開本高 28 厘米，廣 20 厘米。貴州省荔波縣檔案館藏。

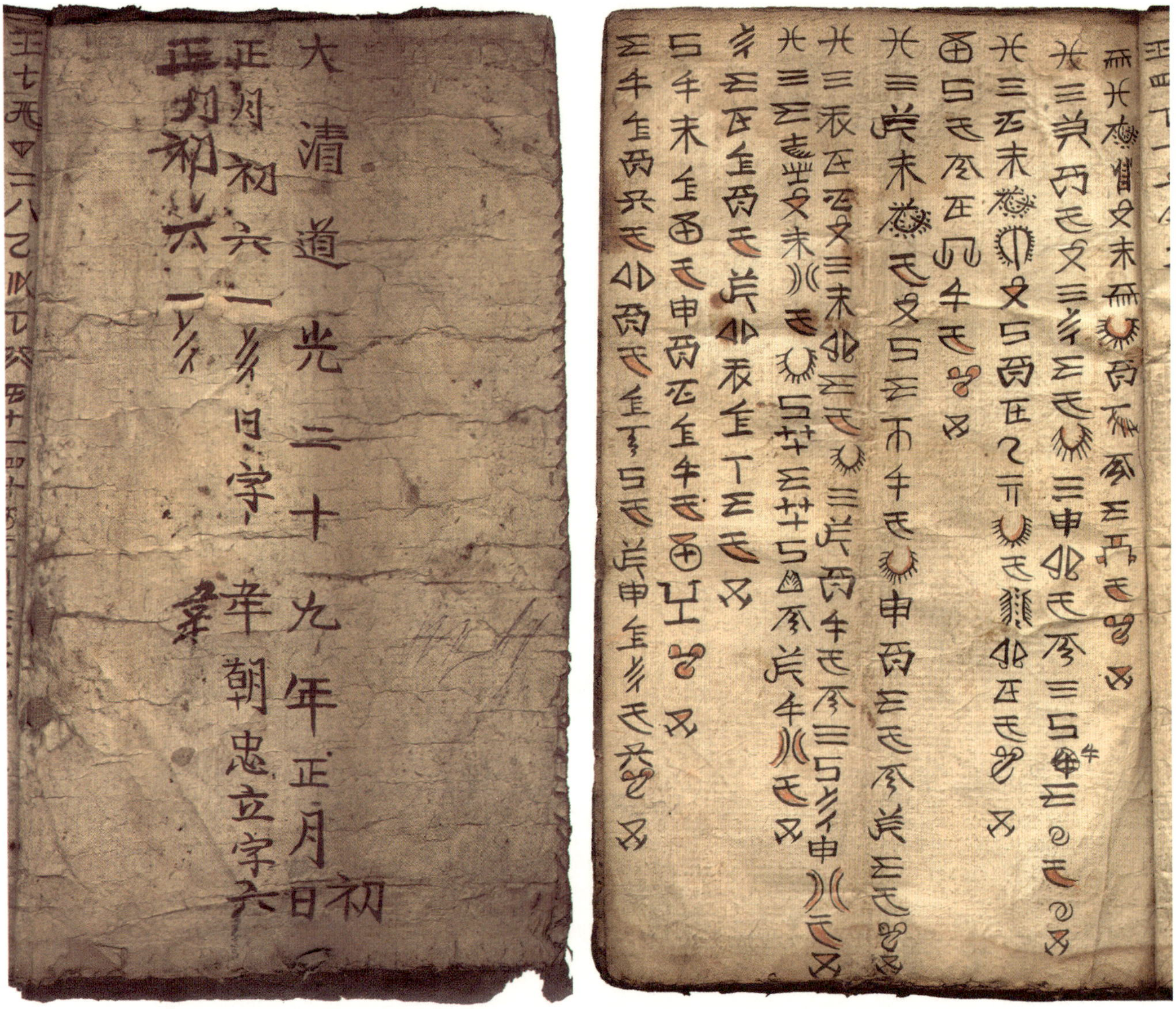

02376 庚甲　水文　清道光二十九年（1849）韋朝忠抄本

綫裝。開本高 32.3 厘米，廣 20 厘米。封面題有“大清道光二十九年正月初六曰一亥曰字韋朝忠立字”。貴州省荔波縣檔案館藏。

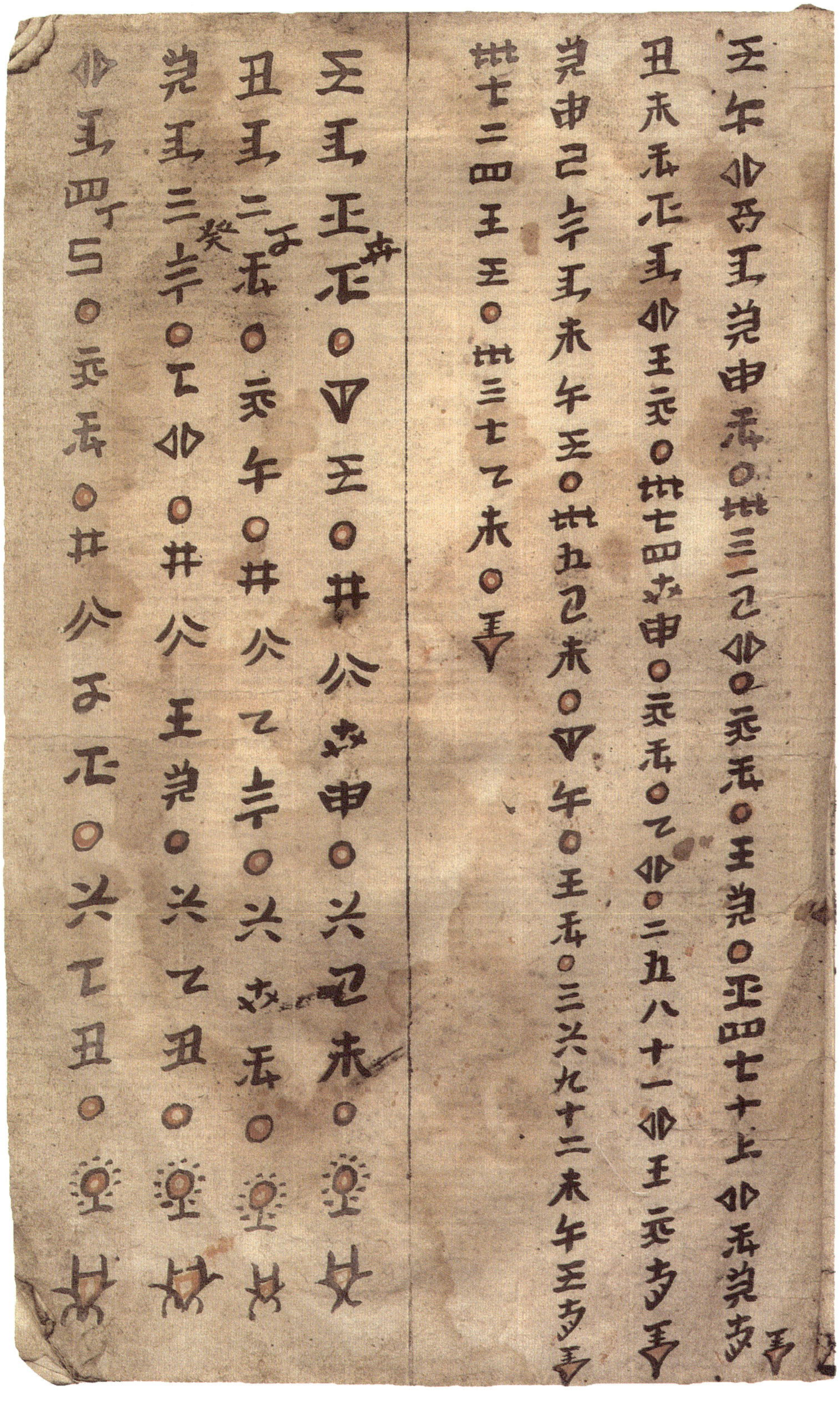

06843 瓜　水文　清咸豐元年（1851）潘士八抄本

綫裝。開本高 29.4 厘米，廣 19 厘米。貴州省荔波縣檔案館藏。

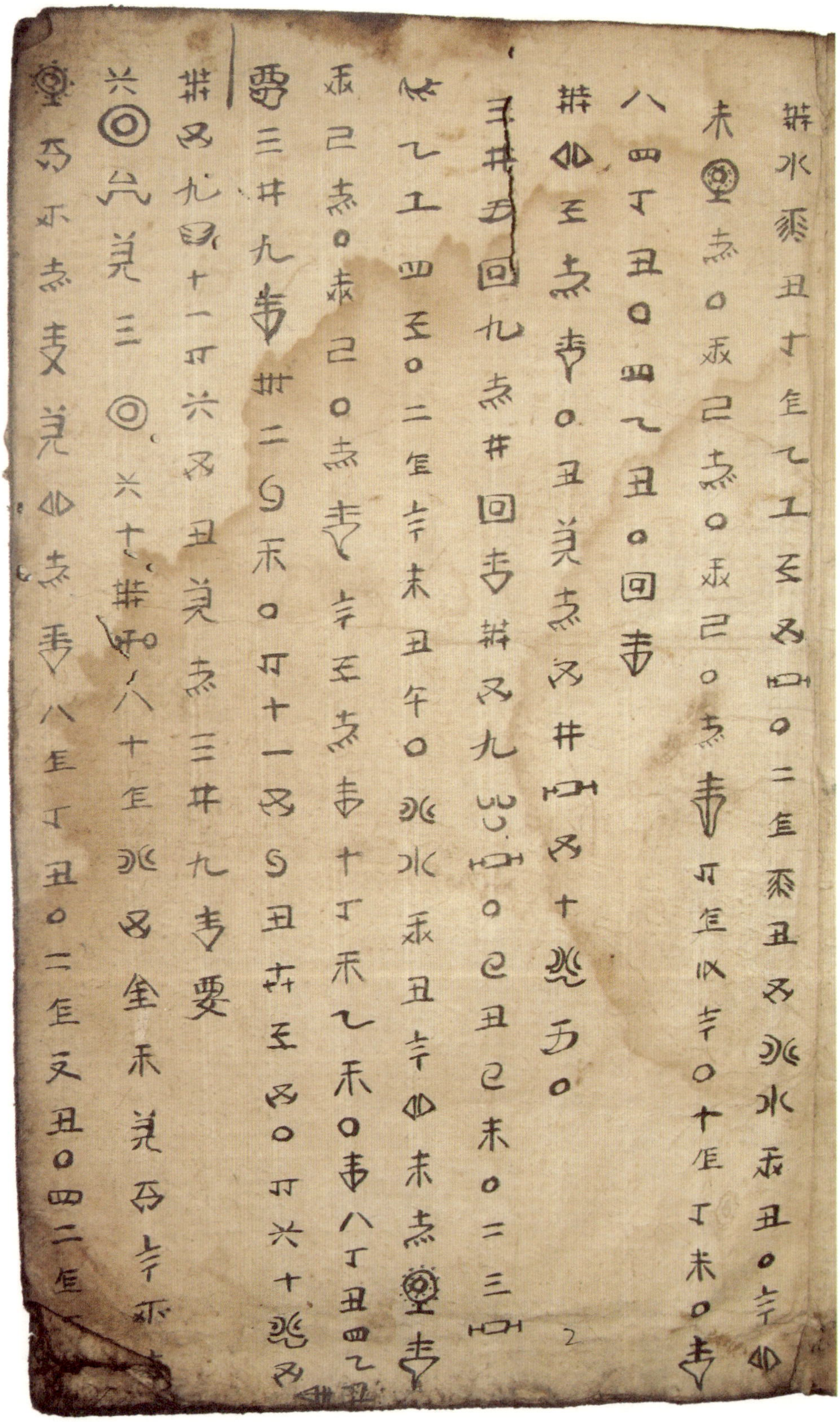

11342 題解書旨 水文 清咸豐元年（1851）抄本

綫裝。開本高 30.5 厘米，廣 19 厘米。貴州省三都水族自治縣檔案館藏。

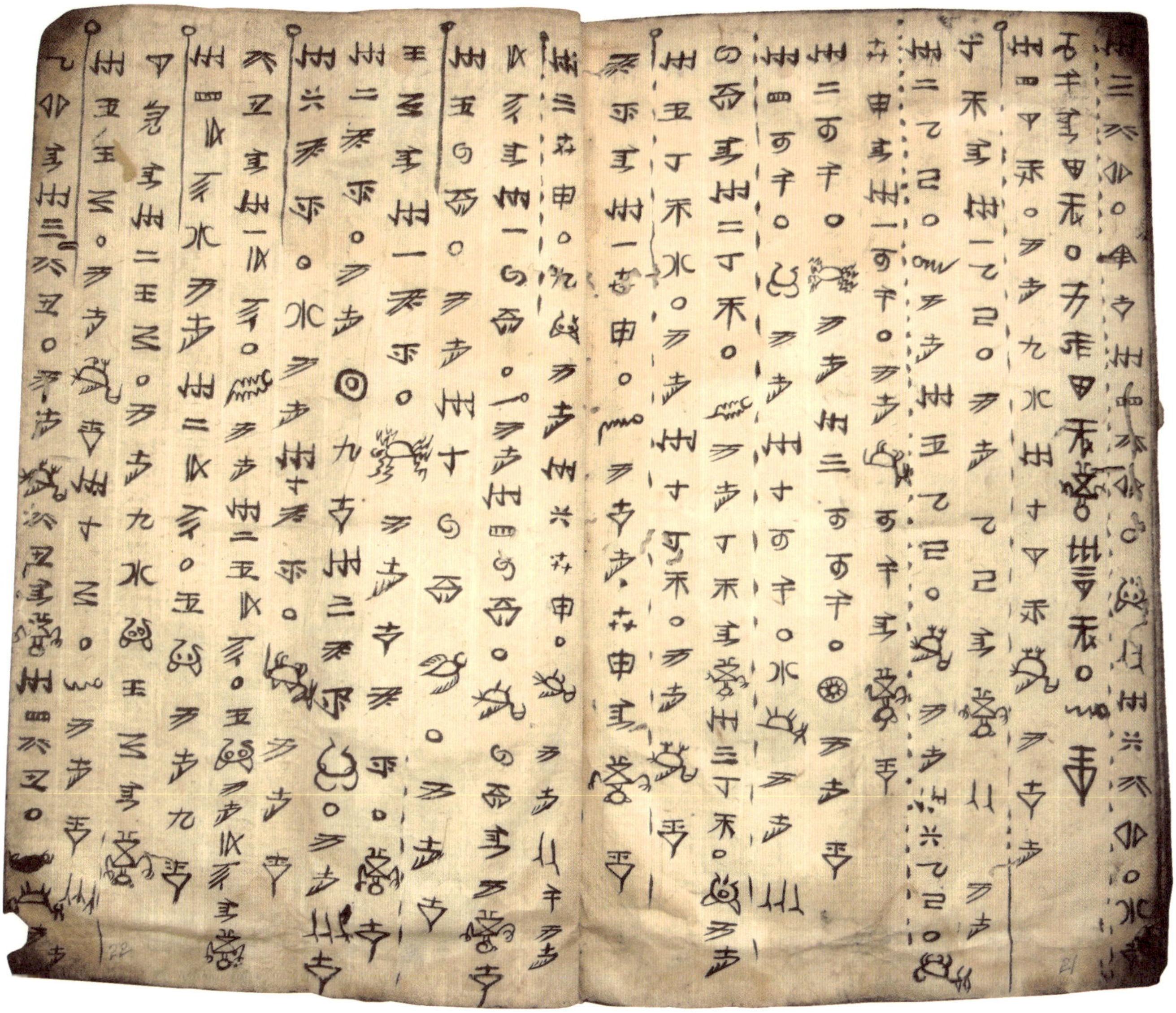

06844 八貪　水文　清咸豐三年（1853）寫本

綫裝。開本高 28.5 厘米，廣 17.5 厘米。貴州省三都水族自治縣檔案館藏。

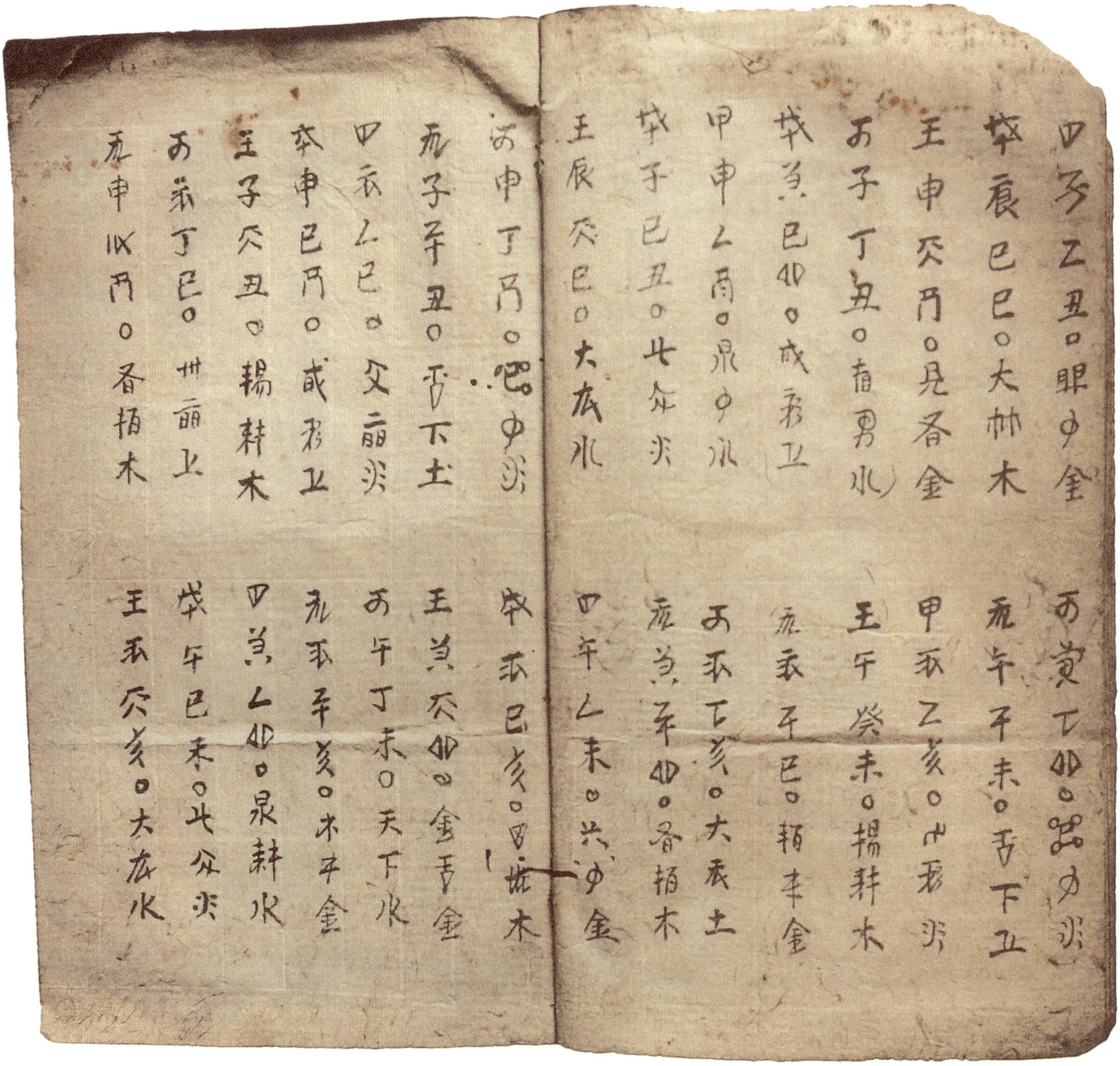

12250 **陸奪總會** 水文 清同治元年（1862）抄本
綫裝。開本高 33 厘米，廣 19.6 厘米。貴州省黔南民族師範學院藏。

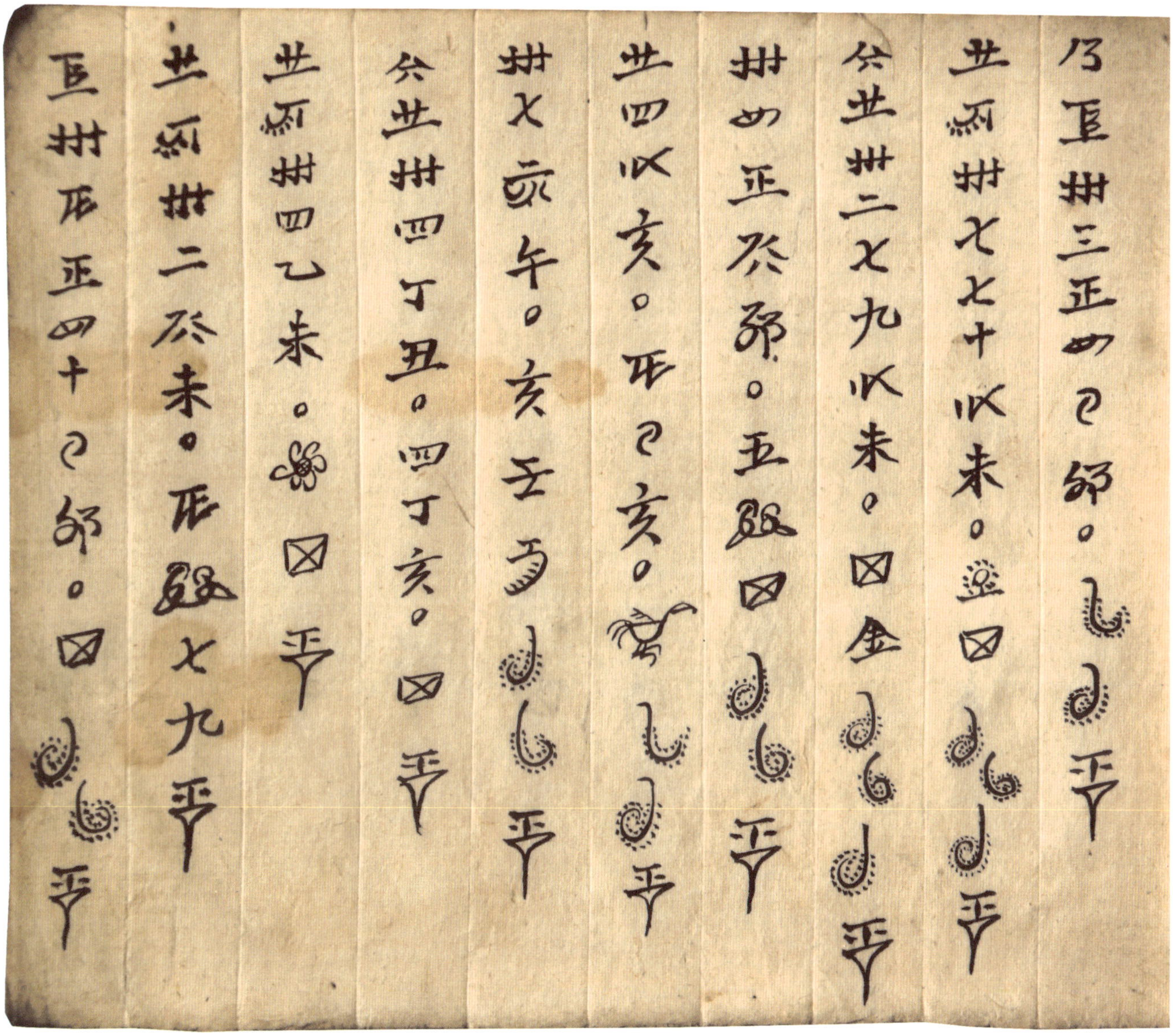

09804 **通書捌貪**　水文　清同治二年（1863）抄本

綫裝。開本高 16.5 厘米，廣 20 厘米。貴州民族學院潘朝霖藏。

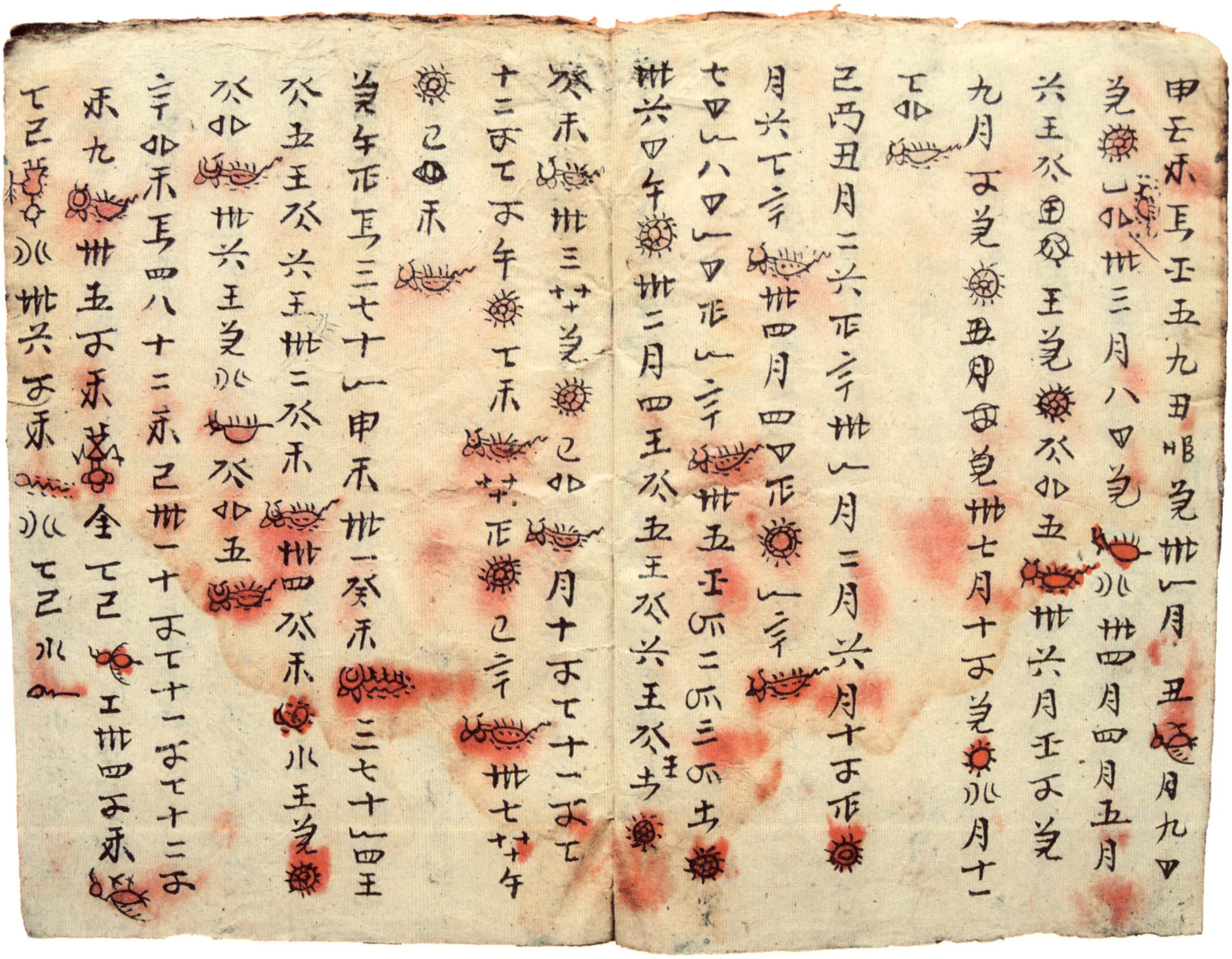

11344 子午卯酉寅申 水文 清同治九年（1870）抄本

綫裝。開本高 23.7 厘米，廣 16.9 厘米。貴州省黔南布依族苗族自治州圖書館藏。

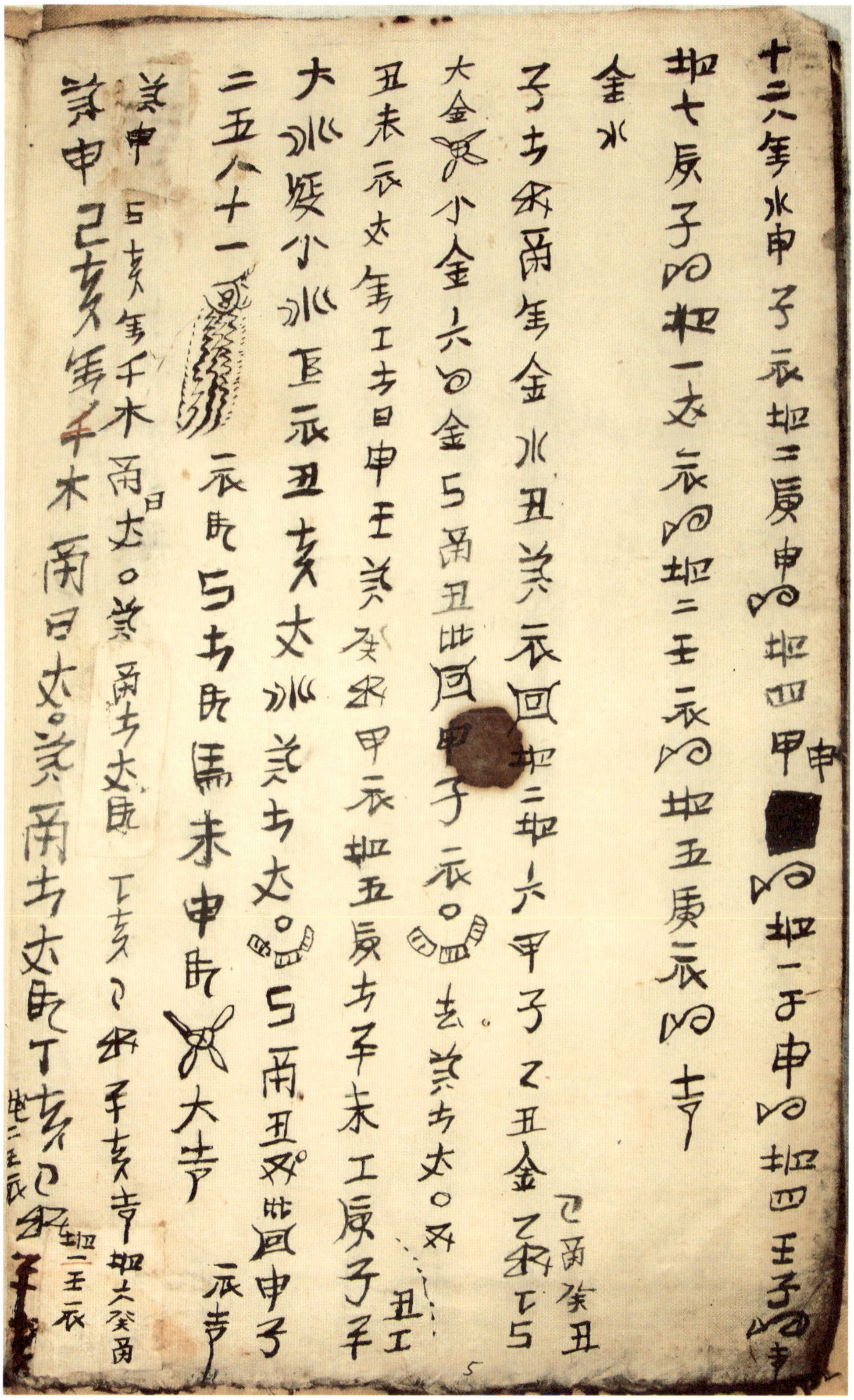

11345 **大柱**　水文　清光緒二年（1876）韋銀受抄本

綫裝。開本高 31.5 厘米，廣 20.5 厘米。貴州省三都水族自治縣檔案館藏。

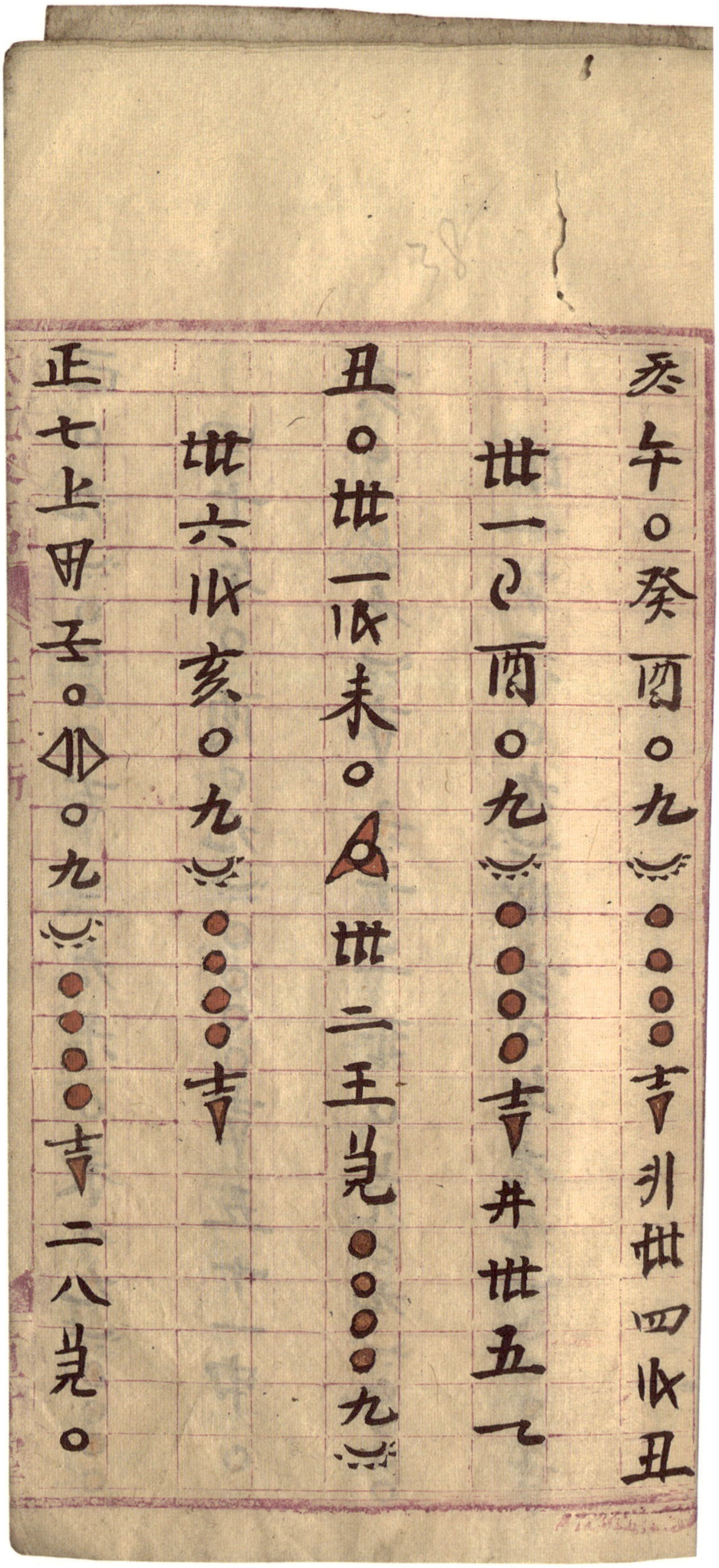

09805 丑辰　水文　清光緒六年（1880）潘智基抄本

綫裝。開本高 25 厘米，廣 14 厘米。貴州省荔波縣檔案館藏。

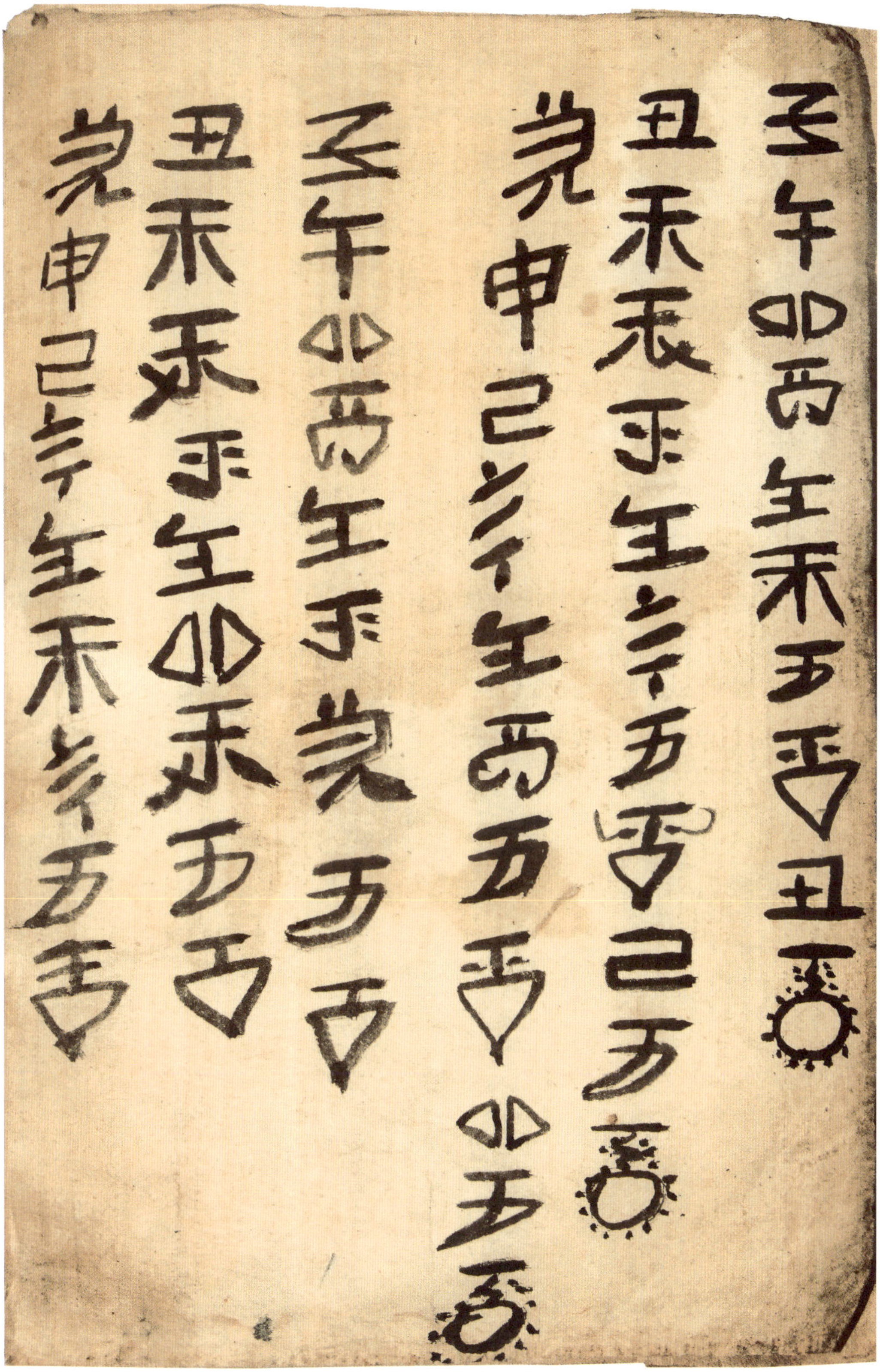

11346 子午卯酉　水文　清光緒八年（1882）陸光文抄本

綫裝。開本高 21 厘米，廣 15 厘米。貴州省三都水族自治縣檔案館藏。

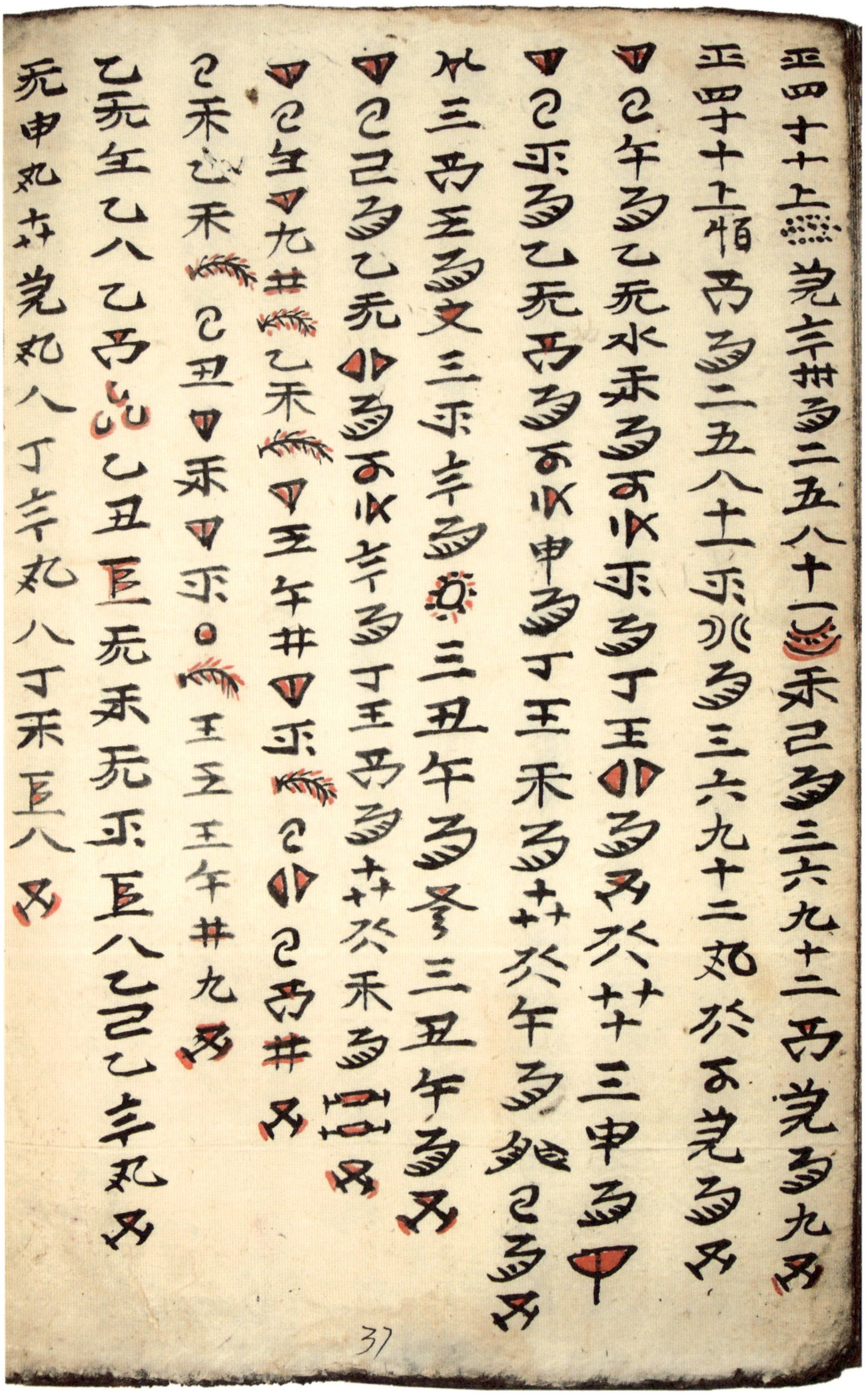

11347 子午年正七　水文　清光緒八年（1882）陸光文抄本

綫裝。開本高 31 厘米，廣 21 厘米。貴州省三都水族自治縣檔案館藏。

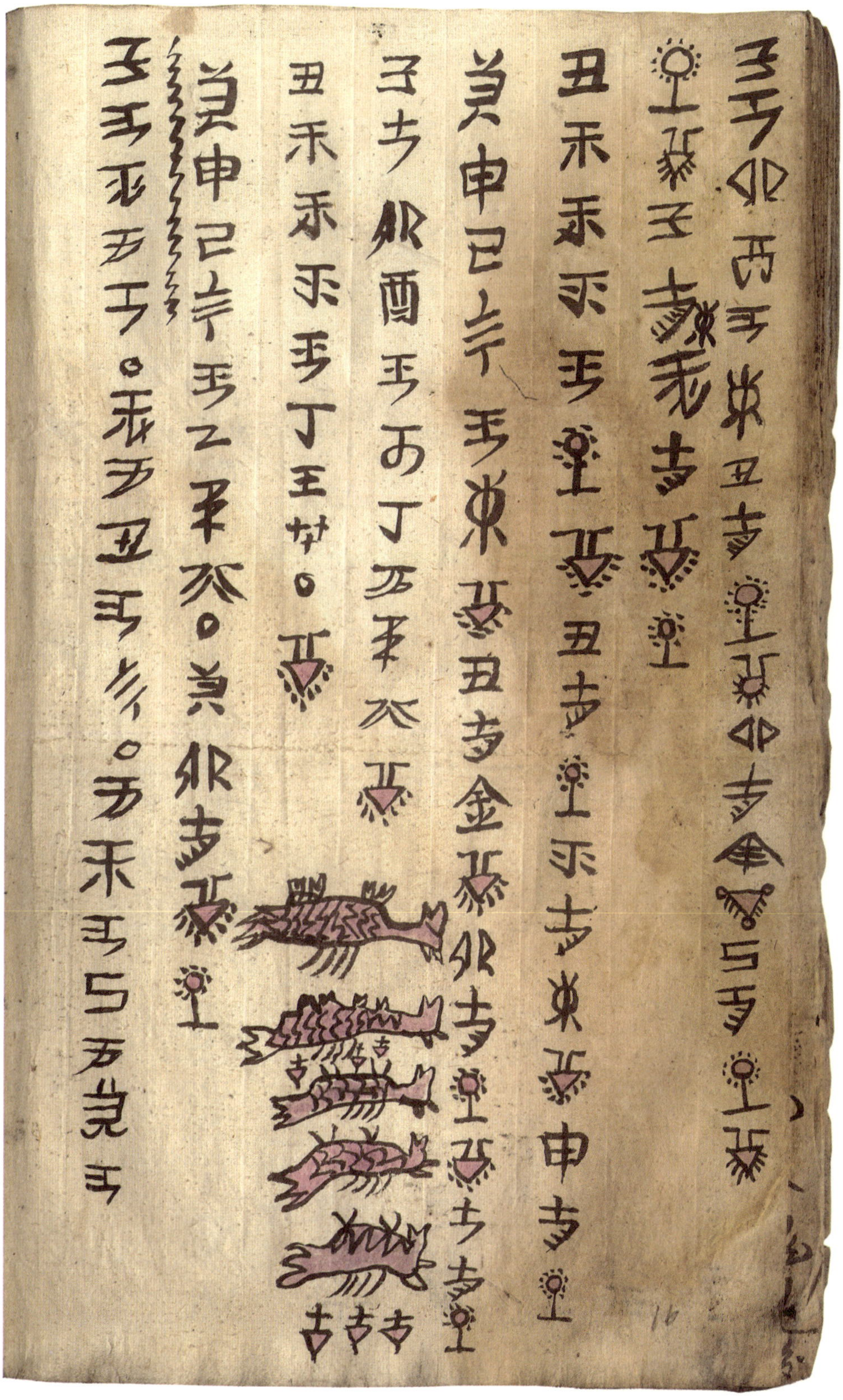

09806 **當朵** 水文 清光緒九年（1883）韋自修抄本

綫裝。開本高 29 厘米，廣 19 厘米。貴州省荔波縣檔案館藏。

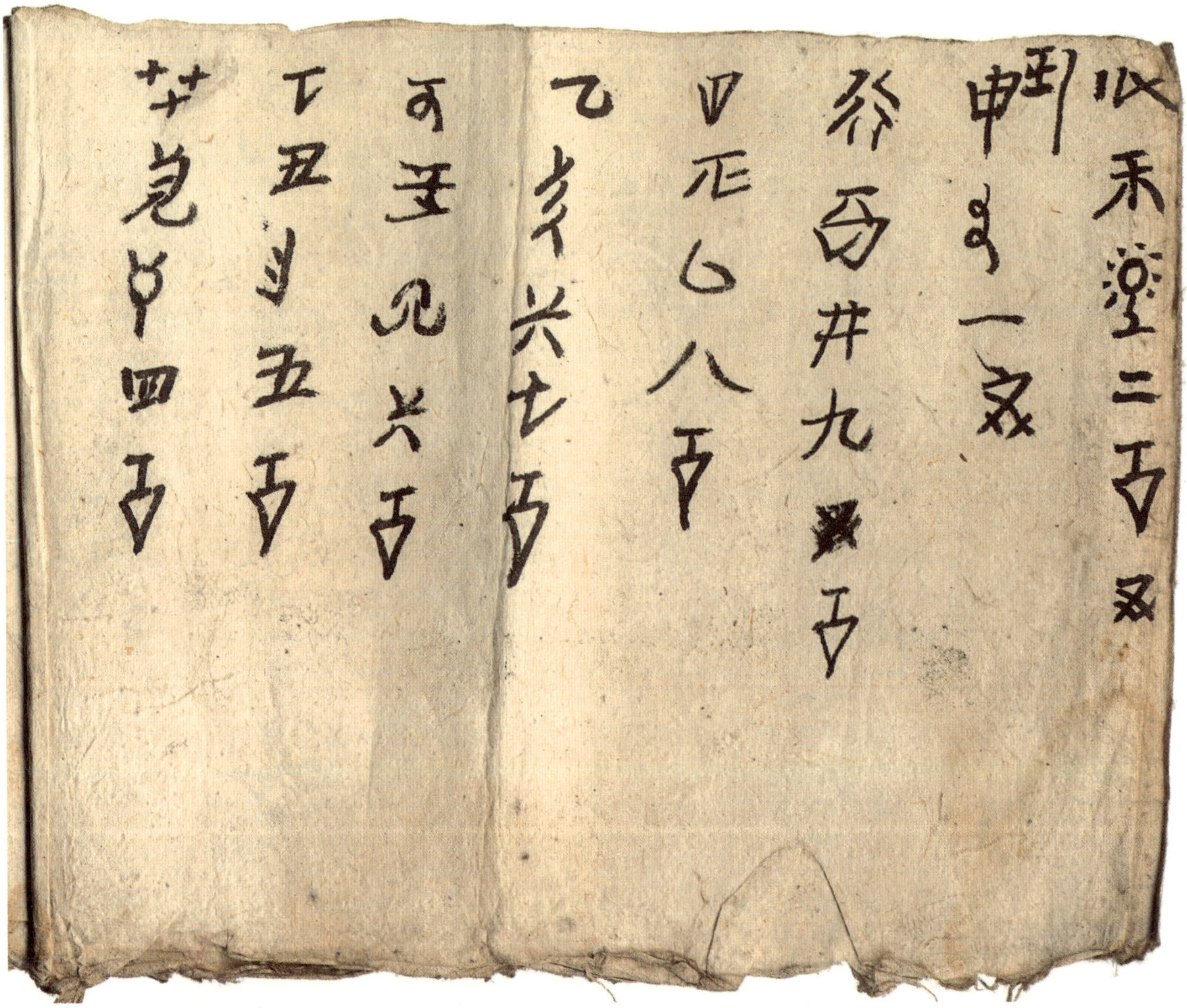

11348 立碑擇吉　水文　清光緒十年（1884）抄本
綫裝。開本高 14 厘米，廣 19 厘米。貴州省荔波縣檔案館藏。

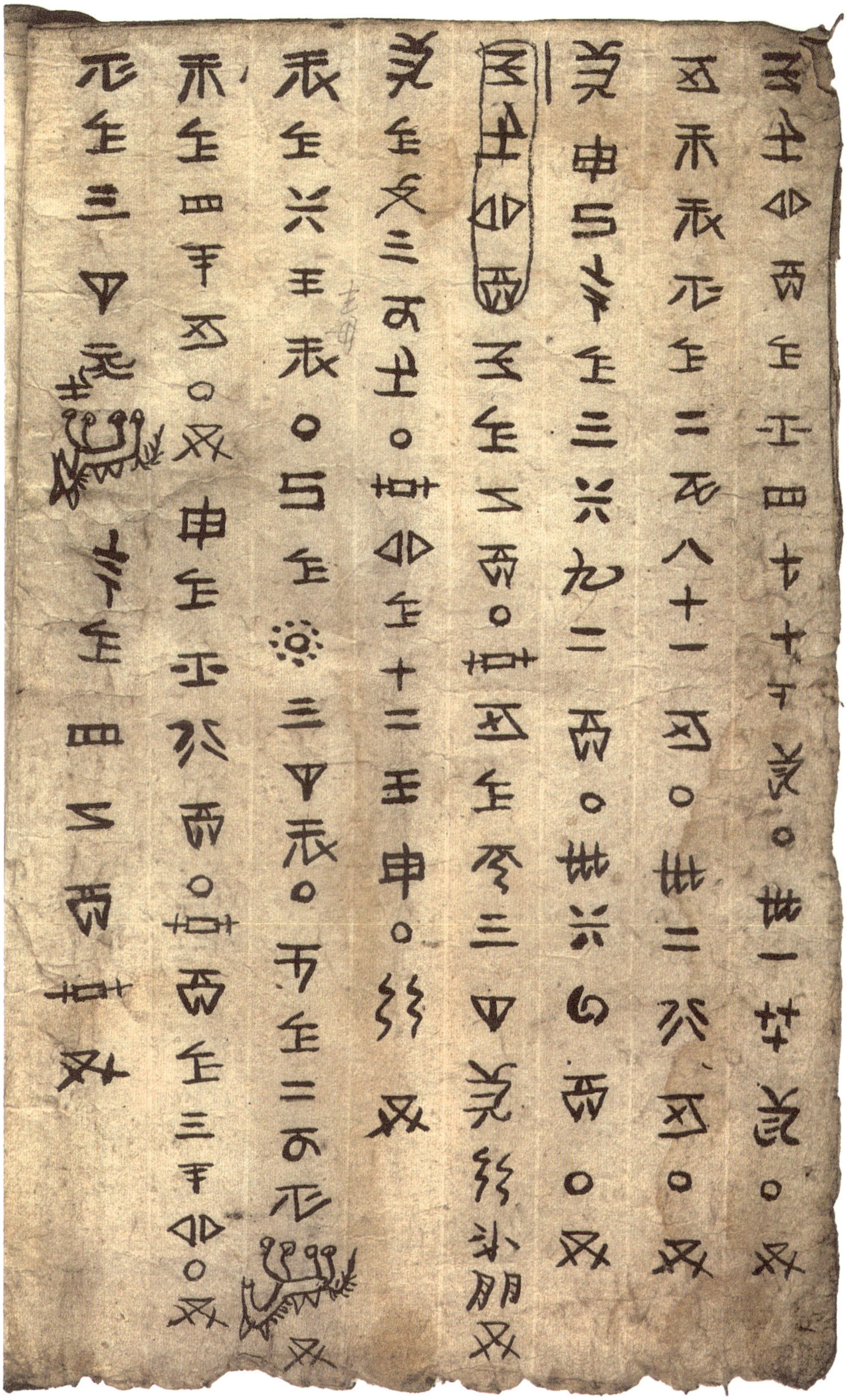

06845 俄益　水文　清光緒十三年（1887）韋阿巧抄本

綫裝。開本高 28.2 厘米，廣 18.2 厘米。貴州省荔波縣檔案館藏。

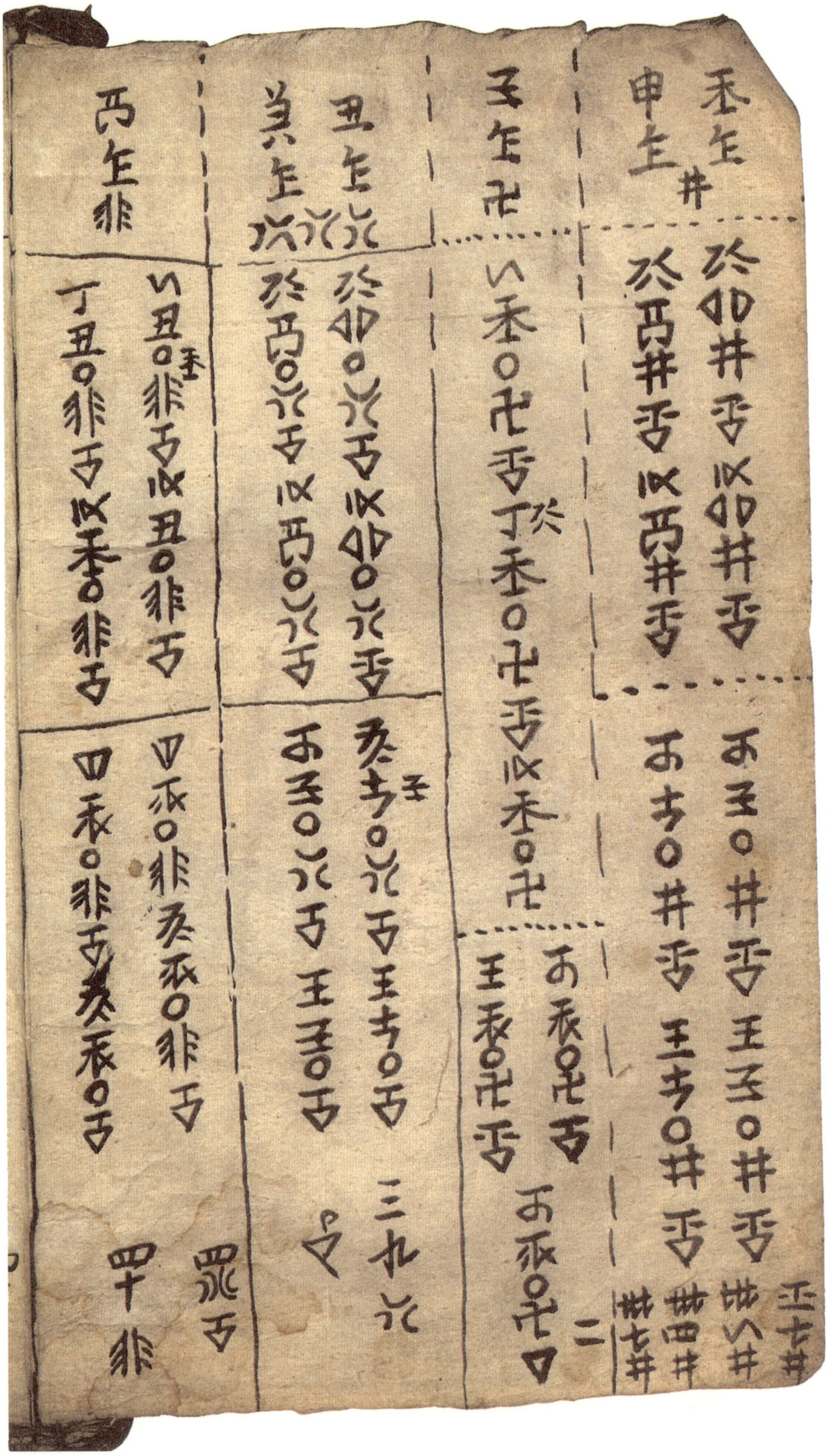

06846 大吉把貪 水文 清光緒十六年（1890）潘錫佑等抄本

綫裝。開本高 30.7 厘米，廣 19.8 厘米。貴州省荔波縣檔案館藏。

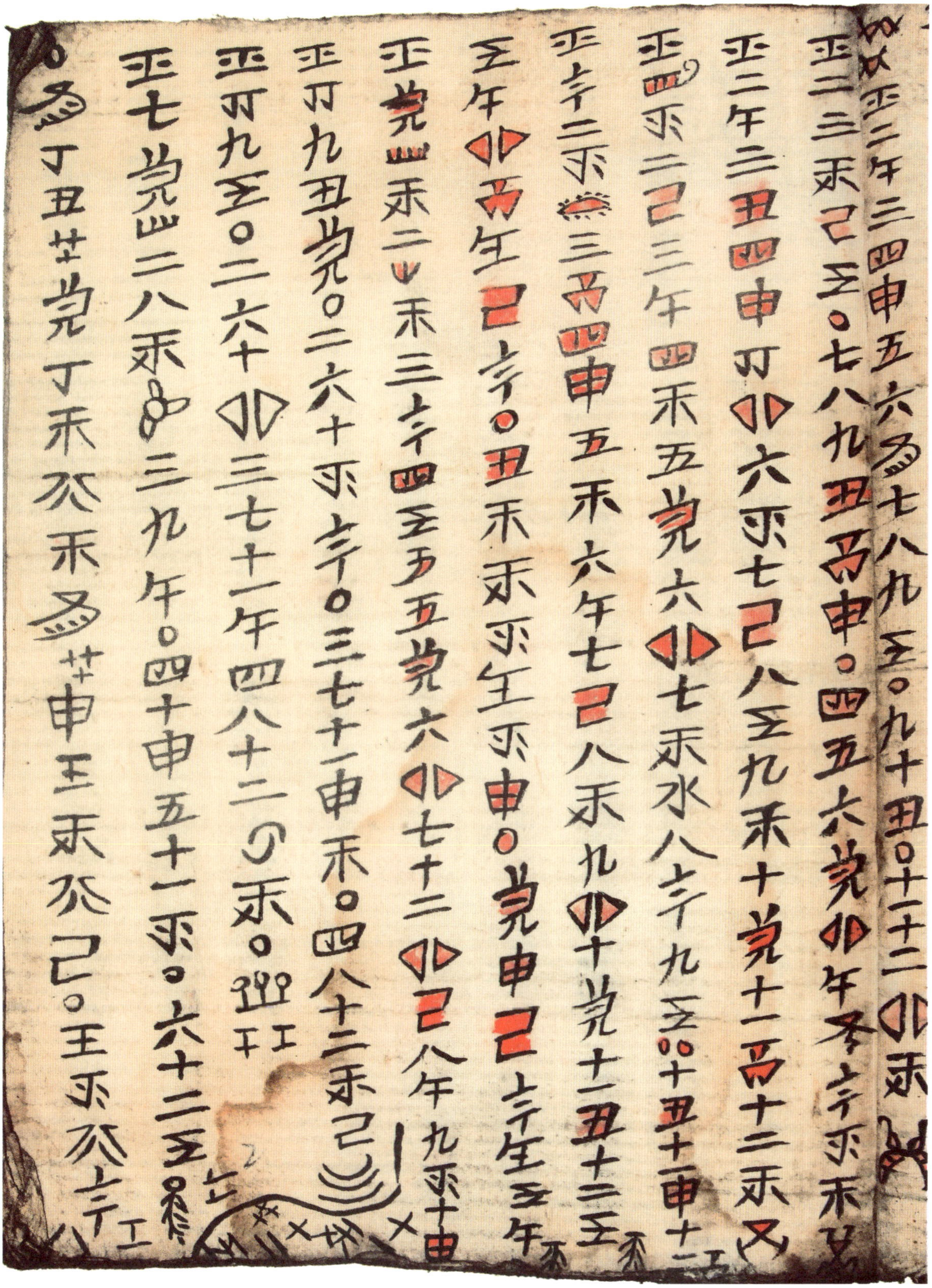

11349 正辰甲　水文　清光緒二十年（1894）抄本

綫裝。開本高 27 厘米，廣 20 厘米。貴州省三都水族自治縣檔案館藏。

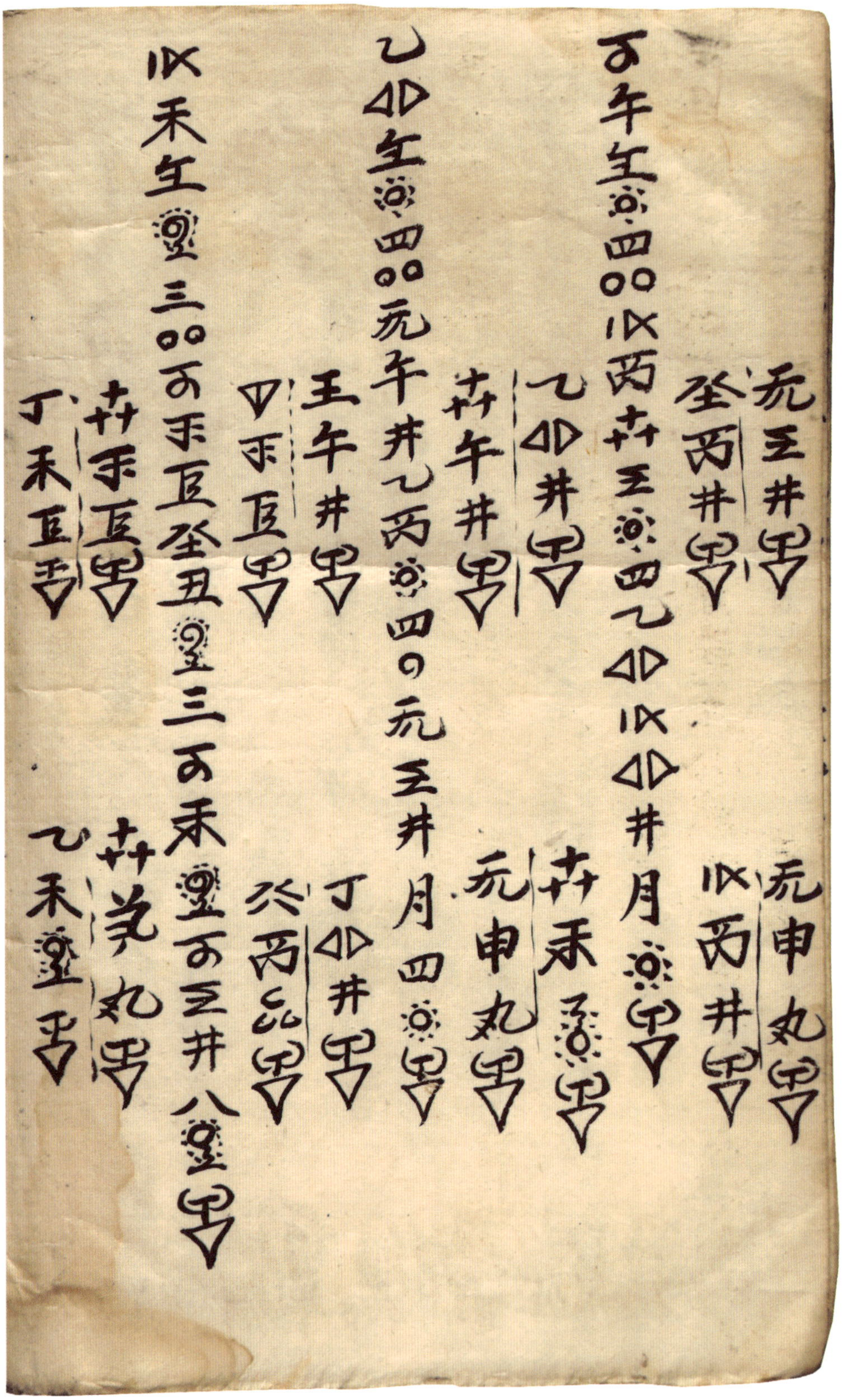

09807 安葬吉日通用井 水文 清光緒二十四年（1898）抄本

綫裝。開本高 32.5 厘米，廣 21 厘米。貴州省黔南布依族苗族自治州圖書館藏。

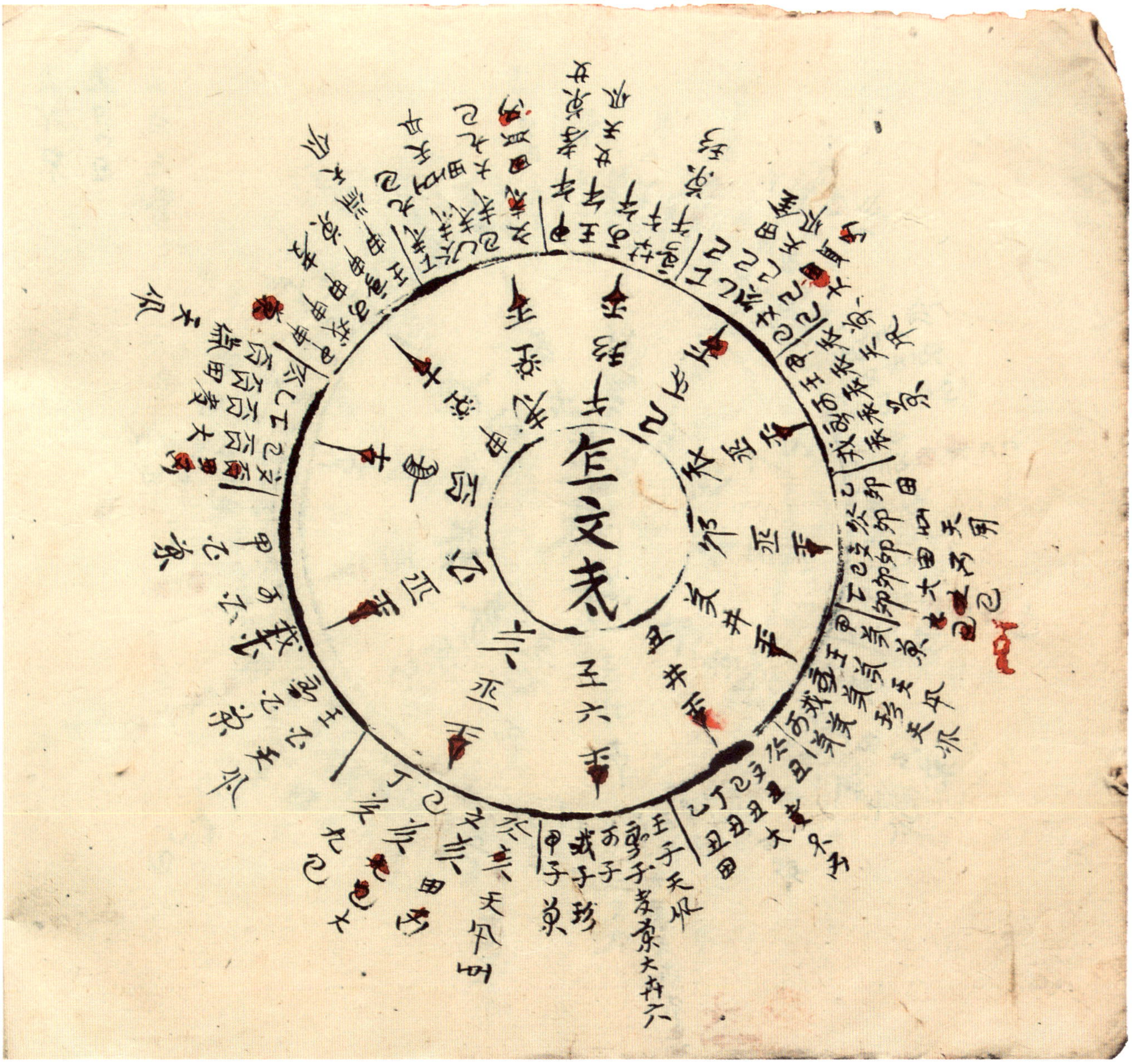

11350 六十年吉凶日 水文 清光緒二十六年（1900）抄本

綫裝。開本高 26.8 厘米，廣 30 厘米。貴州省黔南民族師範學院藏。

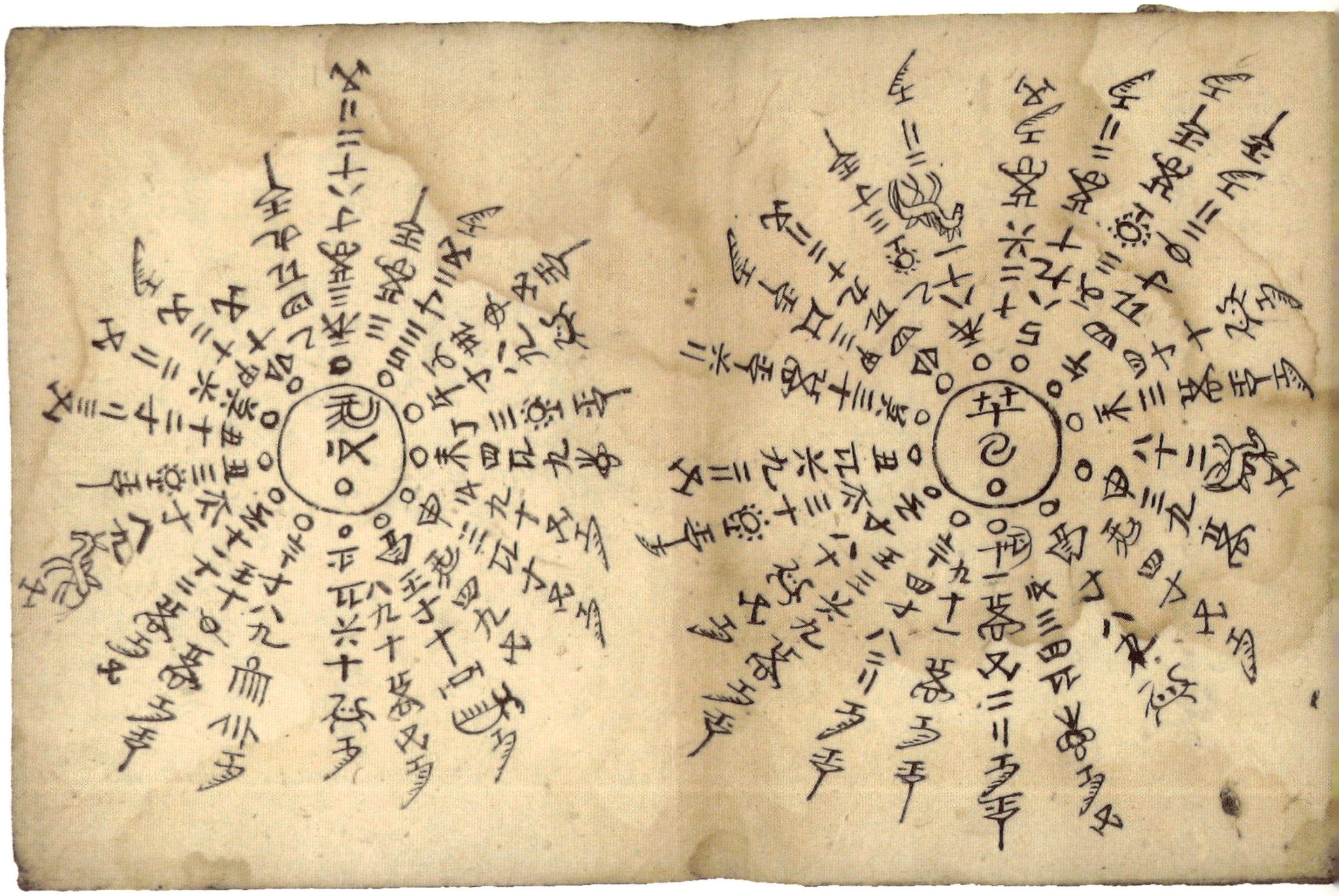

09808 八宫取用 水文 清光緒二十七年（1901）抄本

綫裝。開本高 17.5 厘米，廣 29.5 厘米。貴州省黔南民族師範學院藏。

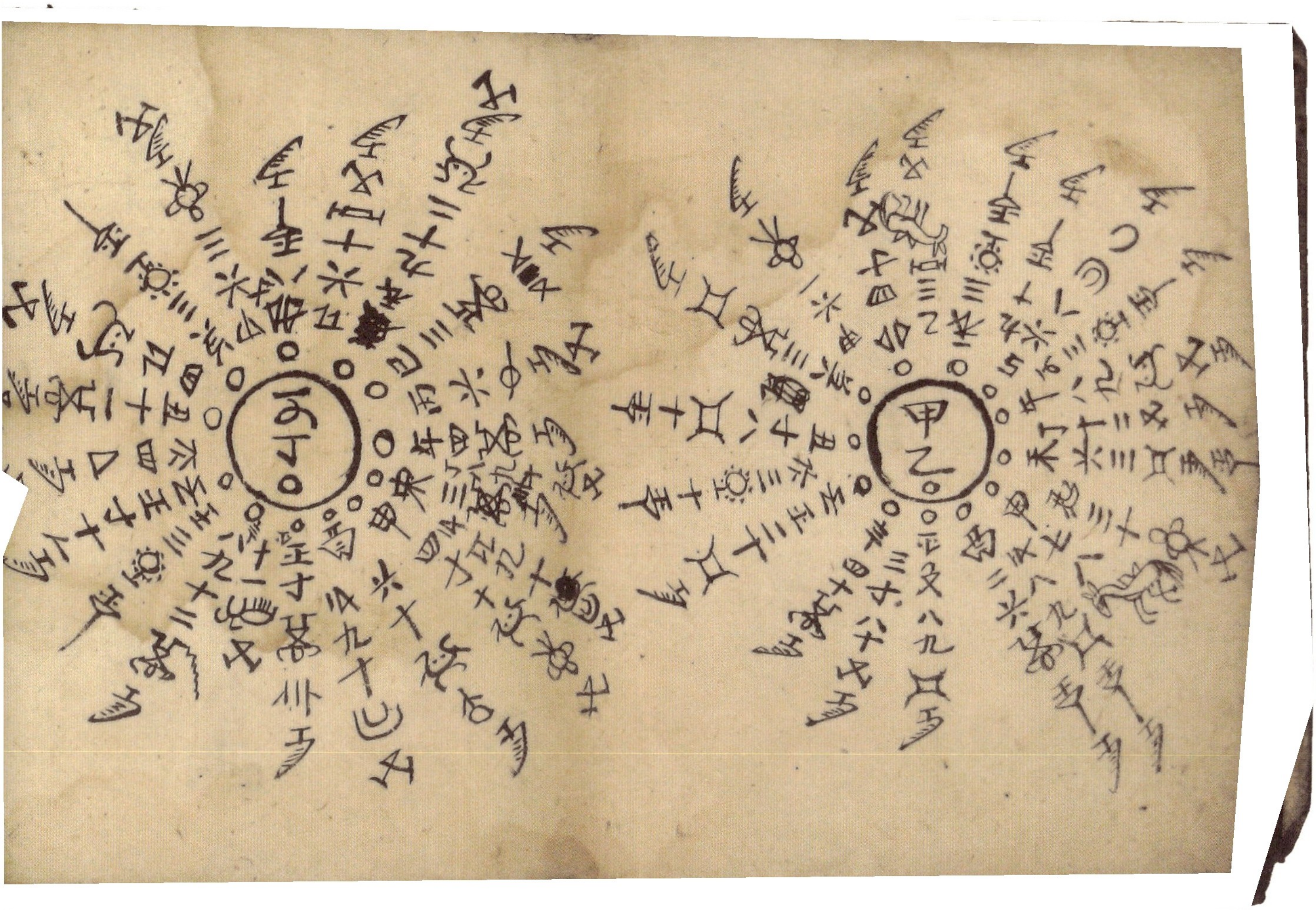

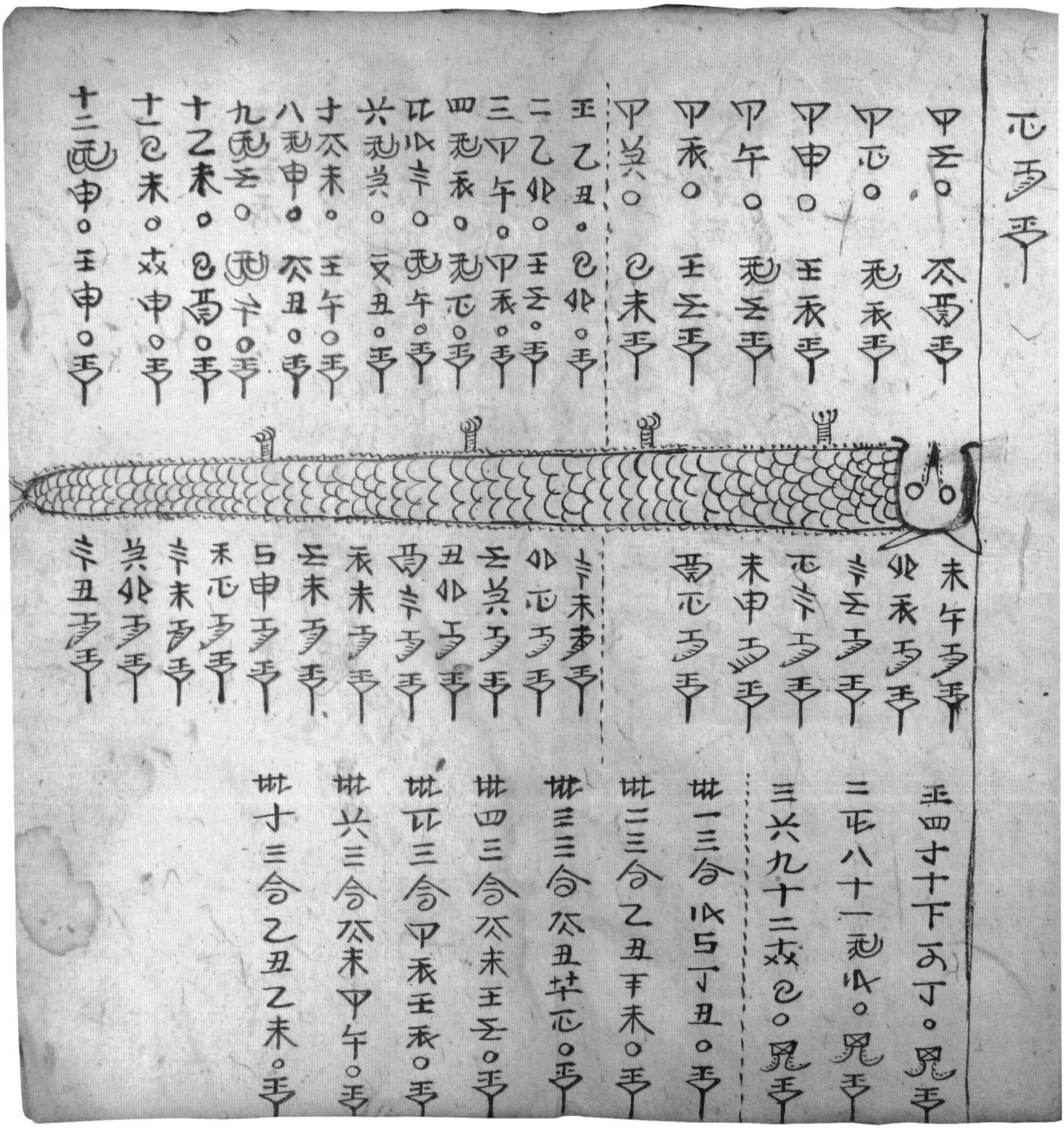

09809 壬辰　水文　清光緒二十七年（1901）抄本
綫裝。開本高 29 厘米，廣 27.5 厘米。貴州省黔南民族師範學院藏。

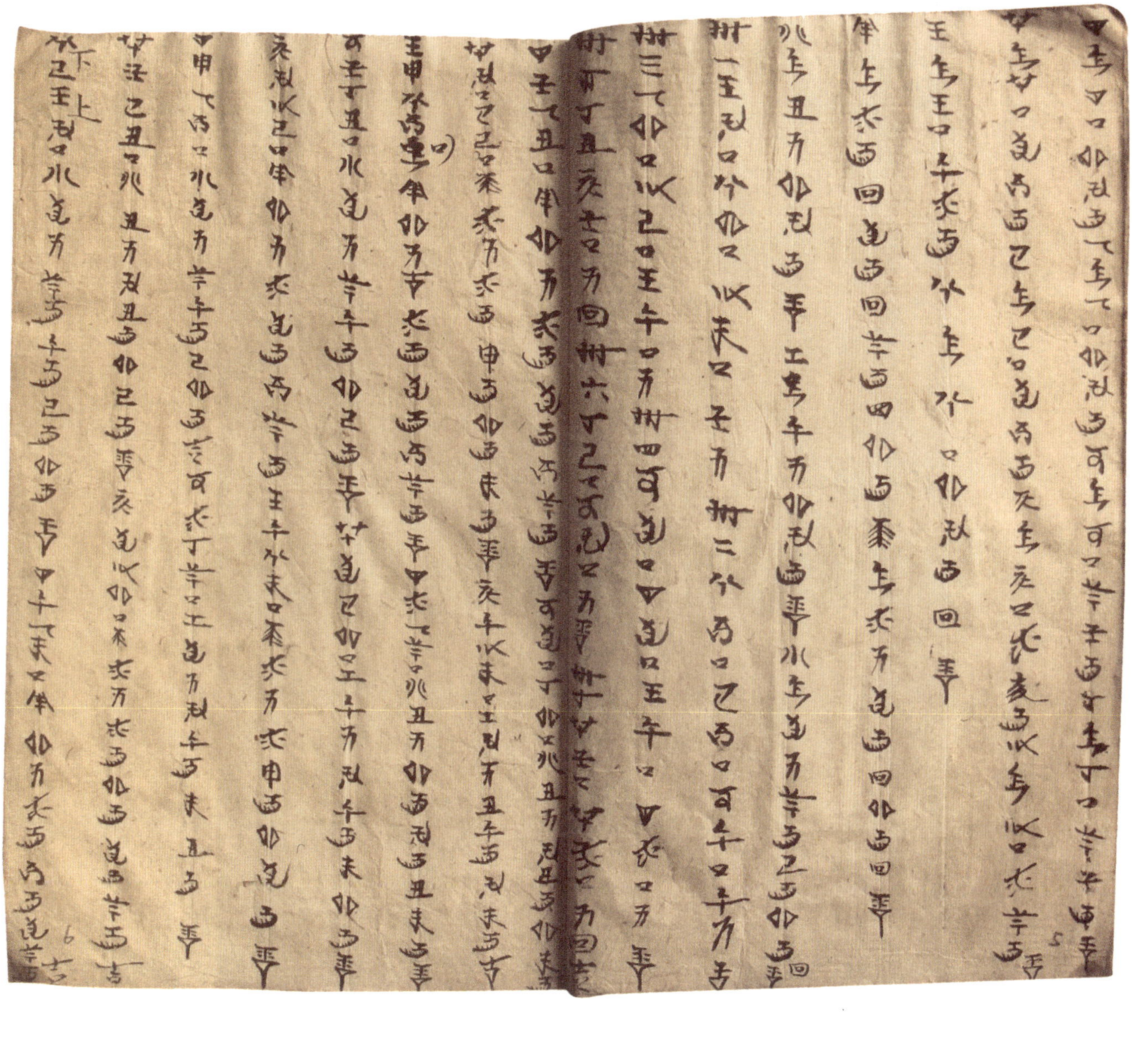

09810 歹惜　水文　清光緒二十八年（1902）抄本

綫裝。開本高 31 厘米，廣 20 厘米。貴州省三都水族自治縣檔案館藏。

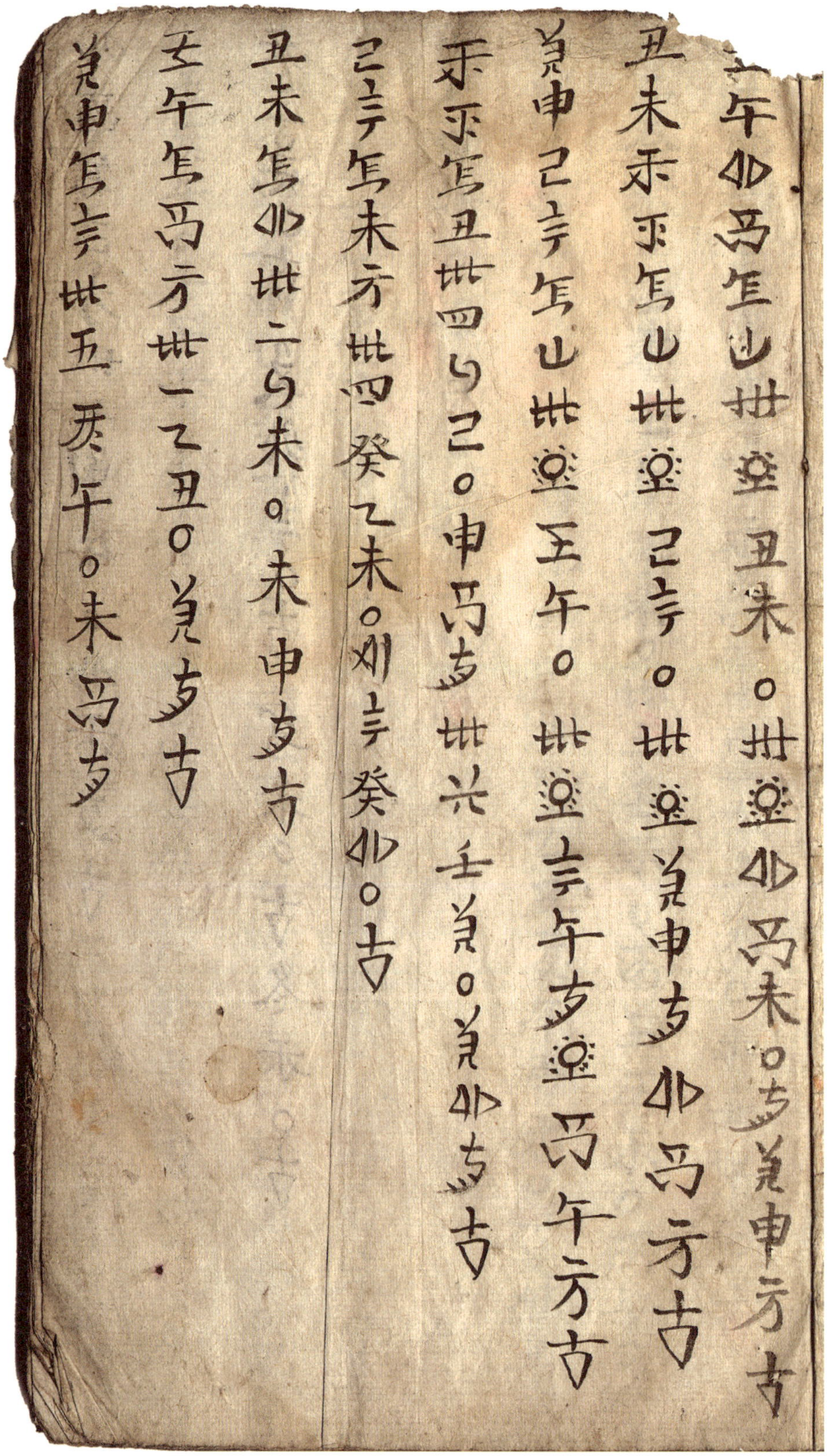

09811 通用大吉 水文 清光緒二十九年（1903）抄本

綫裝。開本高 24 厘米，廣 14 厘米。貴州省荔波縣檔案館藏。

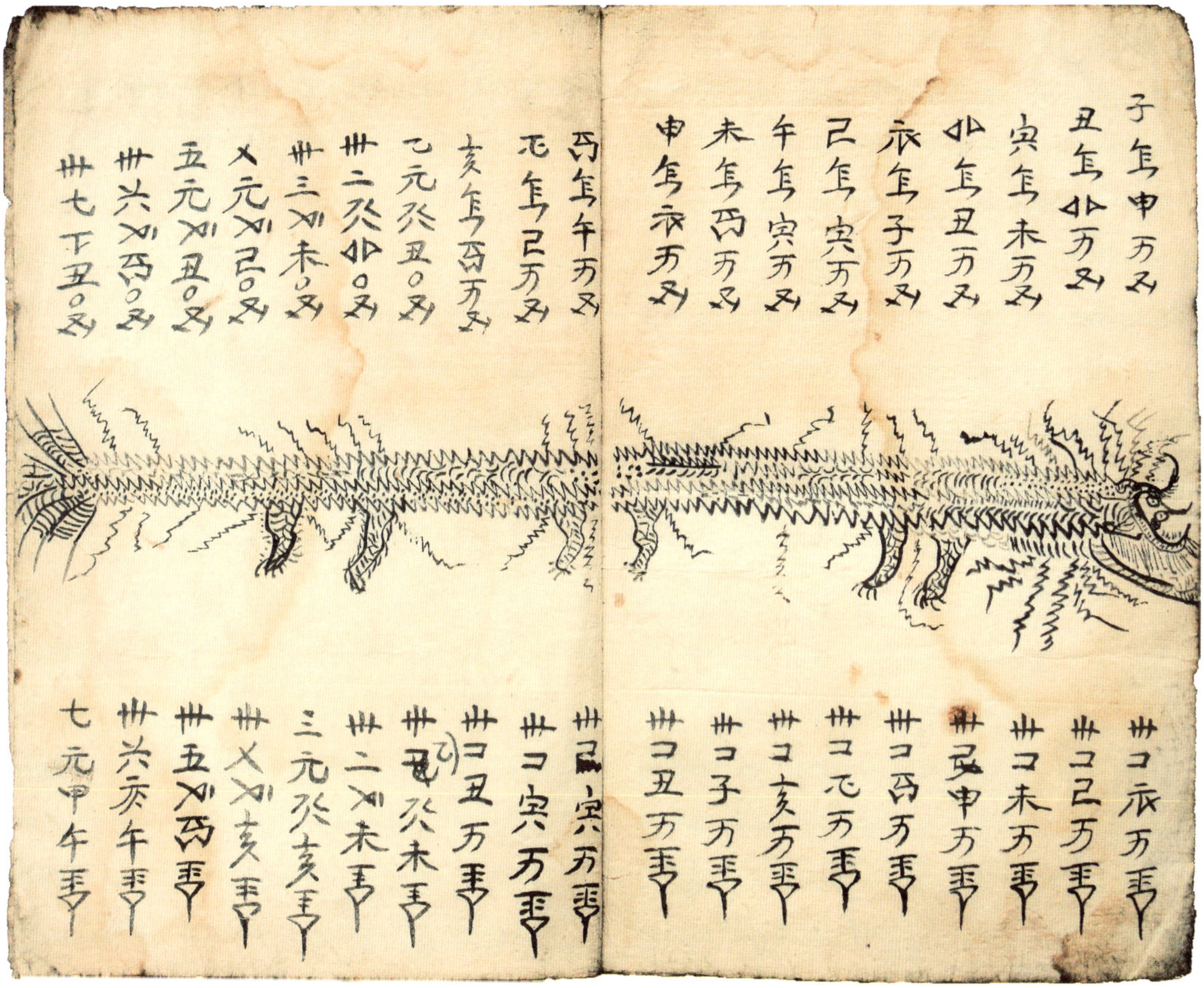

11351 子午卯酉辰 水文 清光緒三十年（1904）抄本
綫裝。開本高 28 厘米，廣 19 厘米。貴州民族文化宫圖書館藏。

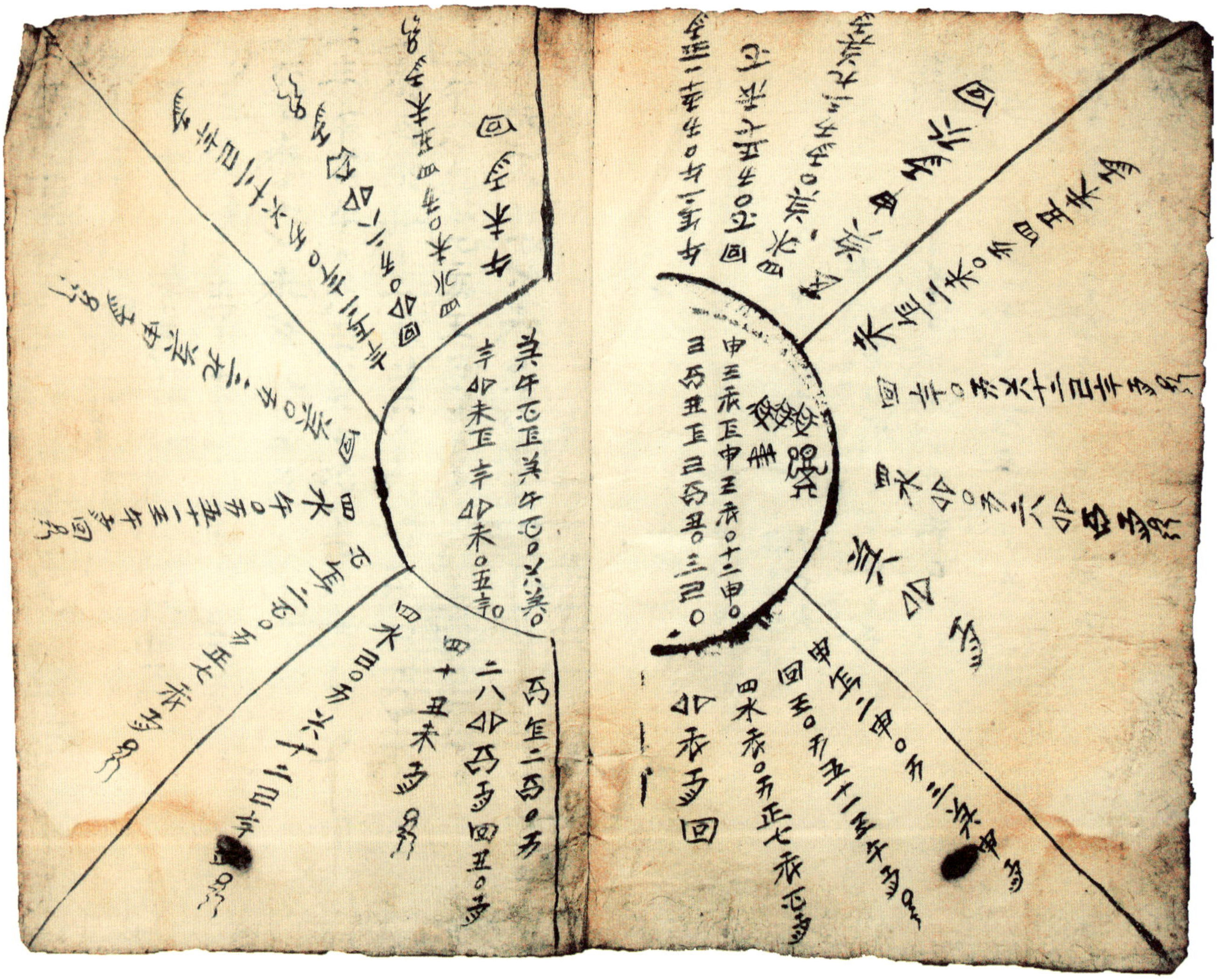

11352 **九星配日** 水文 清光緒三十年（1904）抄本

綫裝。開本高 27.5 厘米，廣 19.5 厘米。貴州民族文化宫圖書館藏。

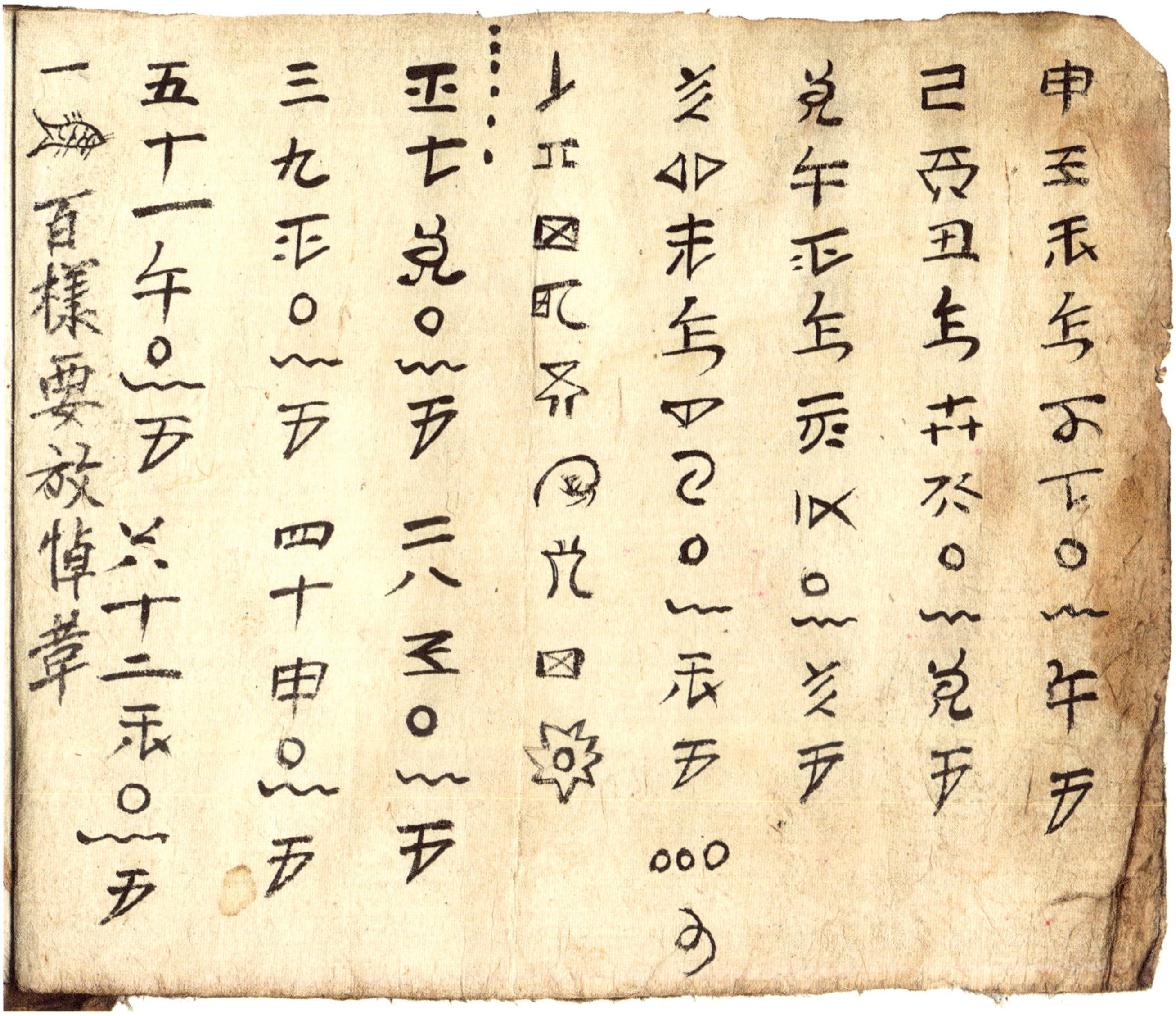

11353 **擋華**　水文　清光緒三十四年（1908）楊永青抄本
綫裝。開本高 19 厘米，廣 27.5 厘米。貴州省荔波縣檔案館藏。

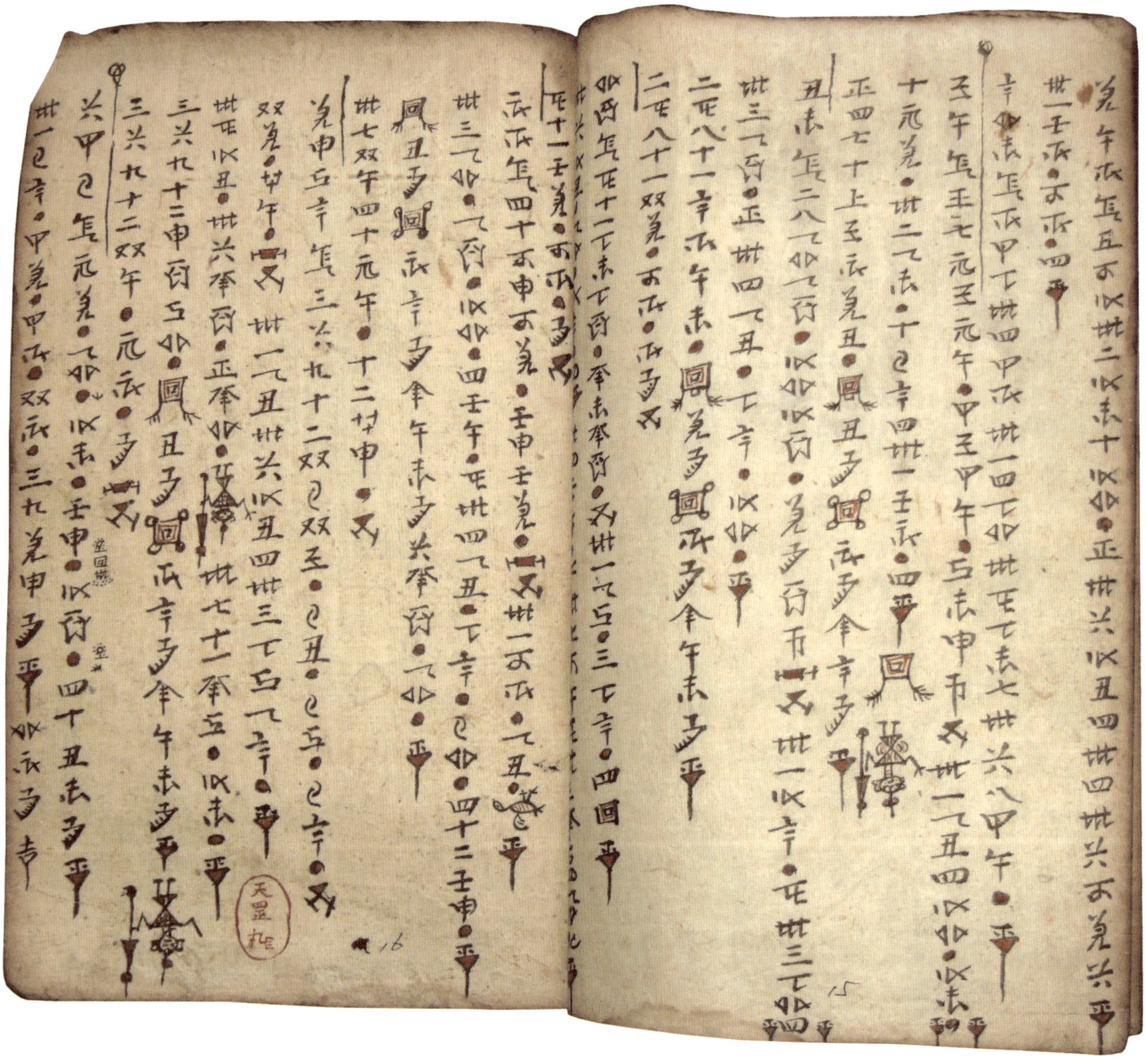

09823 壬辰吉書　水文　清抄本

綫裝。開本高 32 厘米，廣 20.5 厘米。貴州省三都水族自治縣檔案館藏。

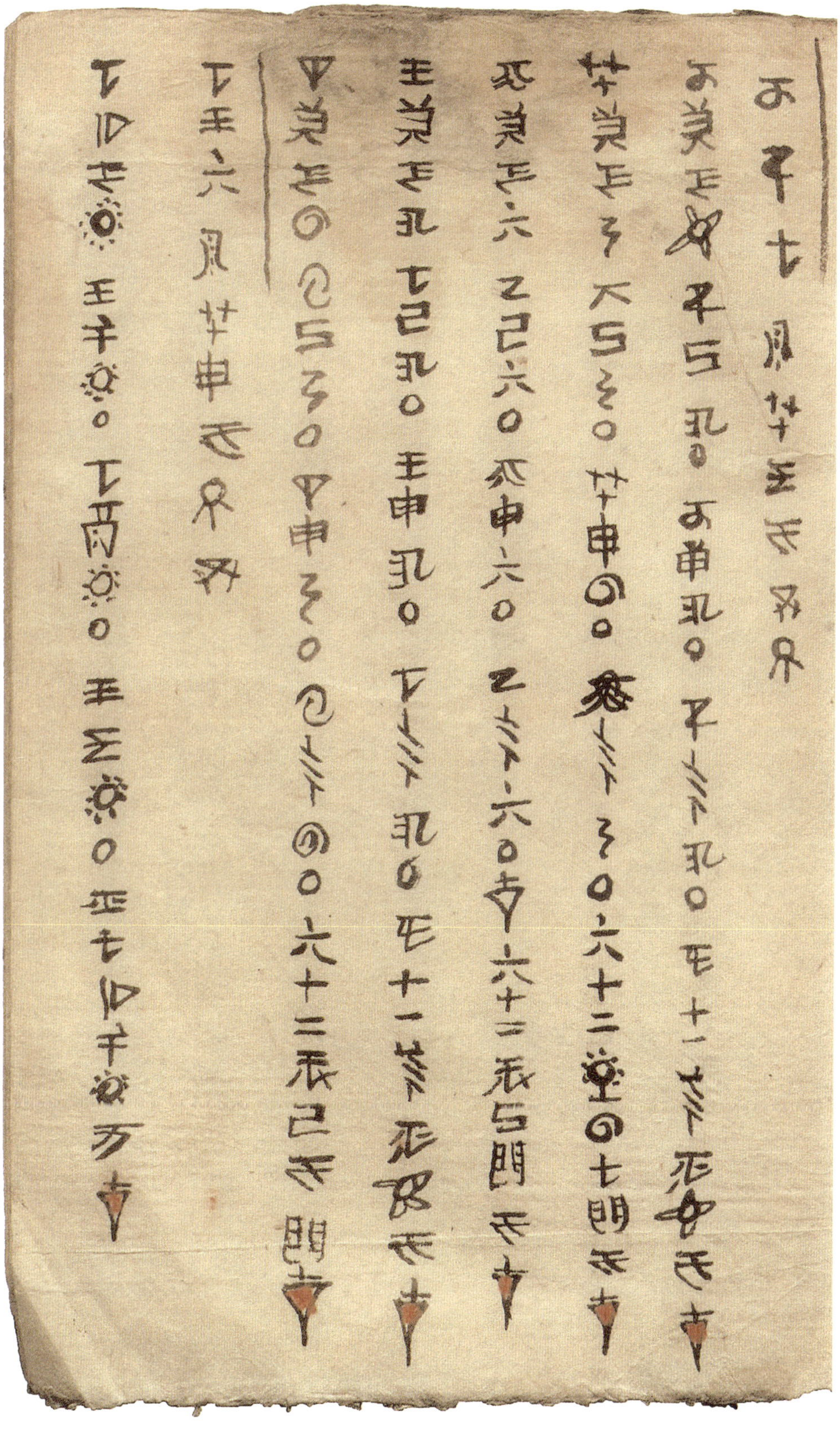

12251 **金堂卷** 水文 清光緒抄本

綫裝。開本高 28.5 厘米，廣 19 厘米。貴州民族文化宫民族圖書館藏。

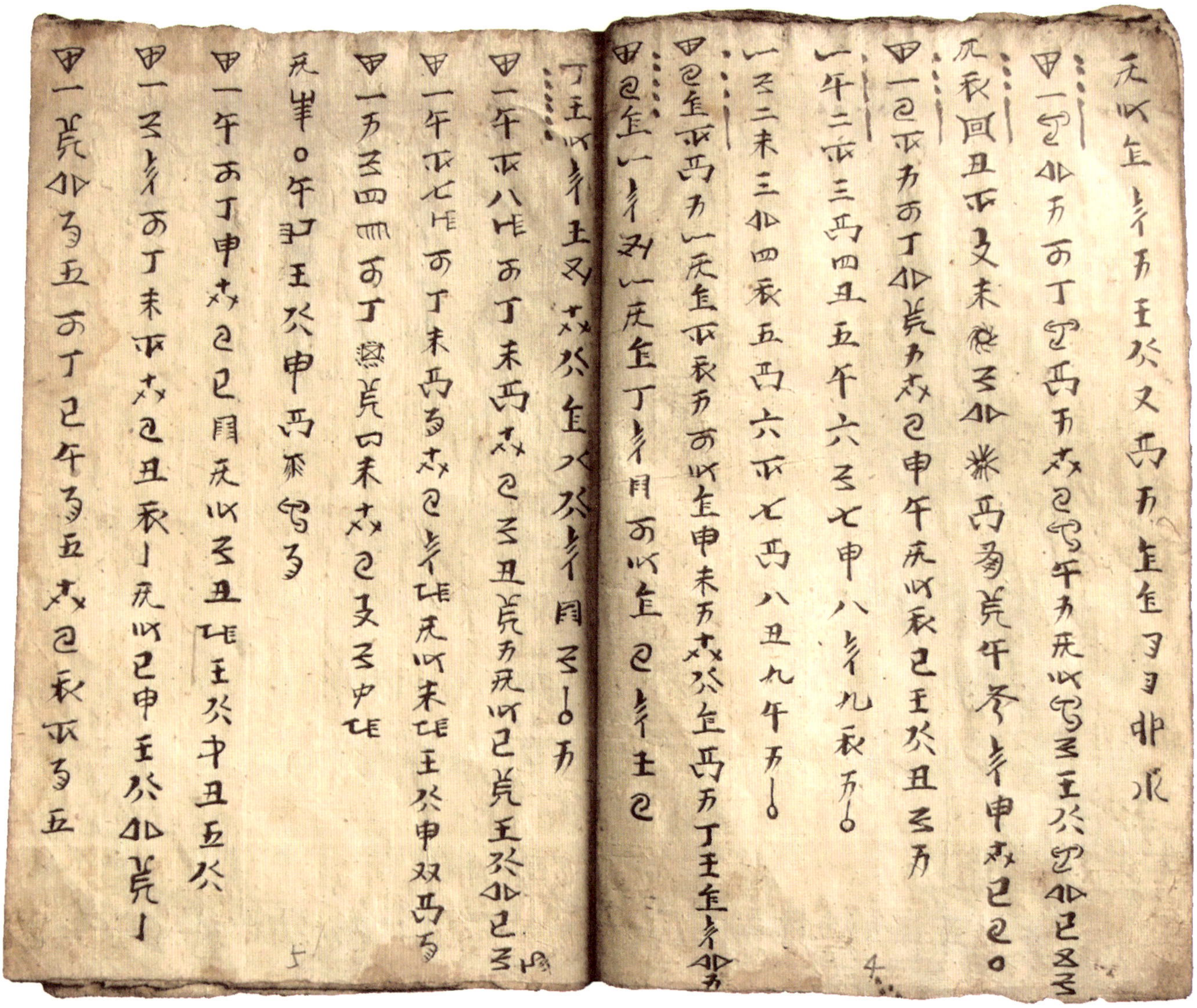

09831 正七　水文　清抄本

綫裝。開本高 28 厘米，廣 18 厘米。貴州省三都水族自治縣檔案館藏。

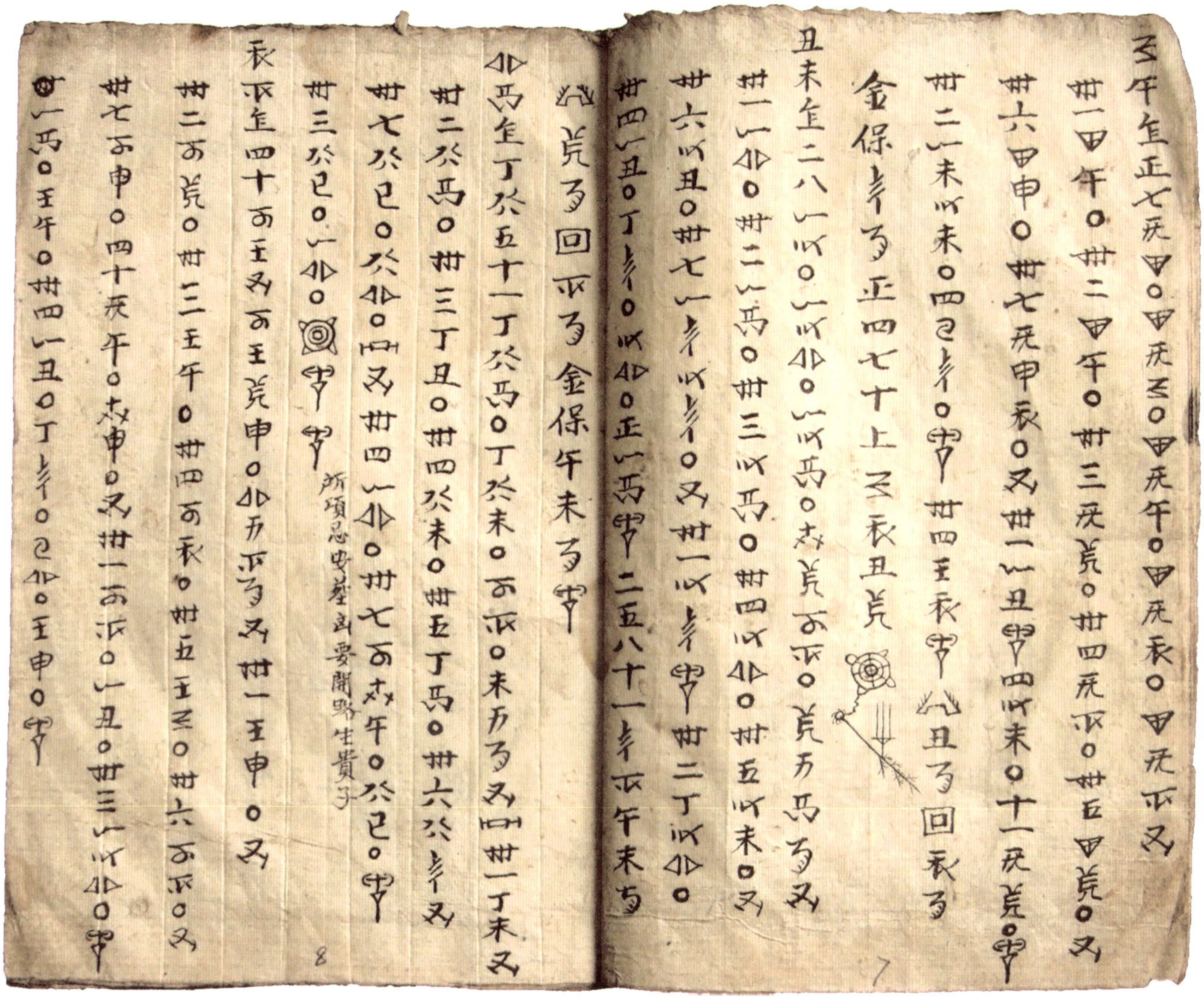

09829 所項　水文　清抄本

綫裝。開本高 27 厘米，廣 18 厘米。貴州省三都水族自治縣檔案館藏。

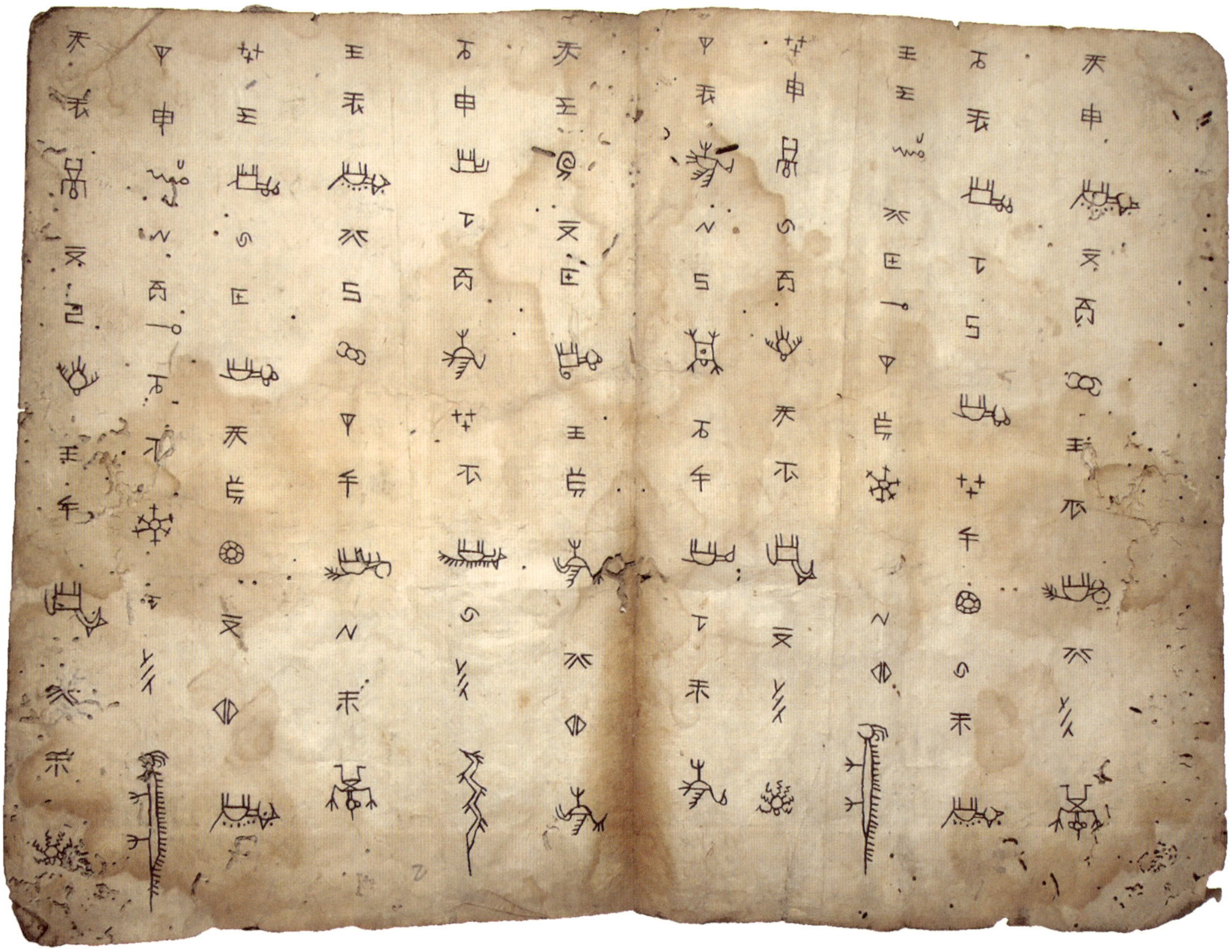

06850 二十八宿　水文　清寫本

綫裝。開本高 29 厘米，廣 20 厘米。貴州省三都水族自治縣檔案館藏。

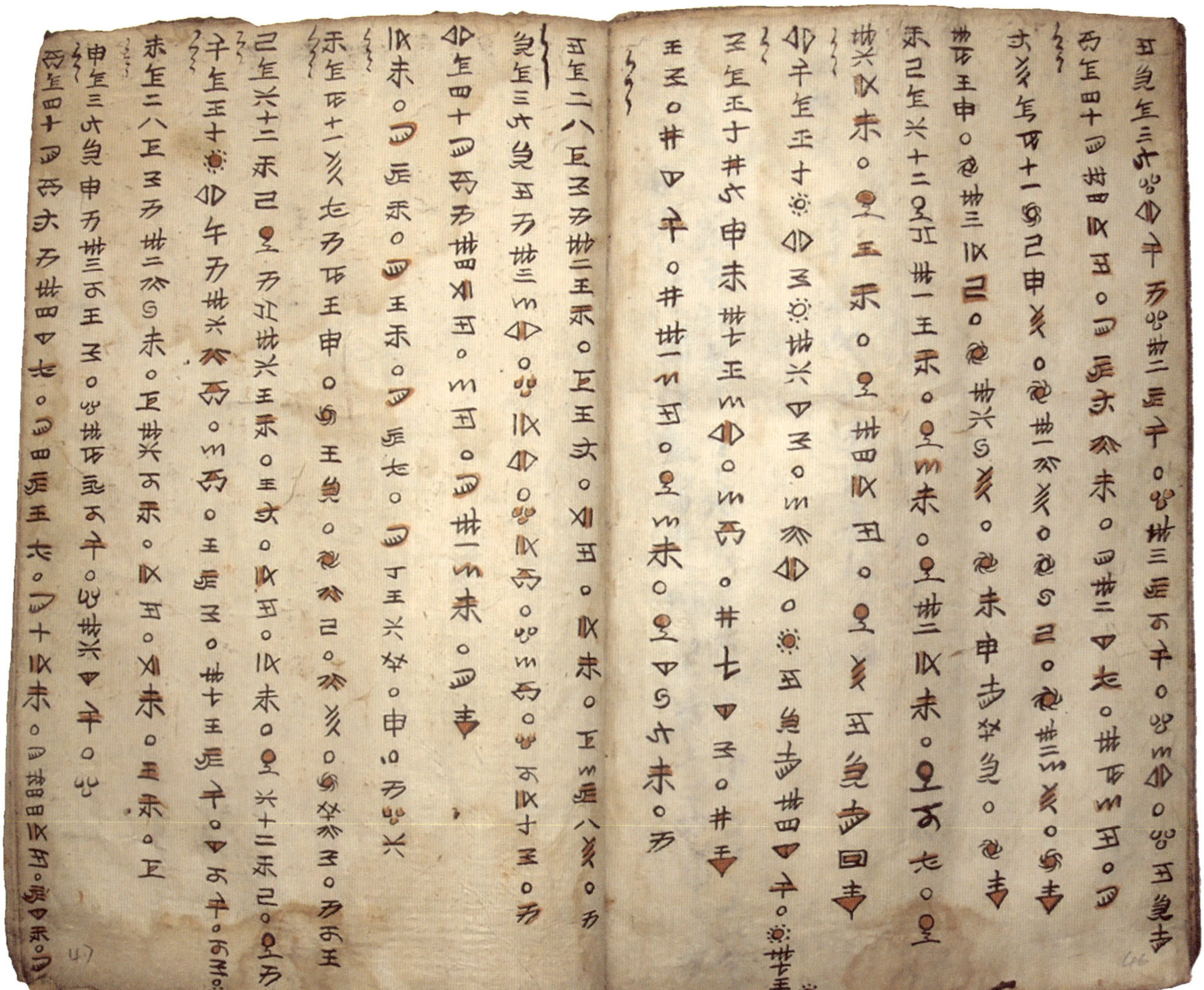

06851 **九星**　水文　清寫本

綫裝。開本高 30 厘米，廣 19 厘米。貴州省三都水族自治縣檔案館藏。

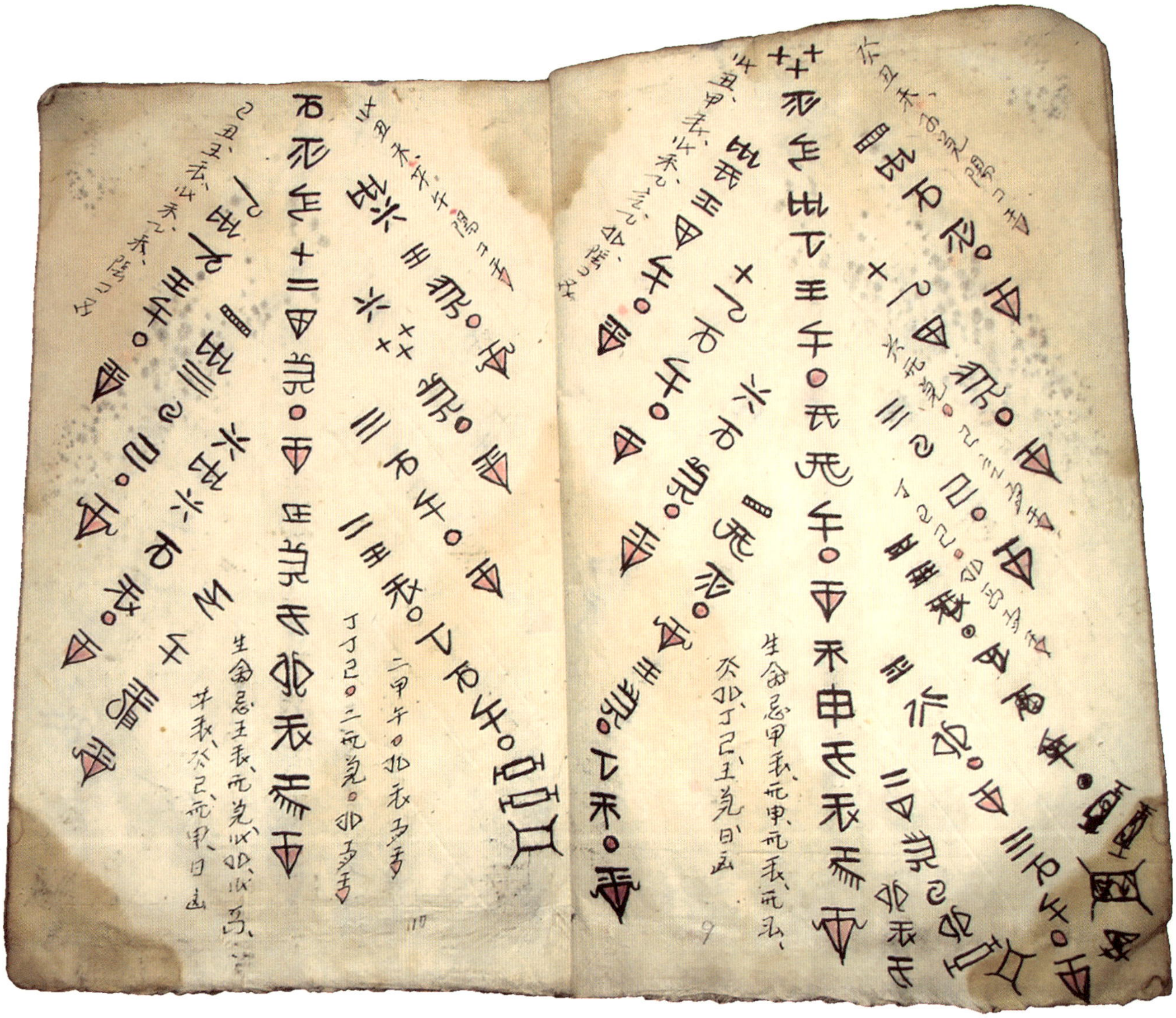

06852 **六十甲子**　水文　清寫本

綫裝。開本高 30 厘米，廣 19.5 厘米。貴州省三都水族自治縣檔案館藏。

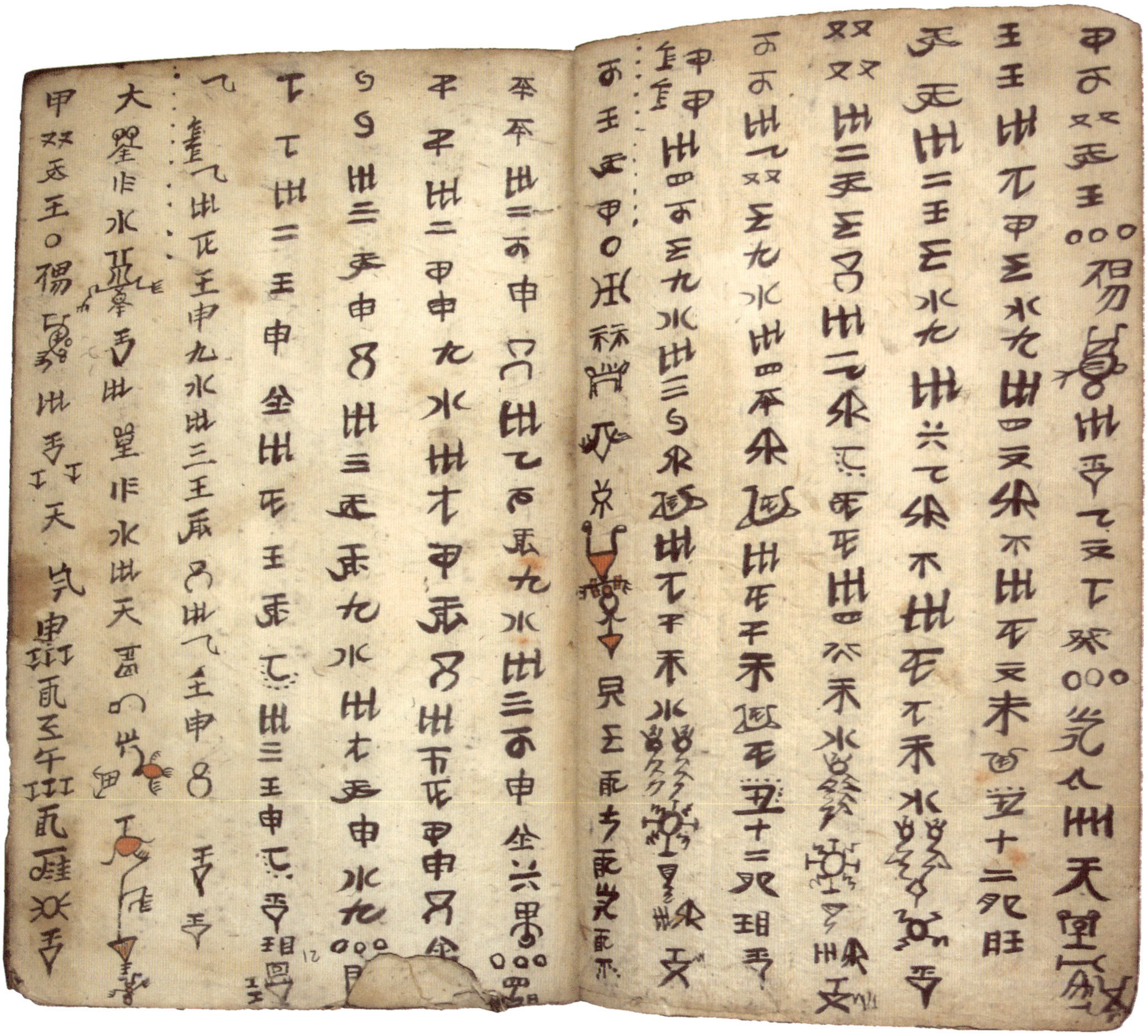

06853 **秘籍**　水文　清寫本

綫裝。開本高 31 厘米，廣 19 厘米。貴州省三都水族自治縣檔案館藏。

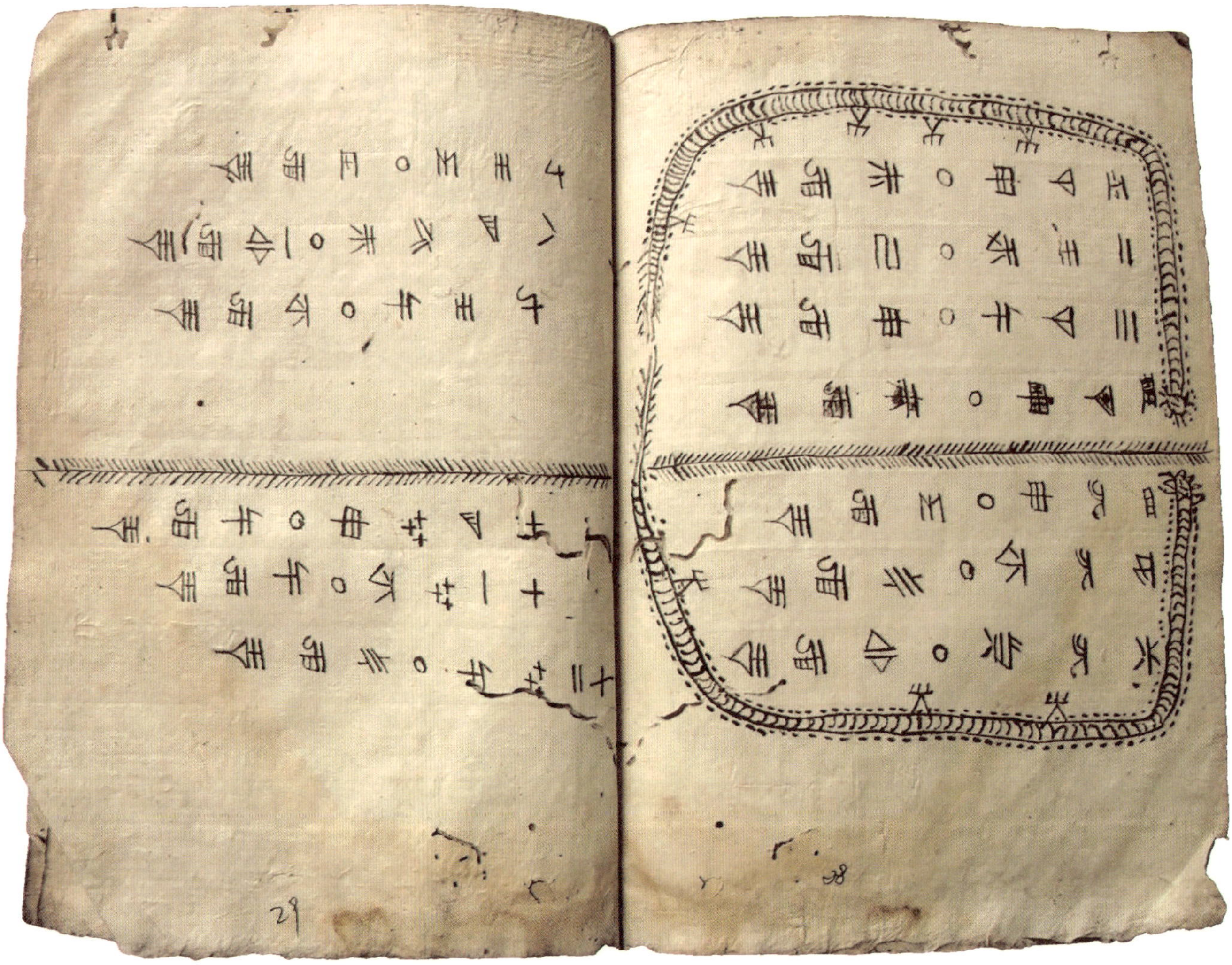

06854 納音五行　水文　清寫本

綫裝。開本高 28 厘米，廣 18 厘米。貴州省三都水族自治縣檔案館藏。

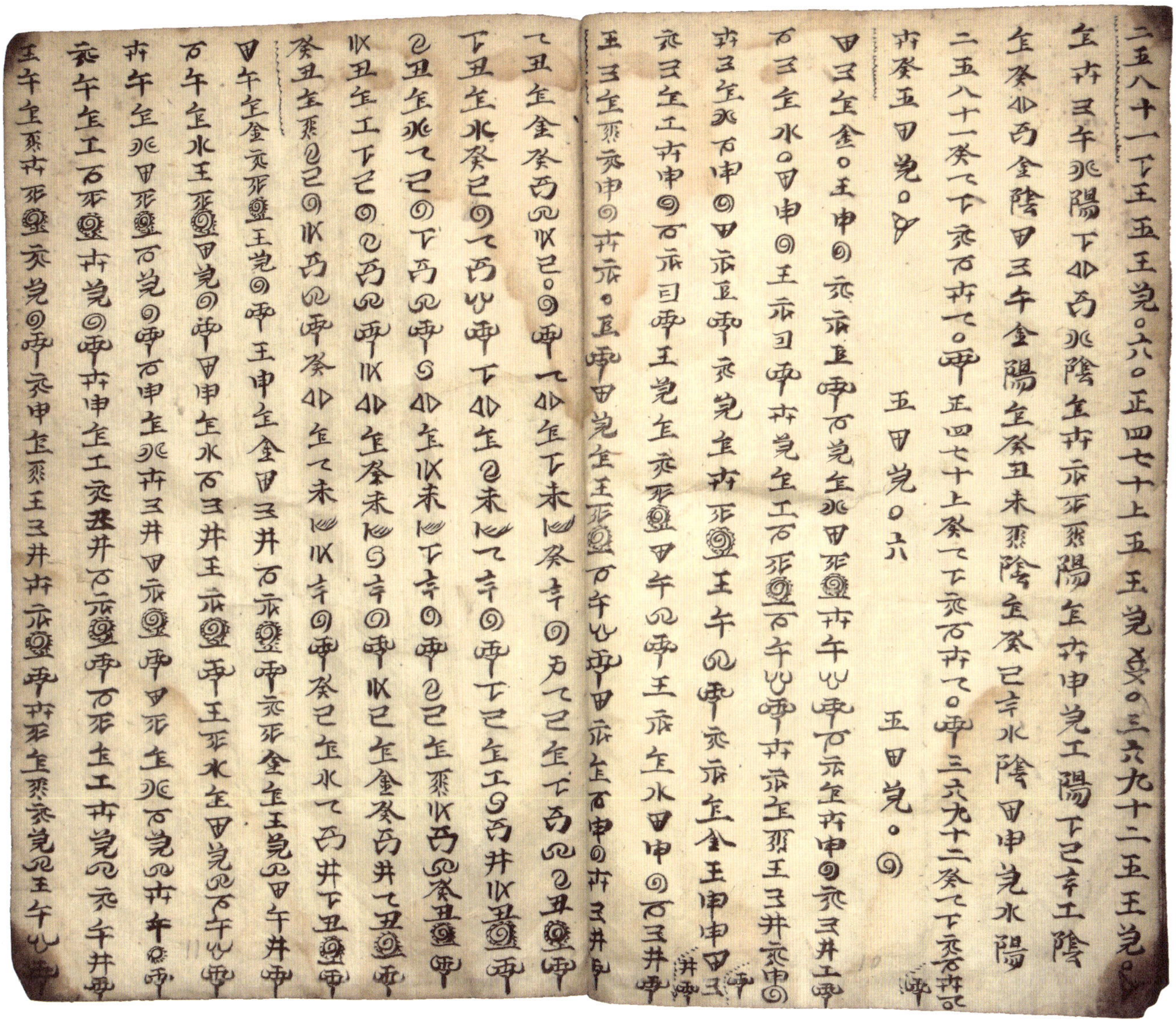

06855 貪巨甲子　水文　清寫本

綫裝。開本高 30 厘米，廣 19 厘米。貴州省三都水族自治縣檔案館藏。

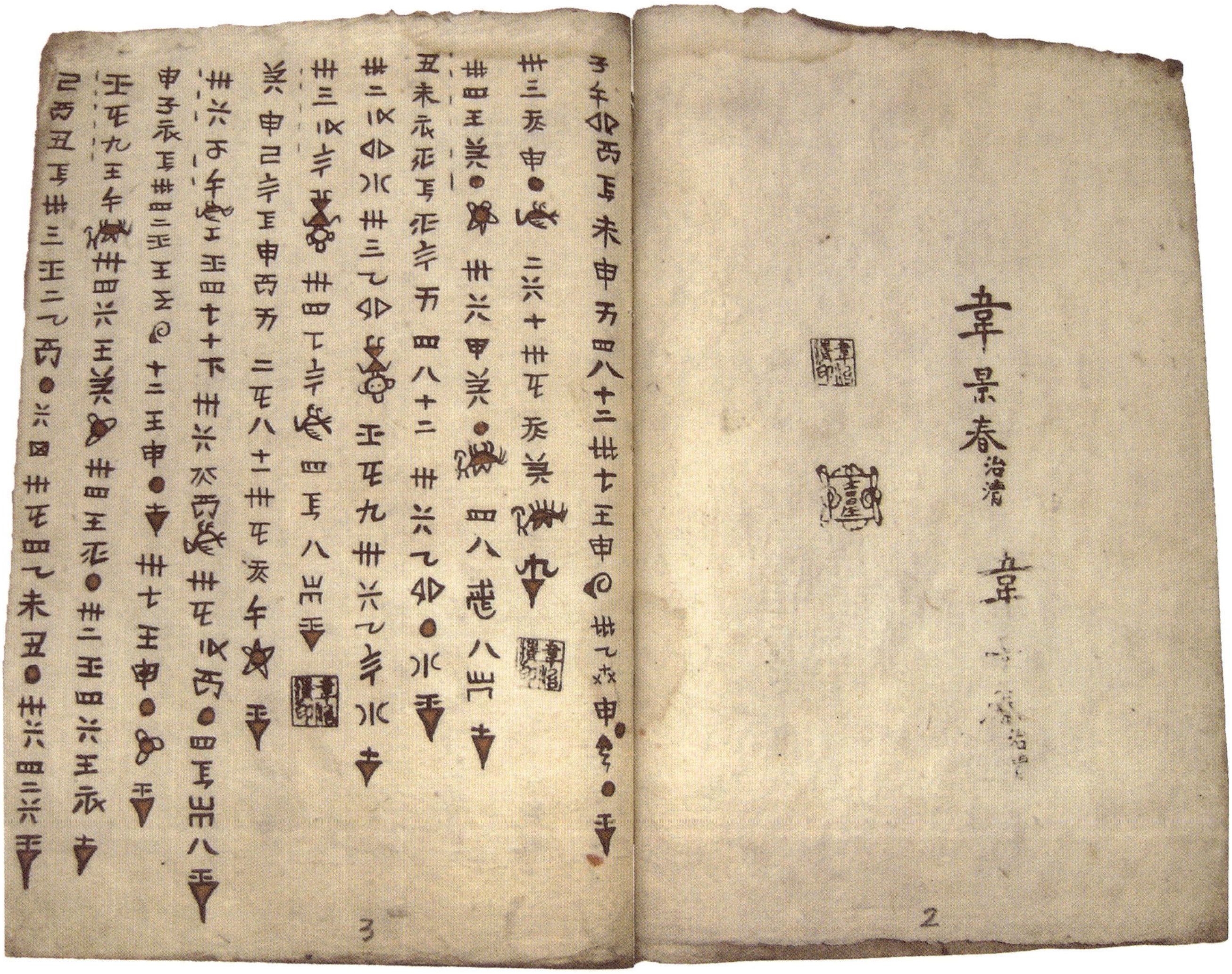

02380 **吉星** 水文 清韋景春抄本

綫裝。開本高 30 厘米，廣 21 厘米。有“吉星”等印，扉頁題“韋景春治清”。貴州省三都水族自治縣檔案館藏。

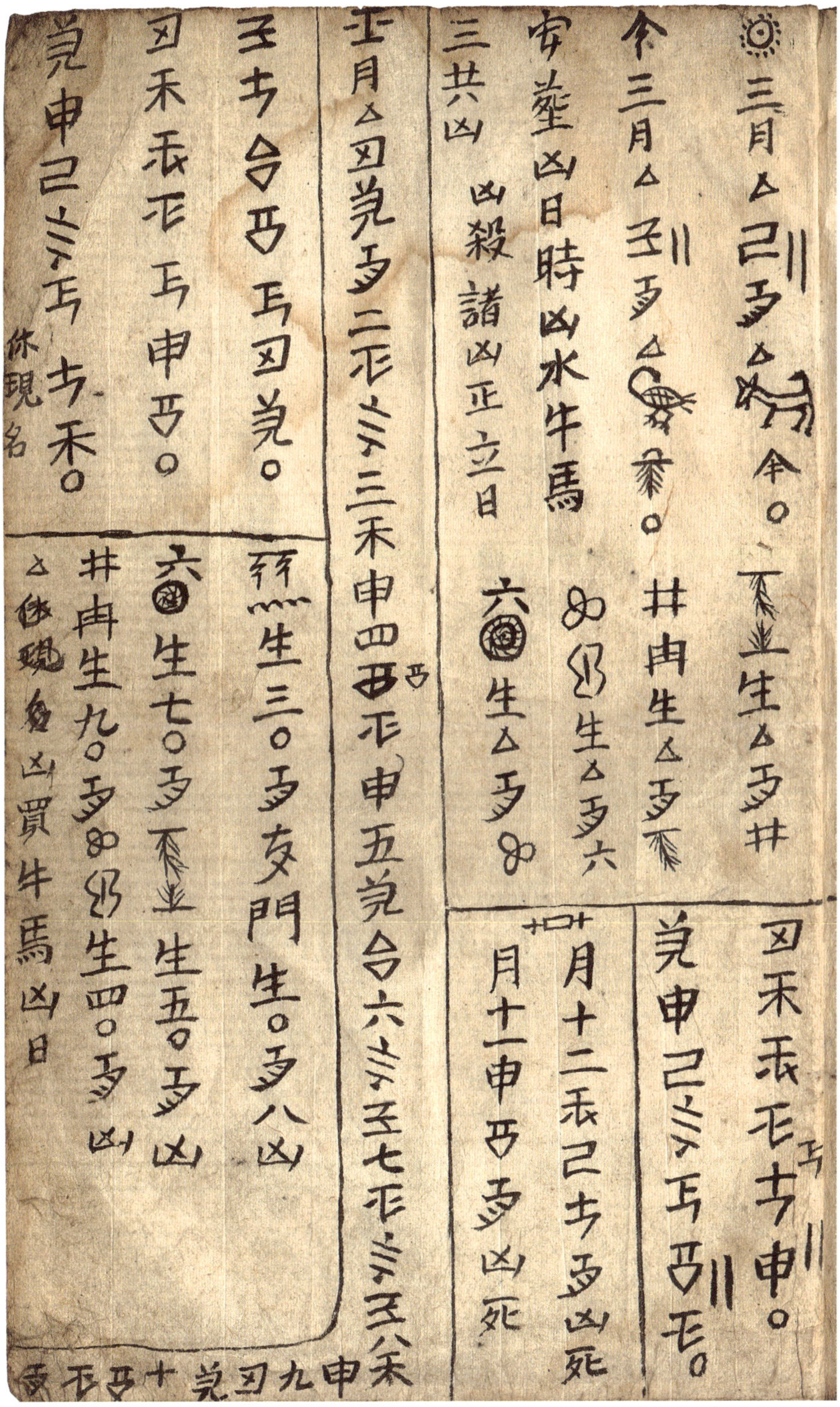

09812 **看日陰陽** 水文 清潘玉龍抄本

綫裝。開本高 27.5 厘米，廣 19 厘米。貴州省荔波縣檔案館藏。

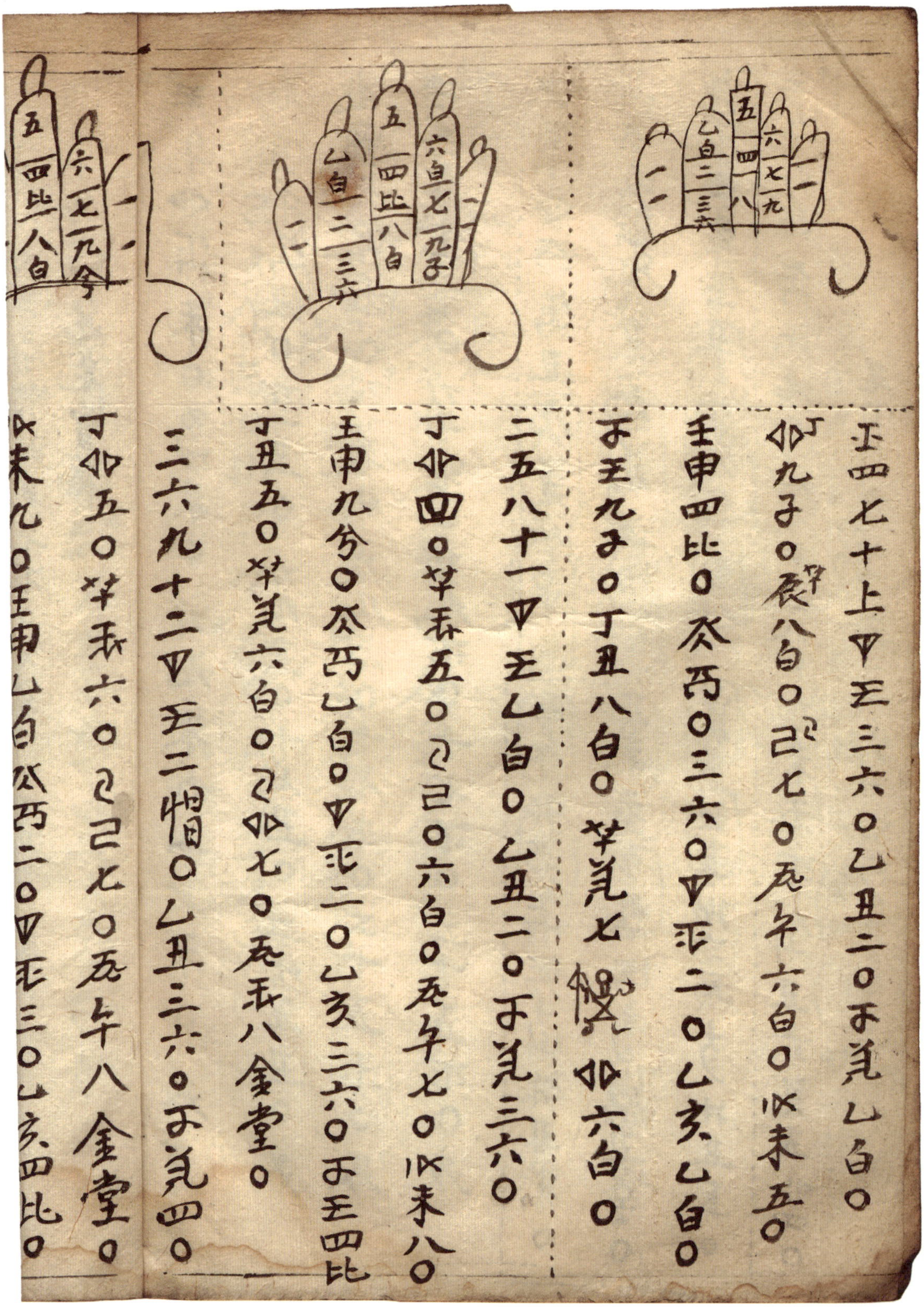

09814 納牲　水文　清潘芝賢抄本

綫裝。開本高 30.2 厘米，廣 20 厘米。貴州省荔波縣檔案館藏。

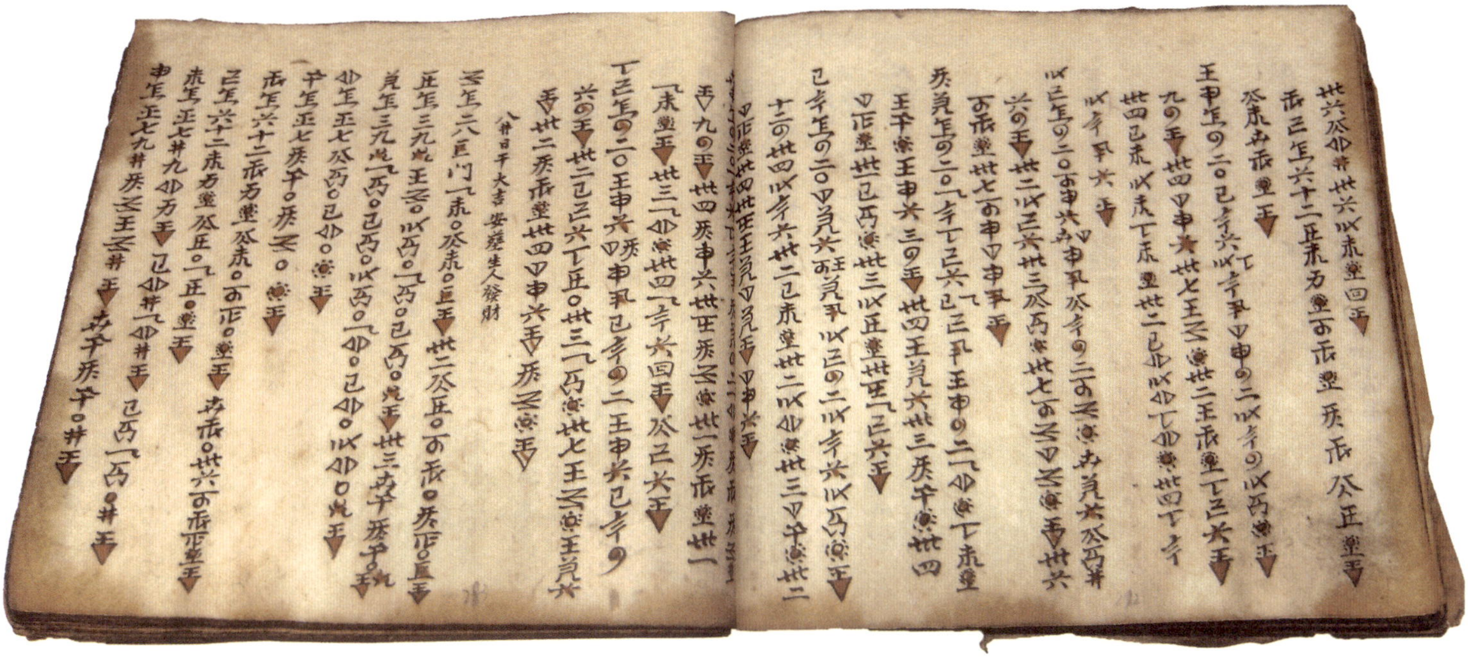

02378 **萬年經鏡** 水文 清抄本

綫裝。第一卷：開本高 24 厘米，廣 26.5 厘米；第二卷：開本高 24.5 厘米，廣 29 厘米；第三卷：開本高 25 厘米，廣 29 厘米。此書以棉布做書皮，部分章節以漢文標題。貴州省三都水族自治縣檔案館藏。

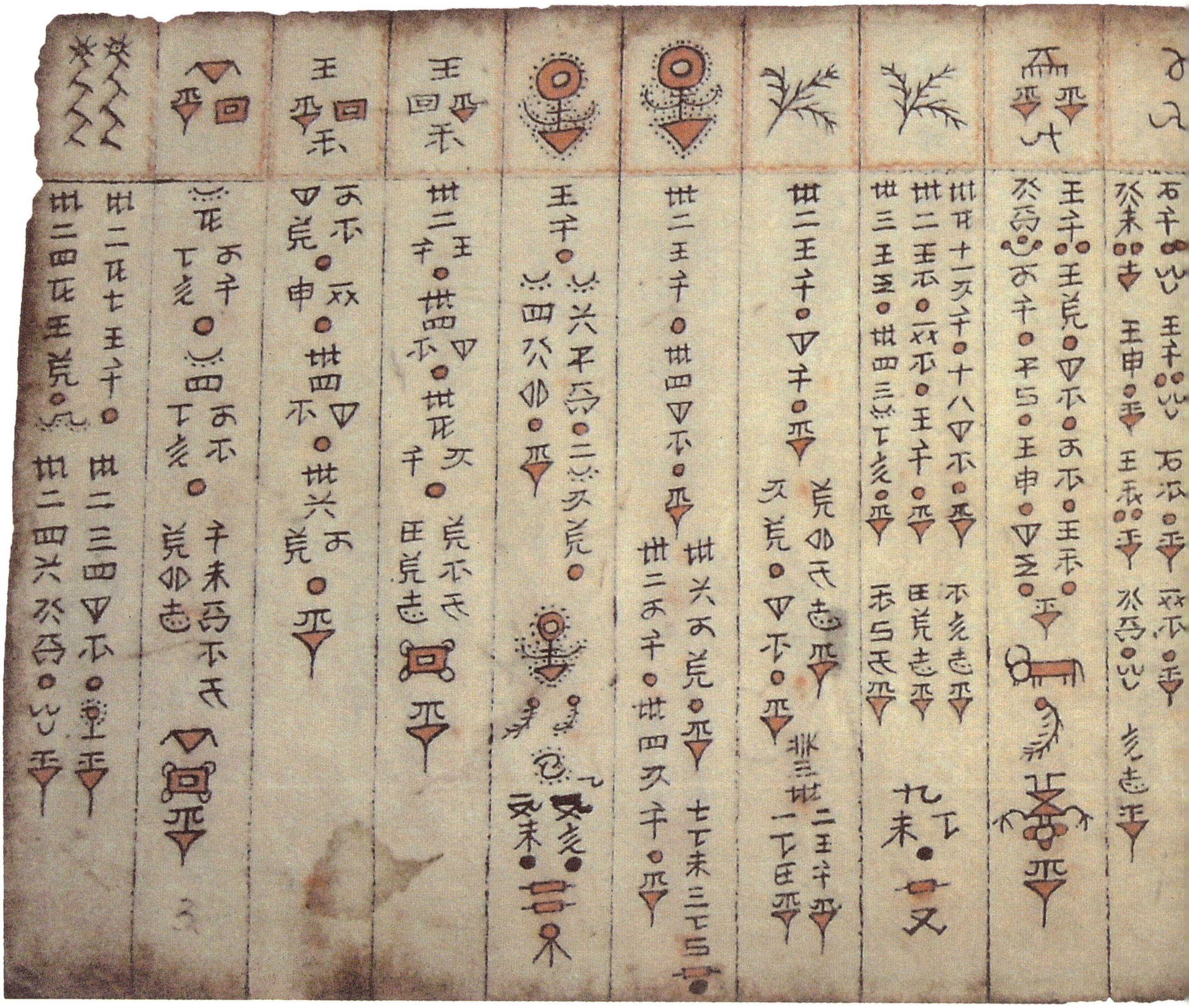

02379 六十龍備要 水文 清抄本

綫裝。開本高16厘米，廣26厘米。貴州省三都水族自治縣檔案館藏。

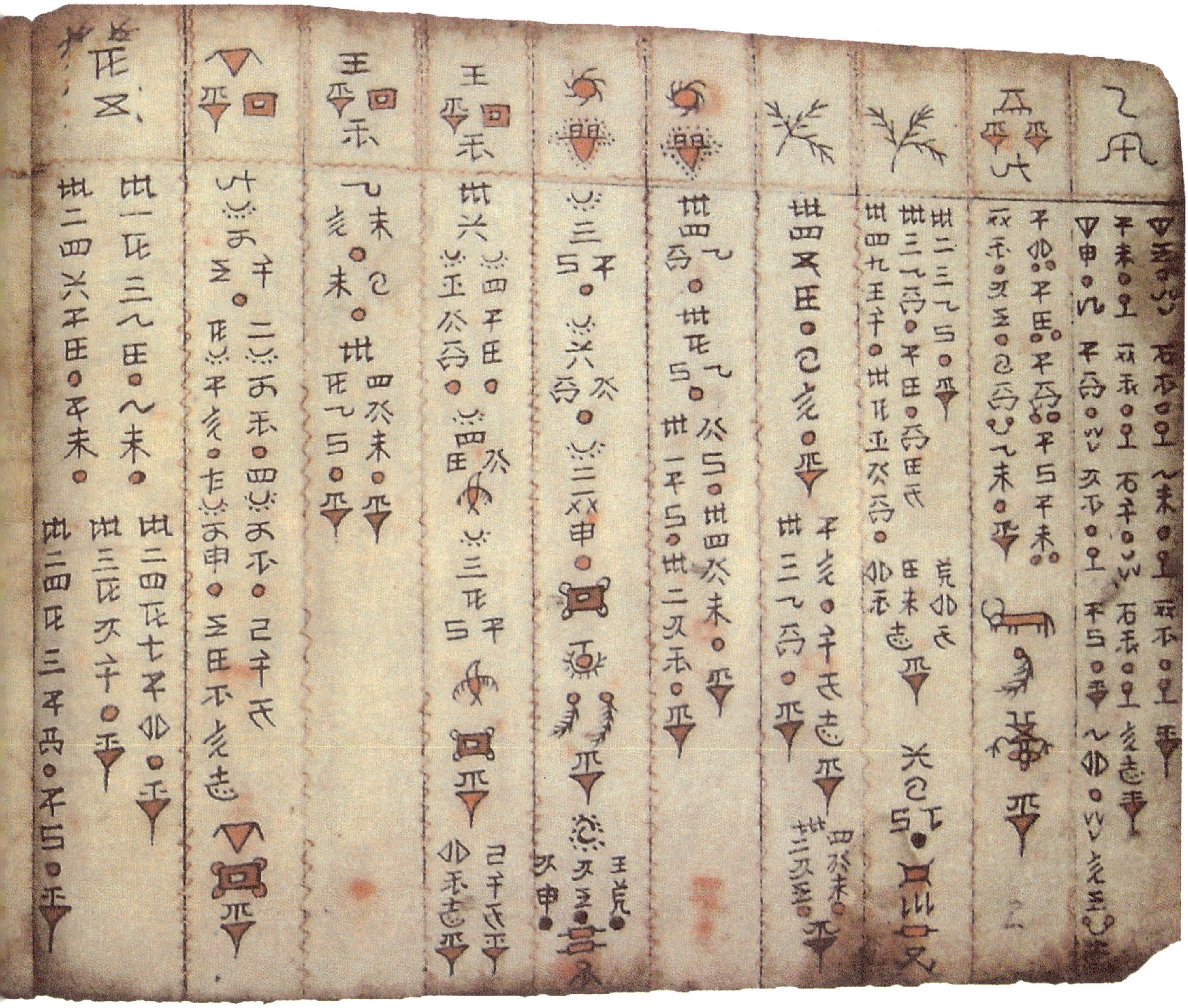

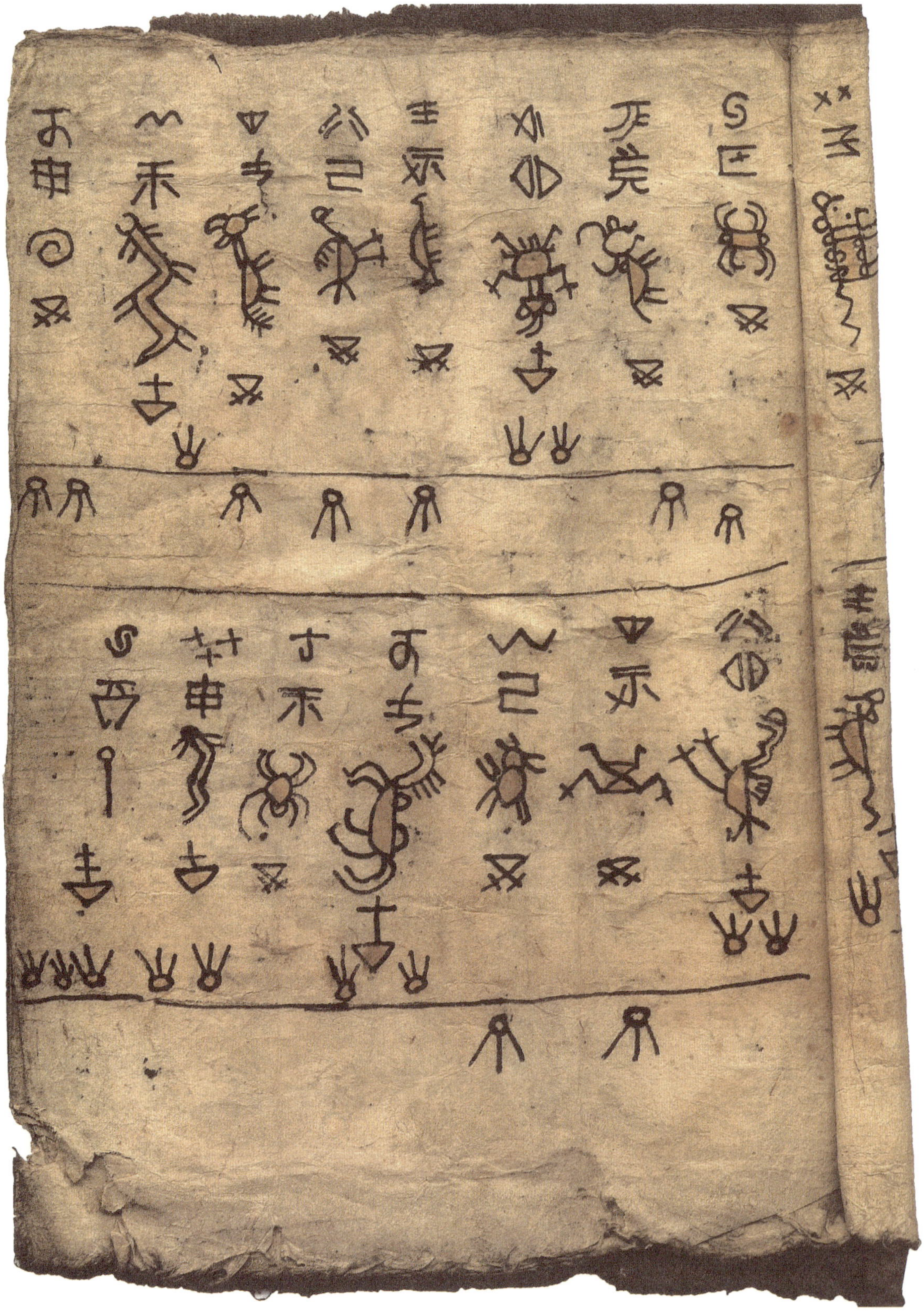

02381 泐金·紀日　水文　清抄本
綫裝。開本高 32 厘米，廣 22.8 厘米。貴州省荔波縣檔案館藏。

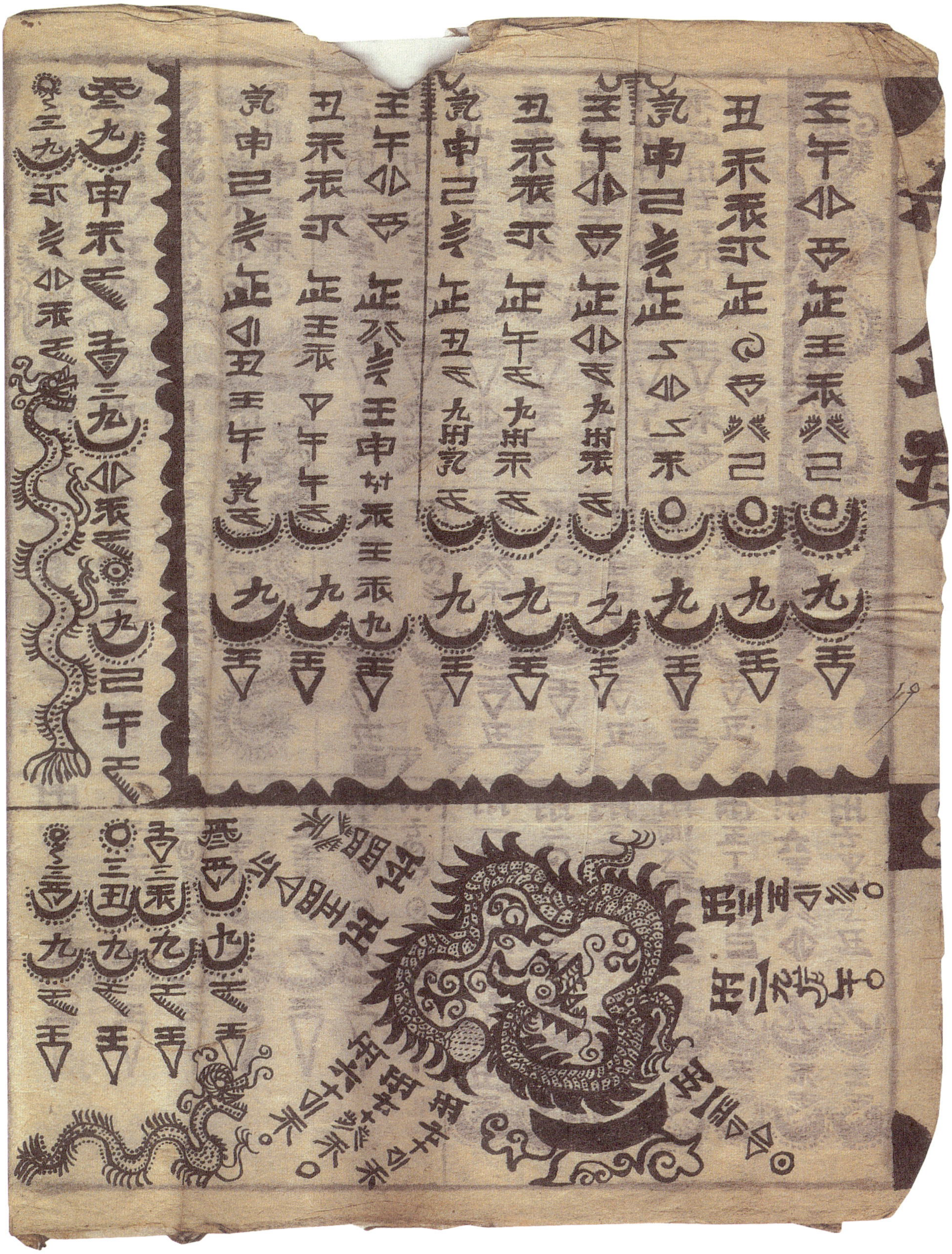

02382 金銀　水文　清抄本

綫裝。開本高 32 厘米，廣 26 厘米。框高 29.6 厘米，廣 24.1 厘米。貴州省荔波縣檔案館藏。

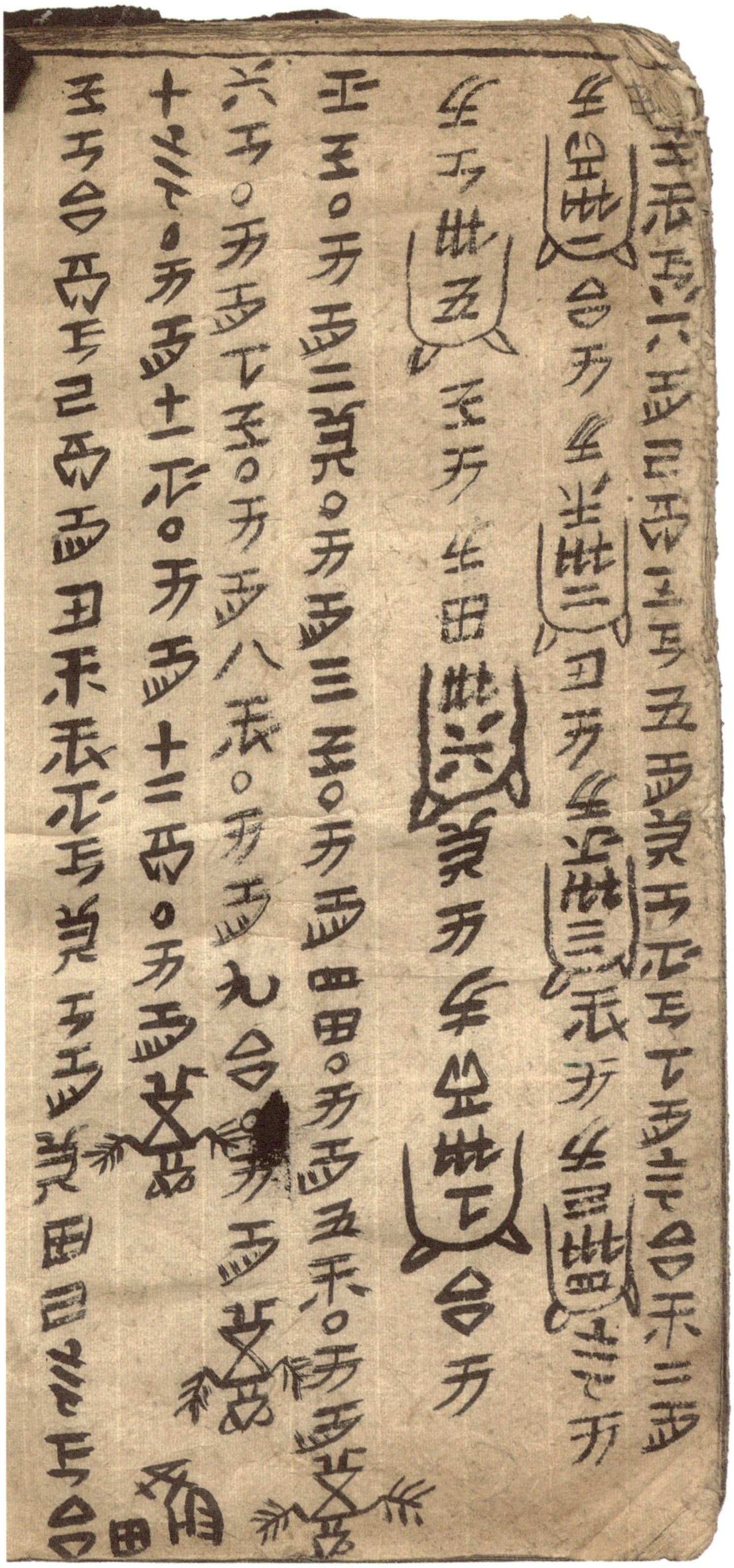

09813 **探祝龍**　水文　清抄本

綫裝。開本高 37 厘米，廣 17 厘米。貴州省荔波縣檔案館藏。

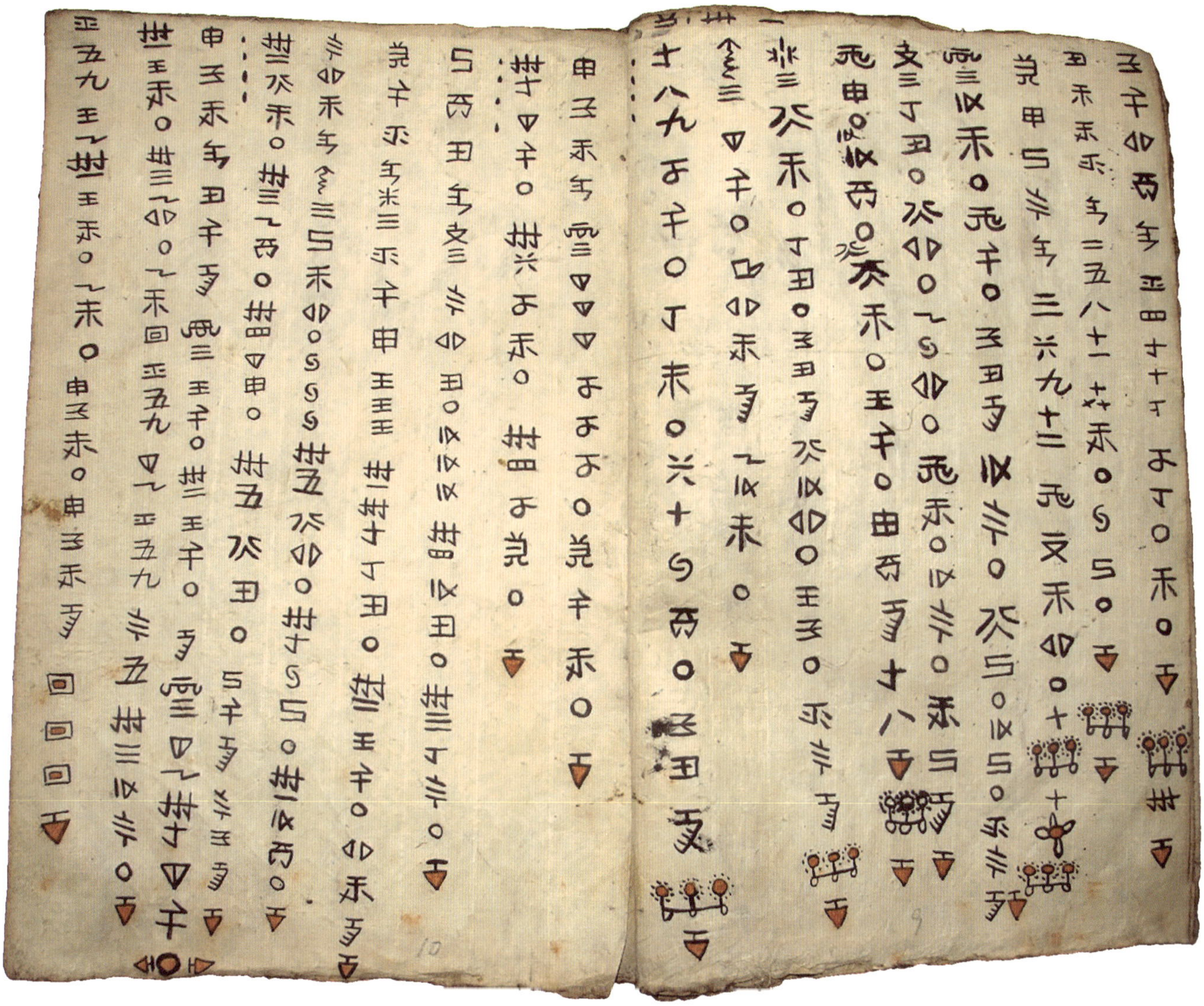

09816 大吉　水文　清抄本

綫裝。開本高 31 厘米，廣 20 厘米。貴州省三都水族自治縣檔案館藏。

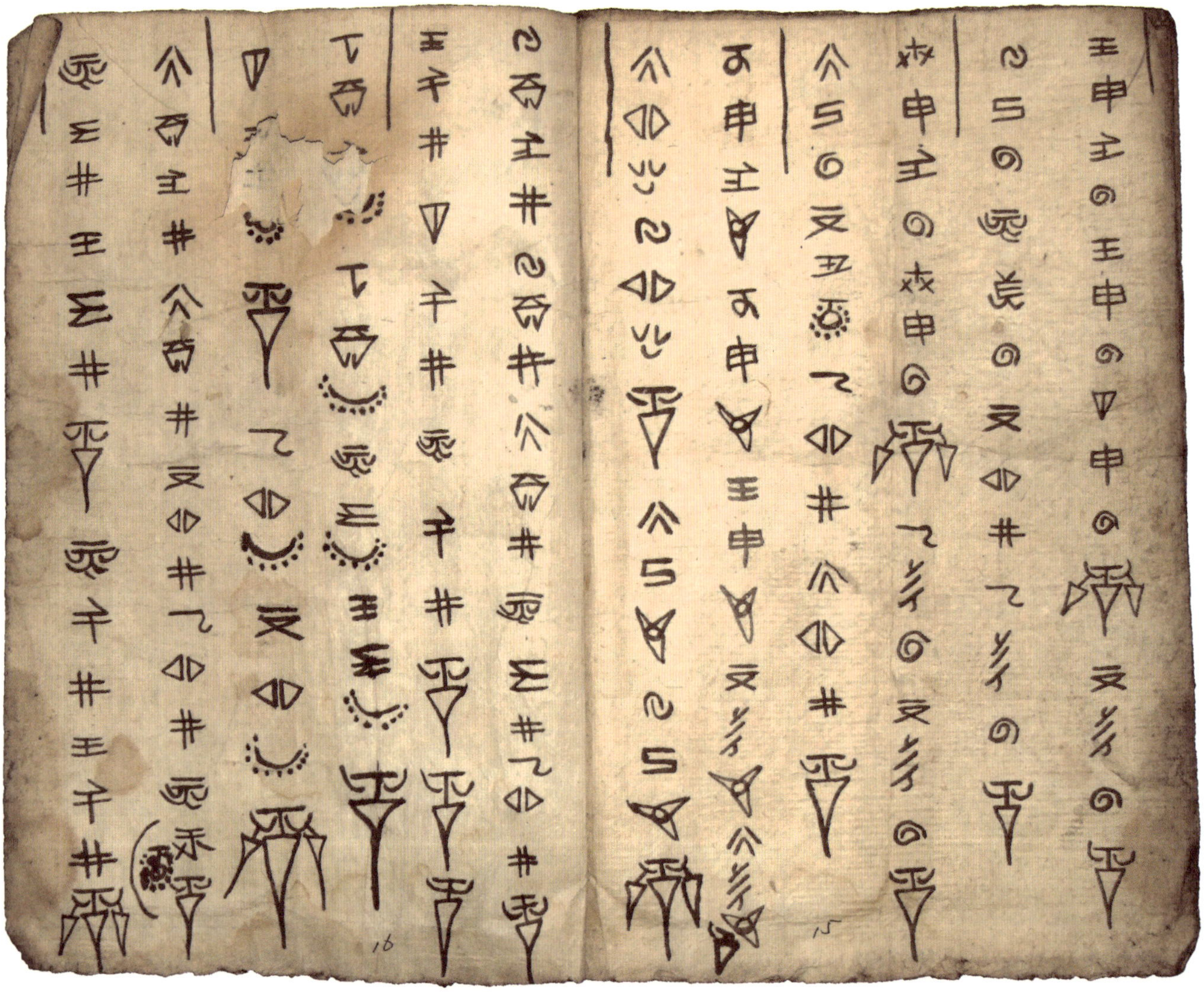

09818 吉書　水文　清抄本

綫裝。開本高 28 厘米，廣 18.5 厘米。貴州省三都水族自治縣檔案館藏。

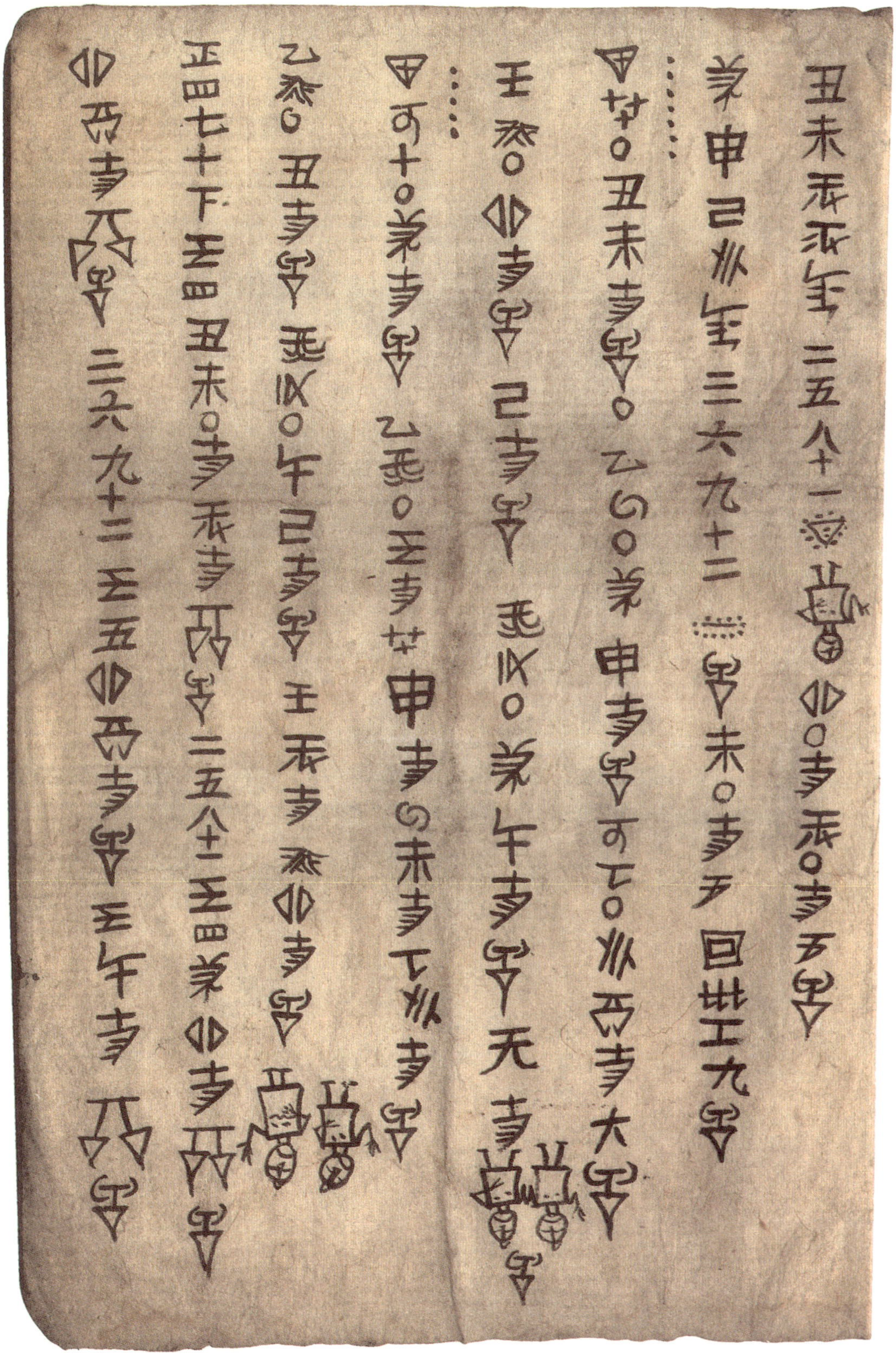

09819 **開新吉凶** 水文 清抄本

綫裝。開本高 27.5 厘米，廣 19 厘米。貴州省荔波縣檔案館藏。

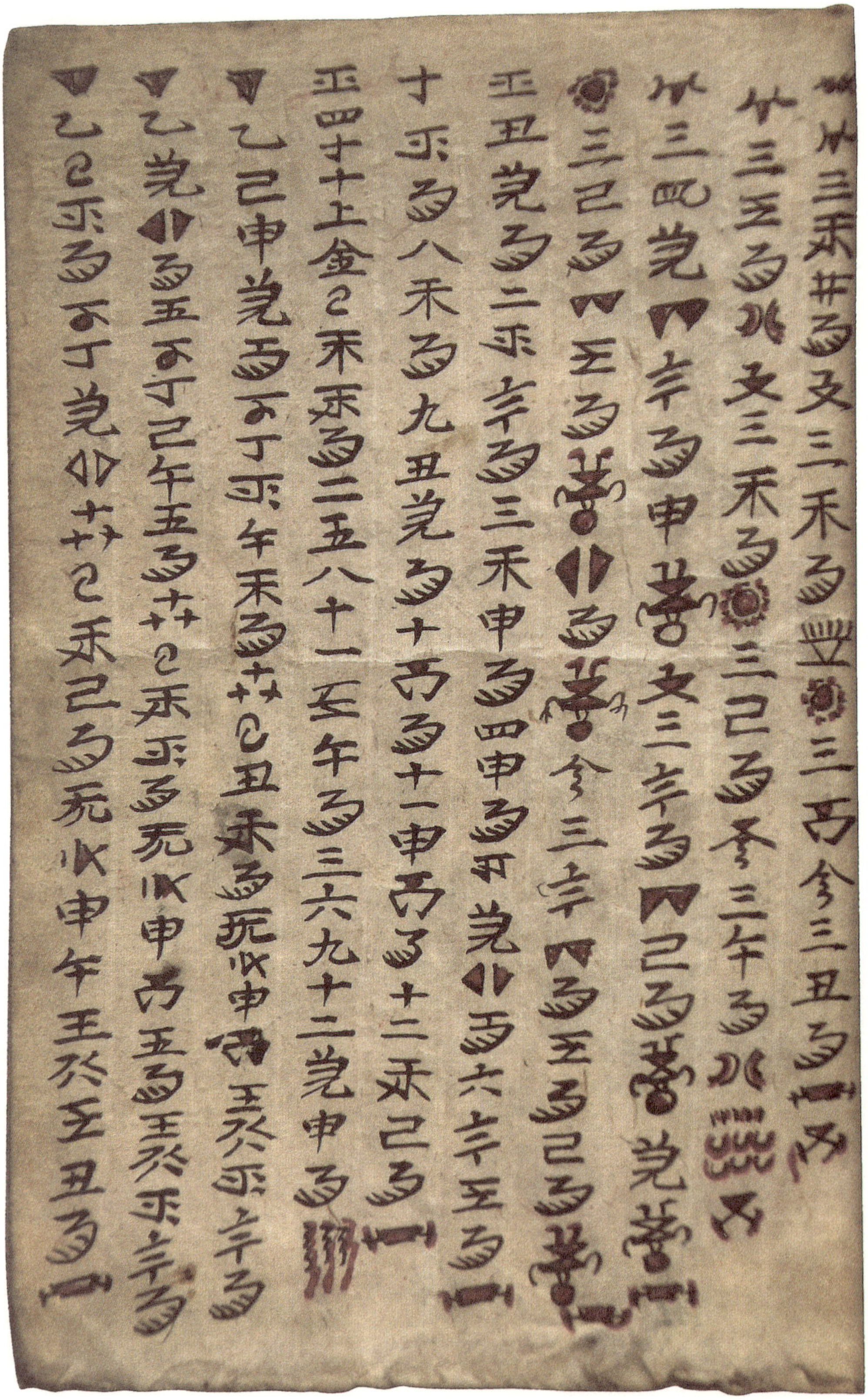

09821 辰戌　水文　清抄本

綫裝。開本高 31 厘米，廣 21 厘米。貴州省黔南布依族苗族自治州圖書館藏。

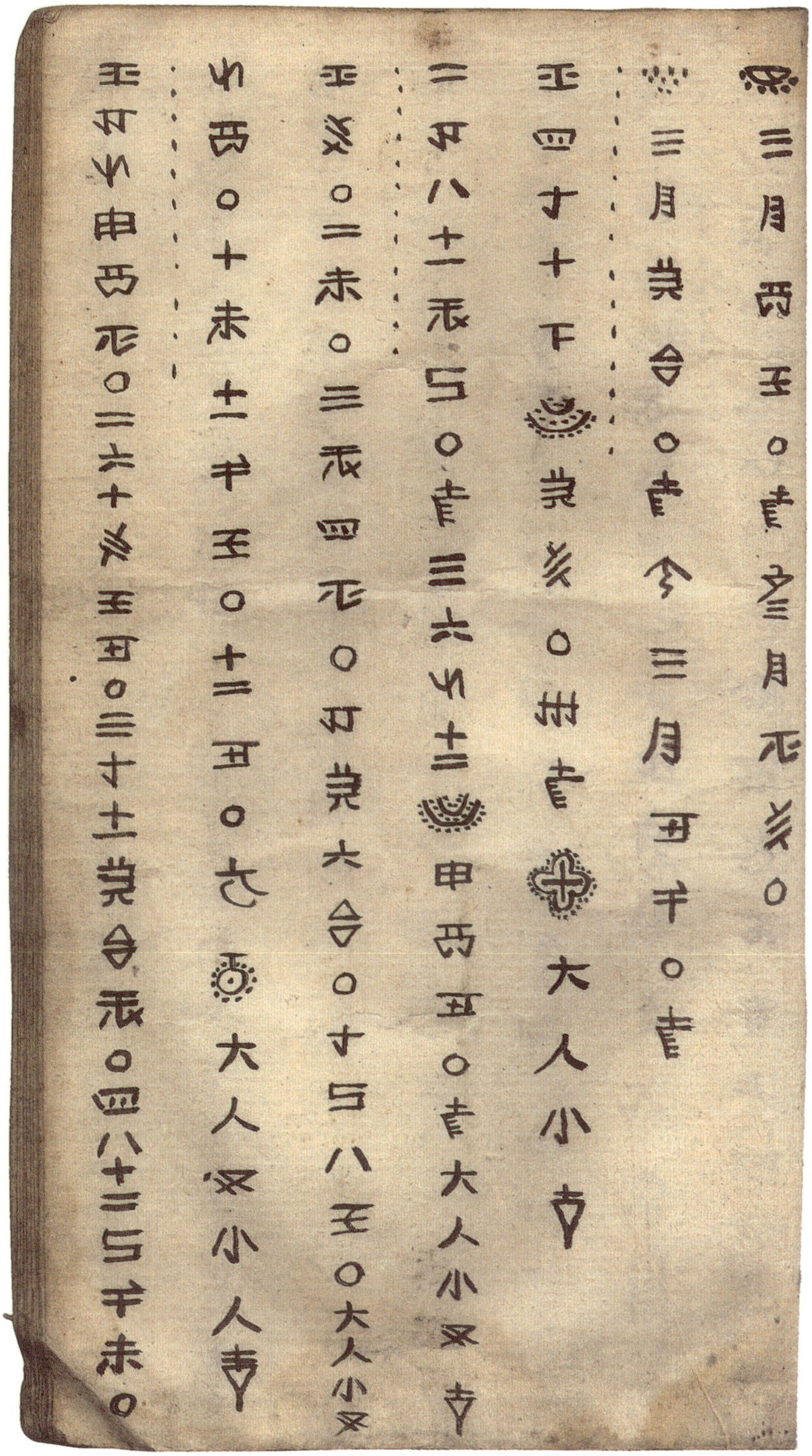

09822 辰戌　水文　清抄本

綫裝。開本高 33.5 厘米，廣 19.8 厘米。貴州省荔波縣檔案館藏。

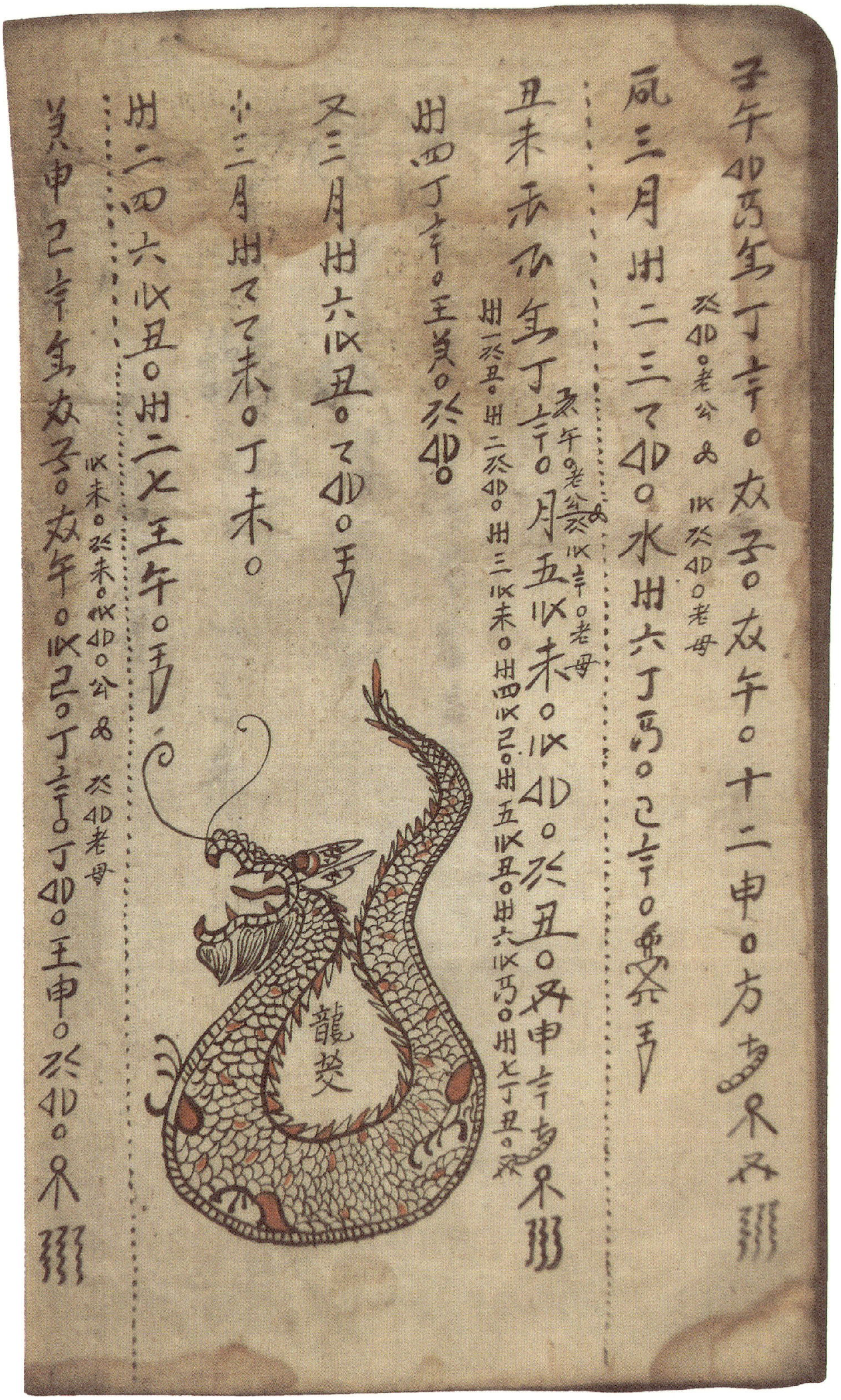

09824 寅丑　水文　清抄本

綫裝。開本高 32 厘米，廣 21 厘米。貴州省黔南布依族苗族自治州圖書館藏。

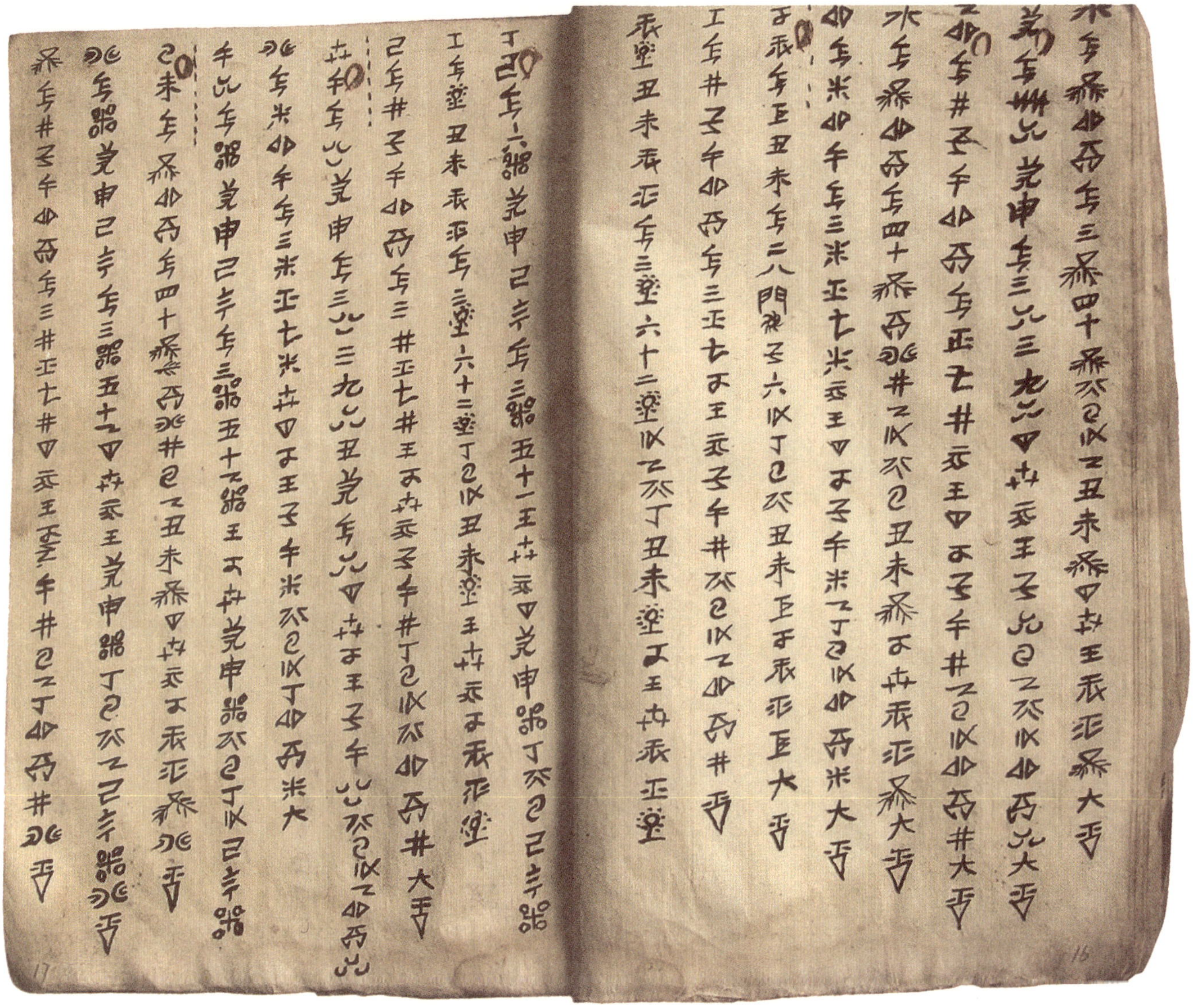

09825 申子　水文　清抄本

綫裝。開本高 30 厘米，廣 19 厘米。貴州省三都水族自治縣檔案館藏。

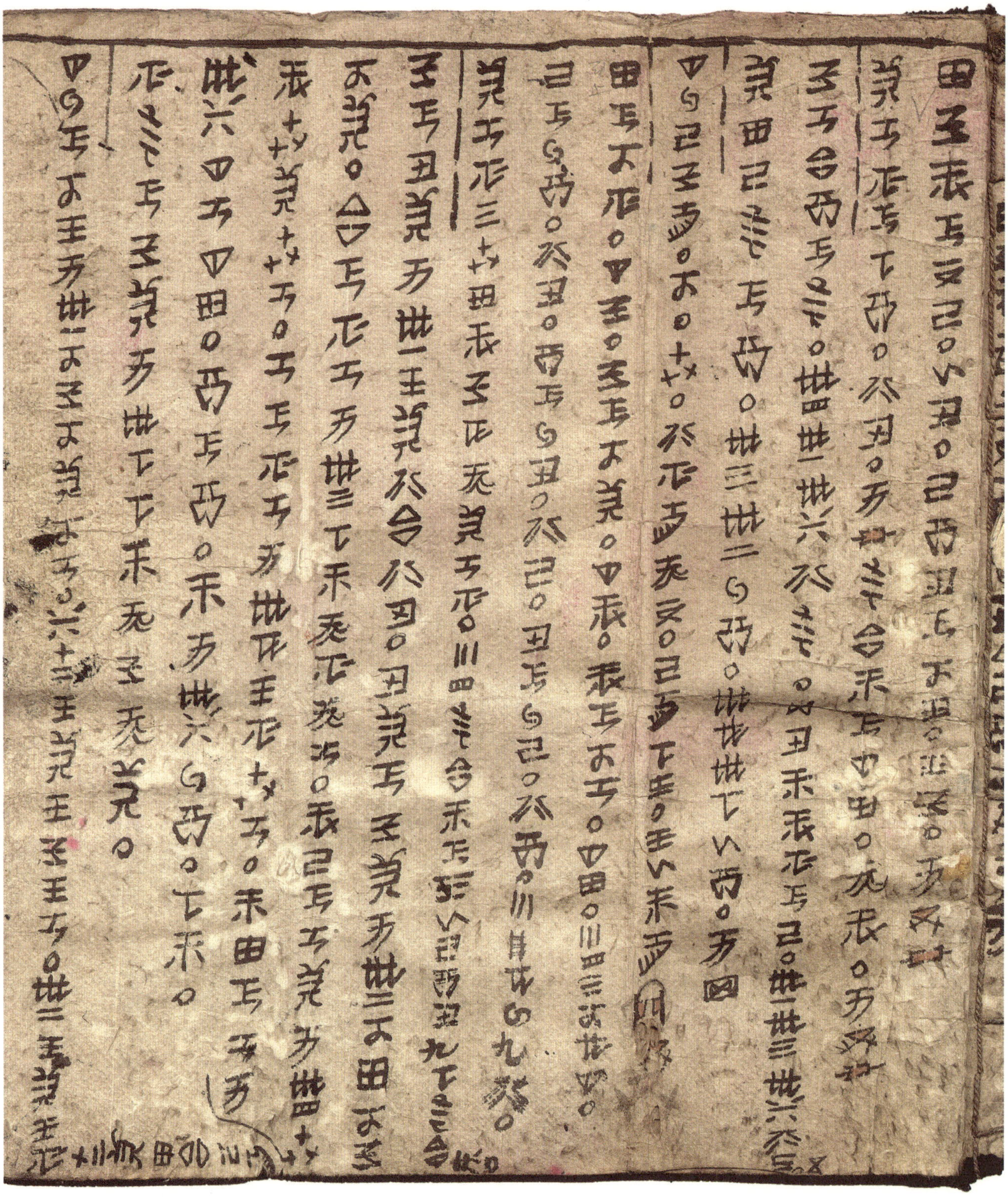

09826 亥子　水文　清抄本

綫裝。開本高 35 厘米，廣 31 厘米。貴州省荔波縣檔案館藏。

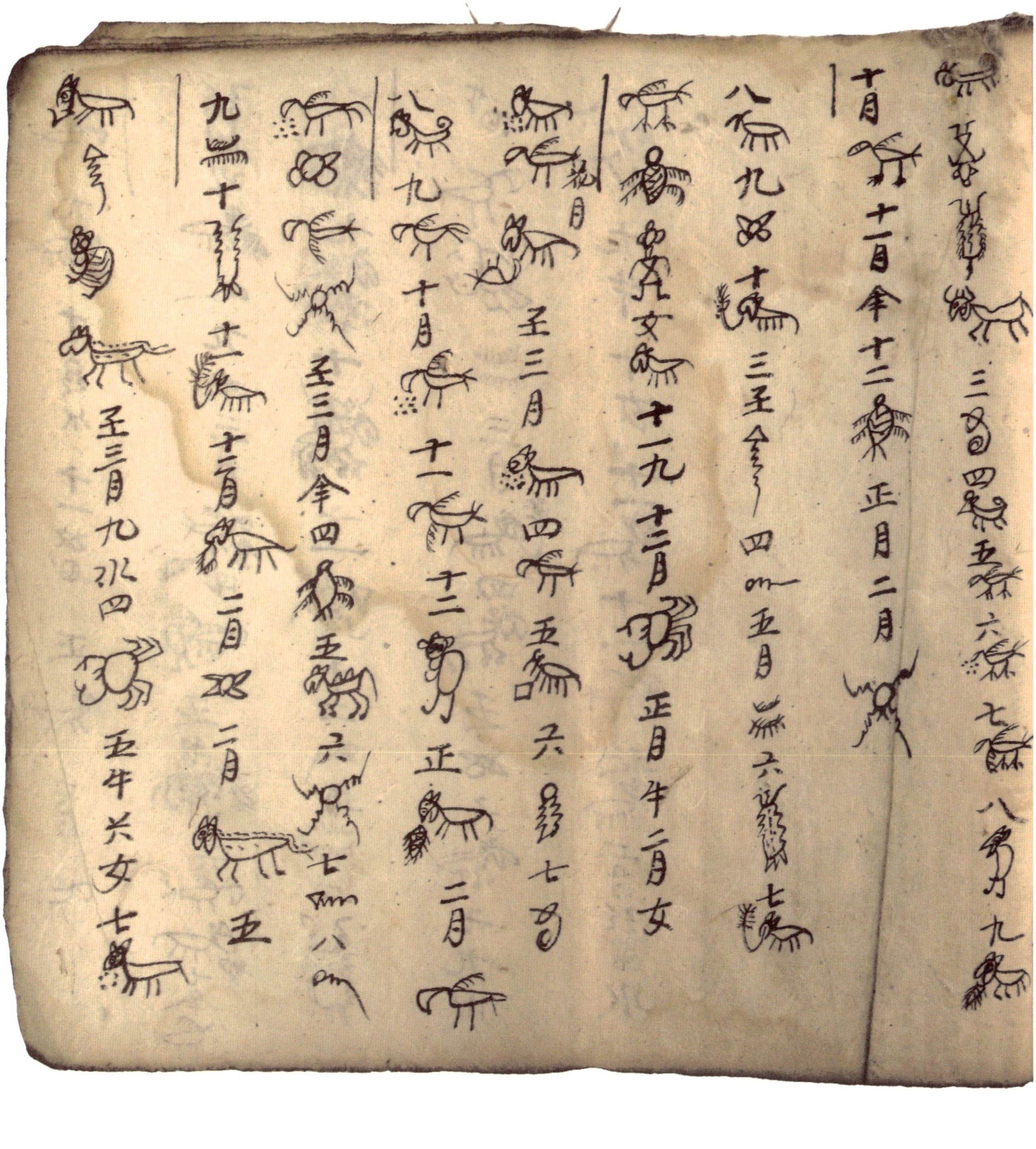

09827 子午　水文　清抄本

綫裝。開本高 26 厘米，廣 28 厘米。貴州省黔南民族師範學院藏。

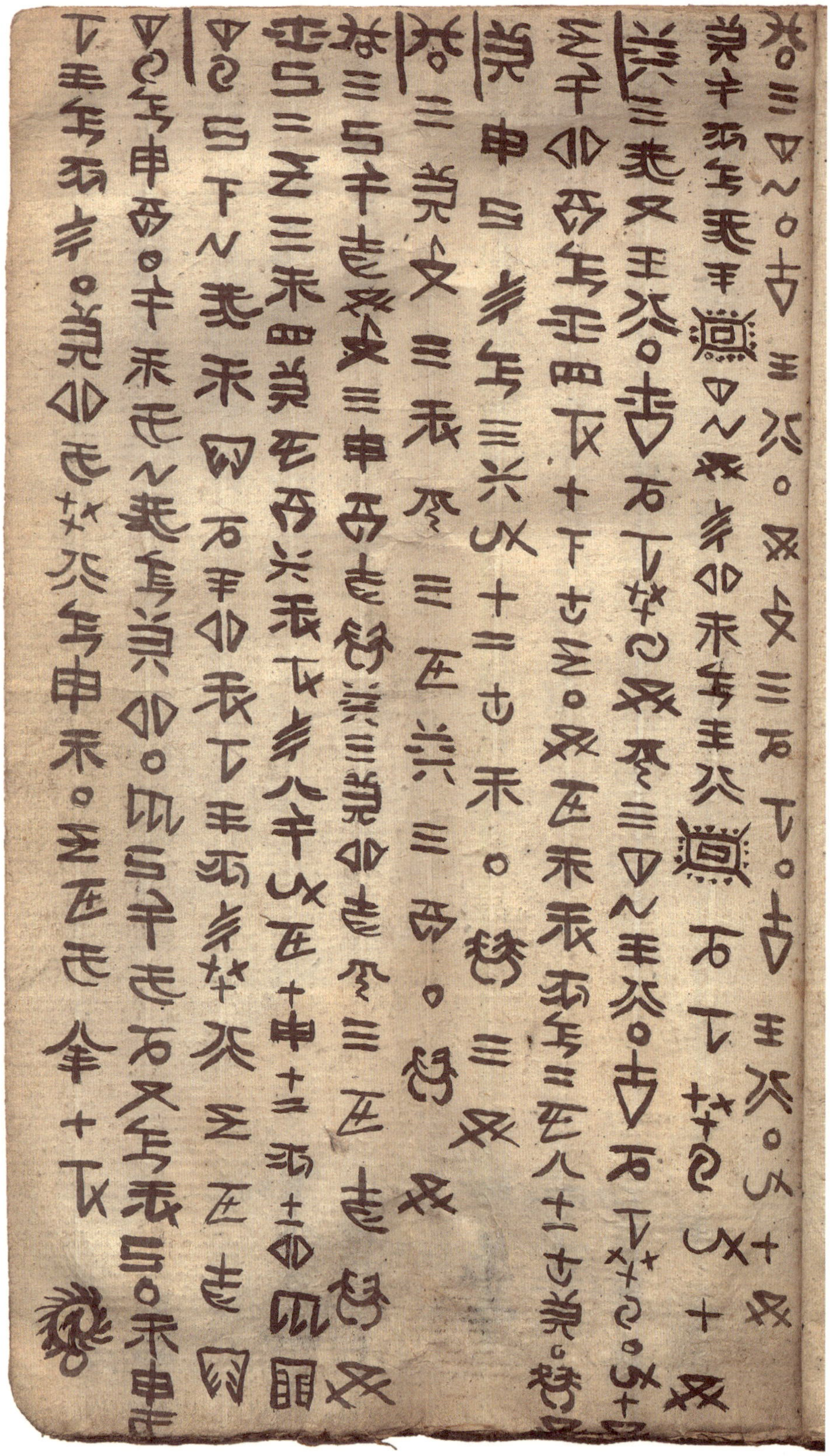

09828 勝益　水文　清抄本

綫裝。開本高 34 厘米，廣 21 厘米。貴州省荔波縣檔案館藏。

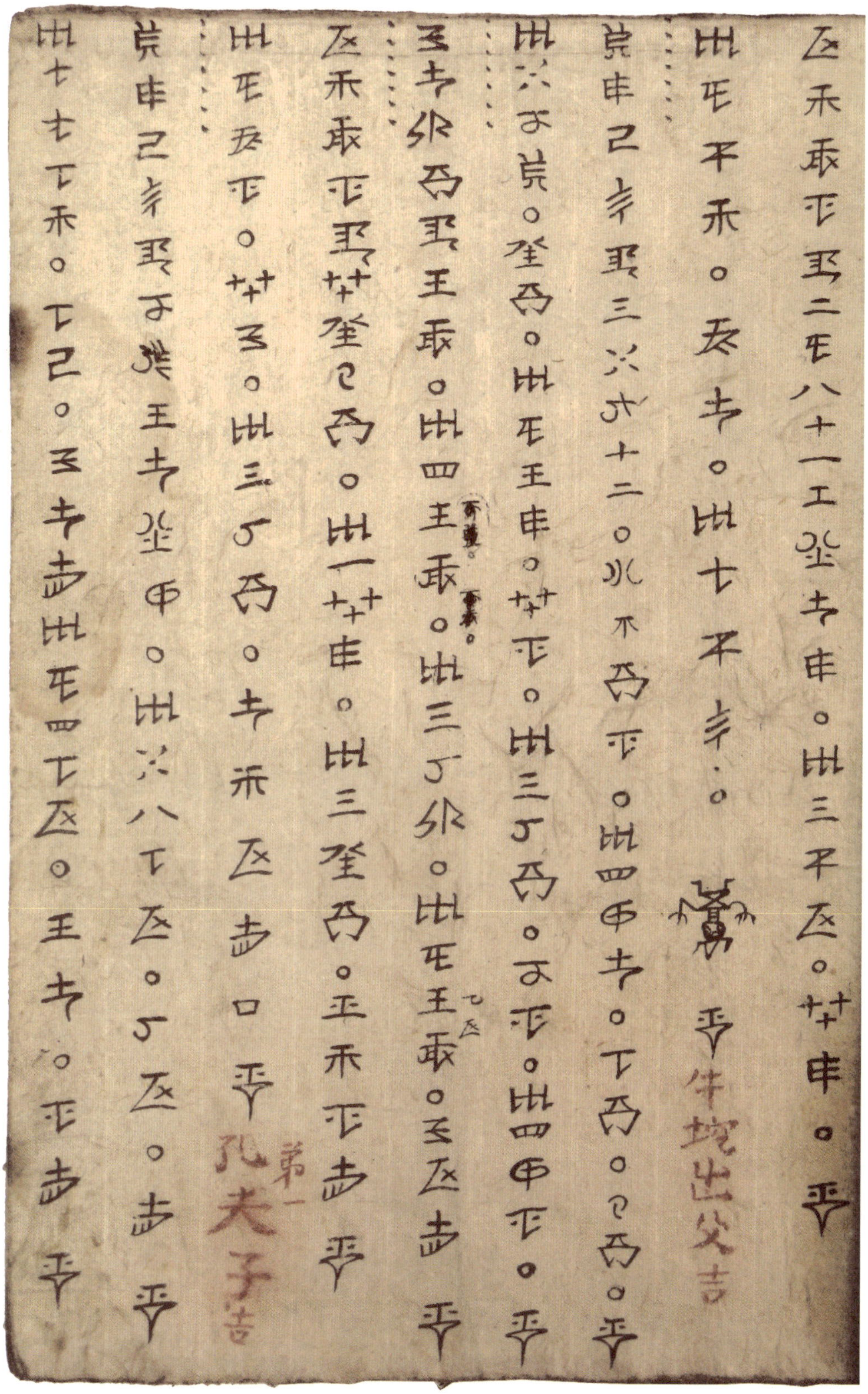

09832 百事大吉出富貴　水文　清抄本

綫裝。開本高 28.5 厘米，廣 19.5 厘米。貴州省黔南民族師範學院藏。

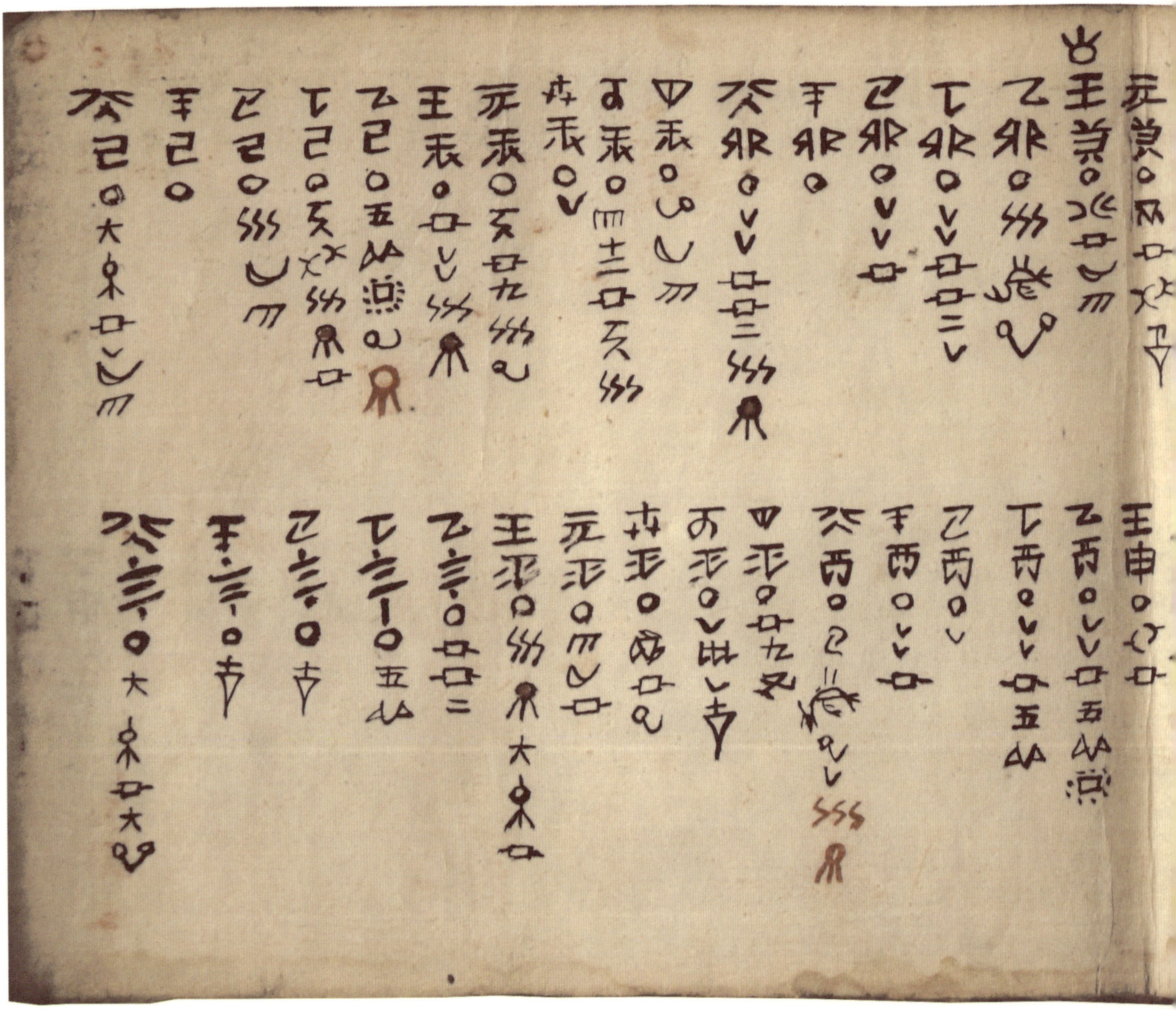

09833 六十甲子流年　水文　清抄本

綫裝。開本高 16.5 厘米，廣 42 厘米。貴州民族學院潘朝霖藏。

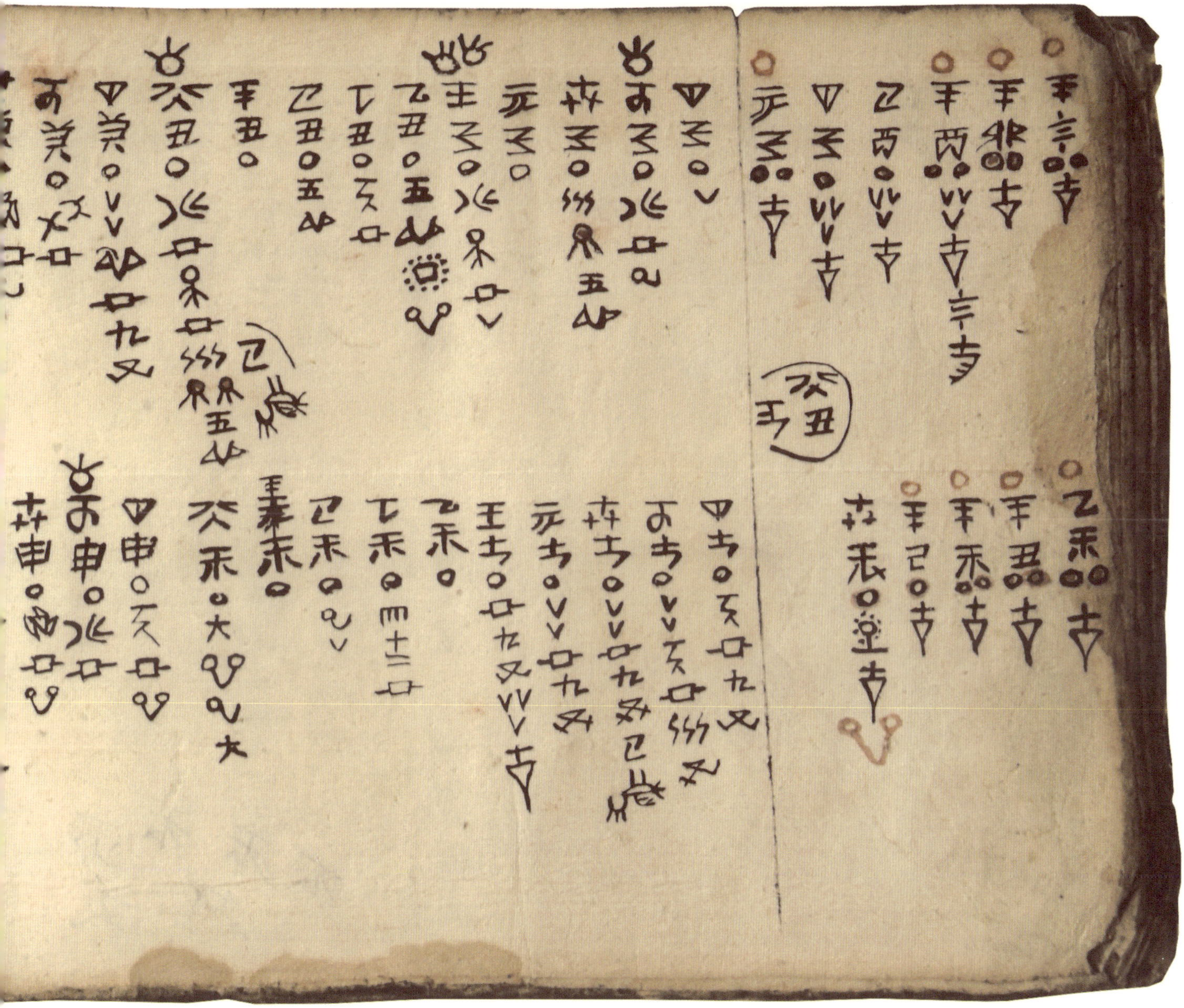

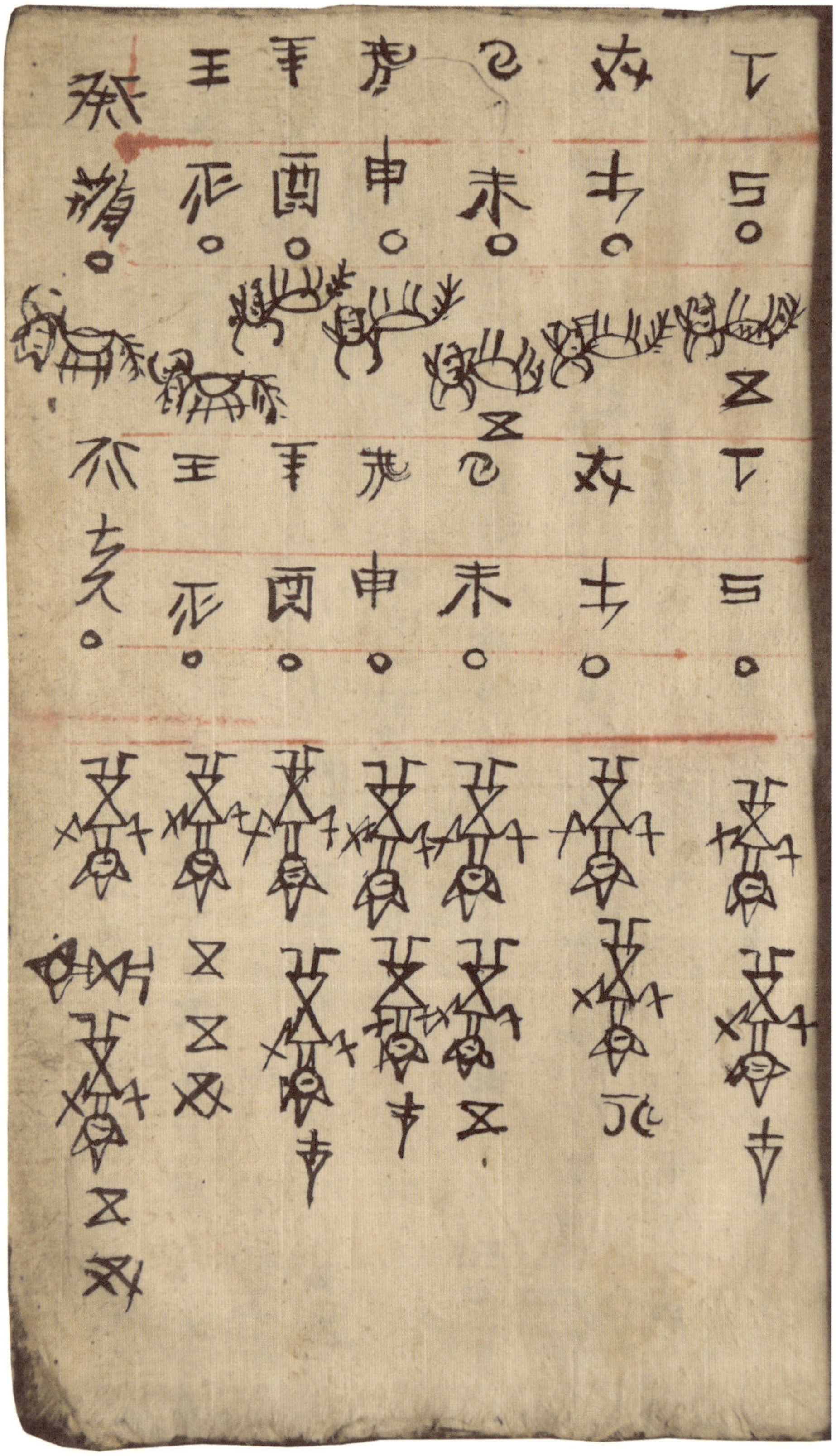

09834 八十銀　水文　清抄本

綫裝。開本高 30.5 厘米，廣 20 厘米。貴州民族學院潘朝霖藏。

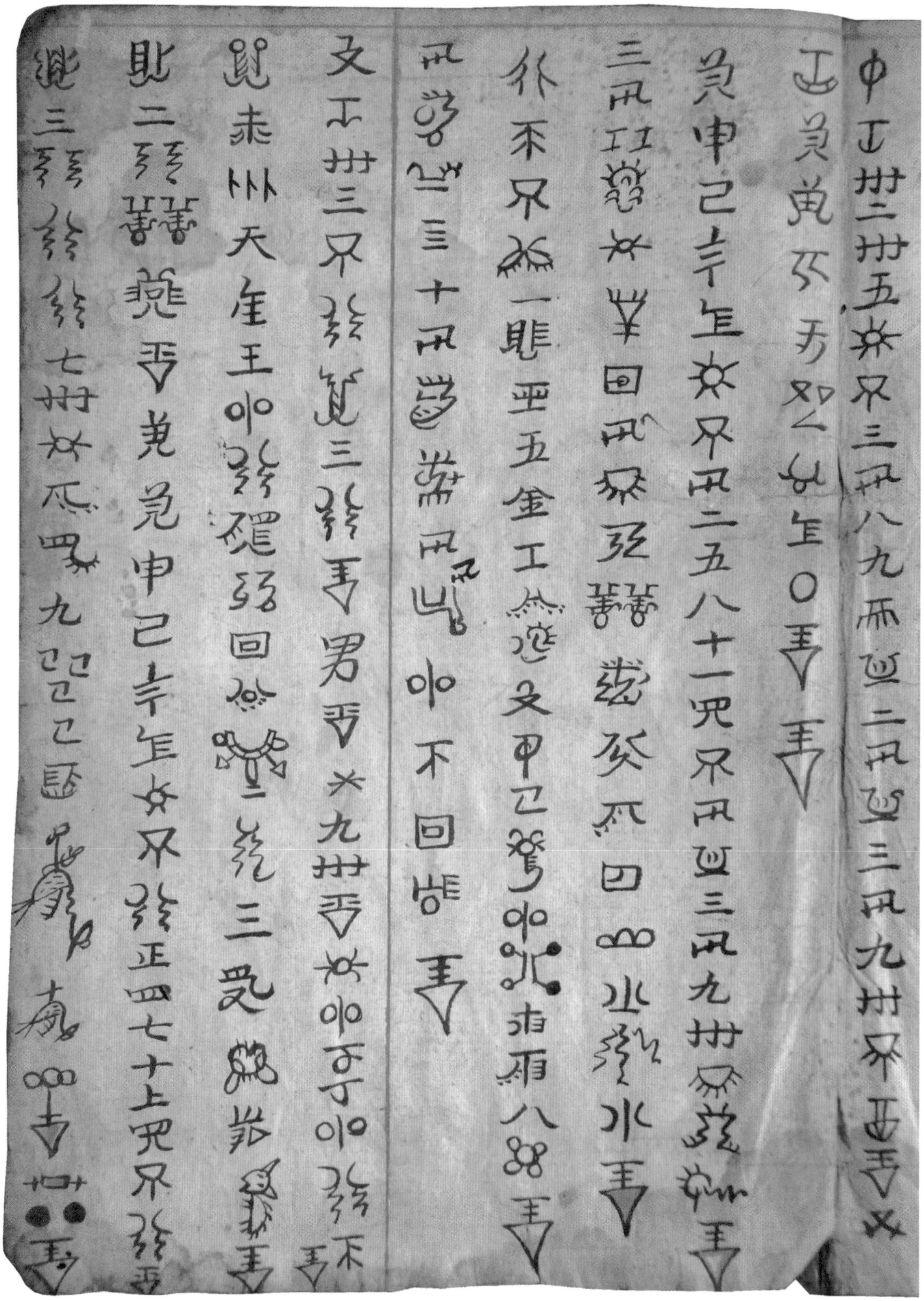

09835 把井學文書　水文　清抄本

綫裝。開本高 29.5 厘米，廣 20 厘米。貴州民族學院潘朝霖藏。

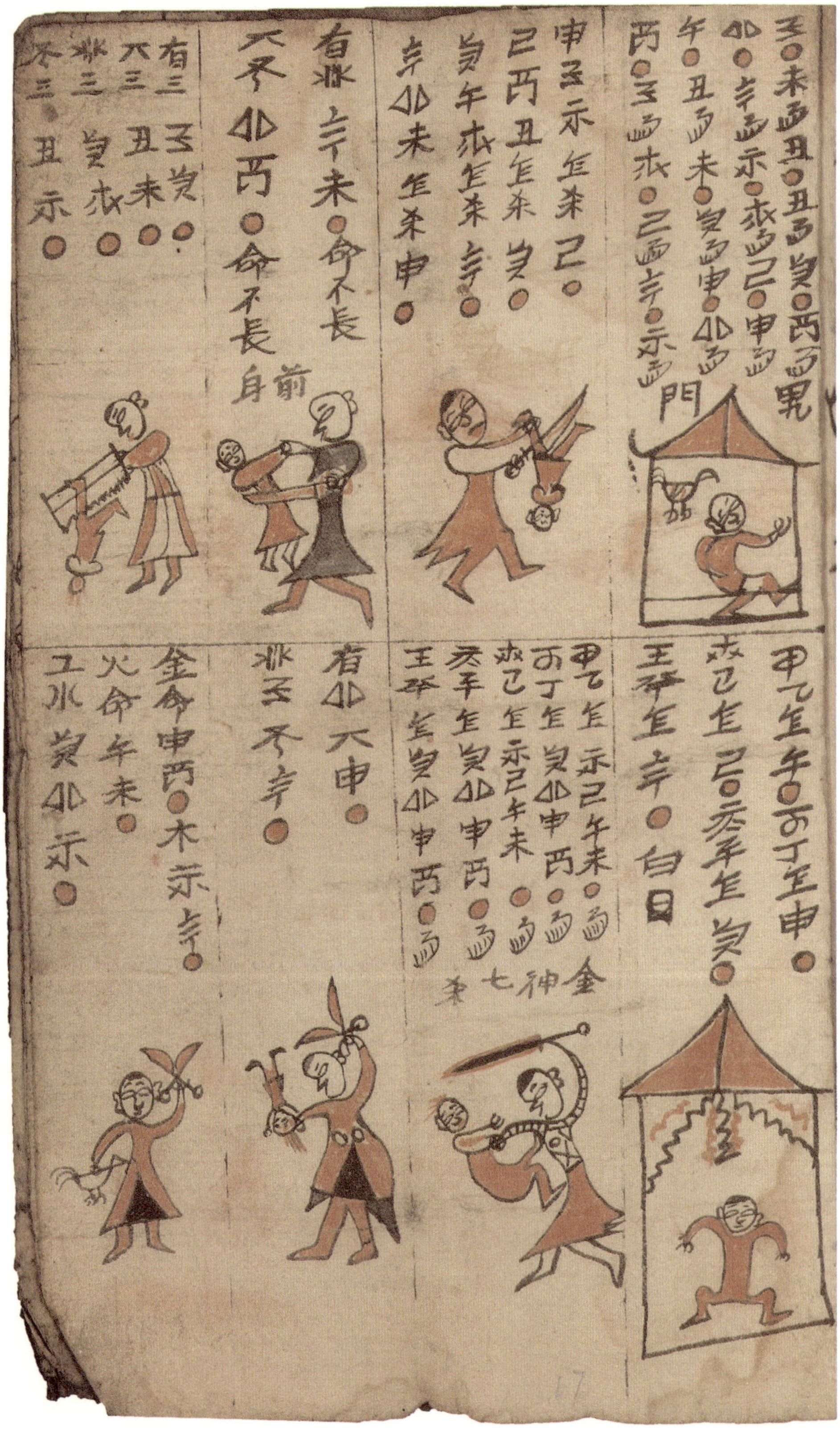

12252 小兒命理　清抄本

綫裝。開本高 28 厘米，廣 17.4 厘米。貴州省三都水族自治縣檔案館藏。

布依文珍貴古籍

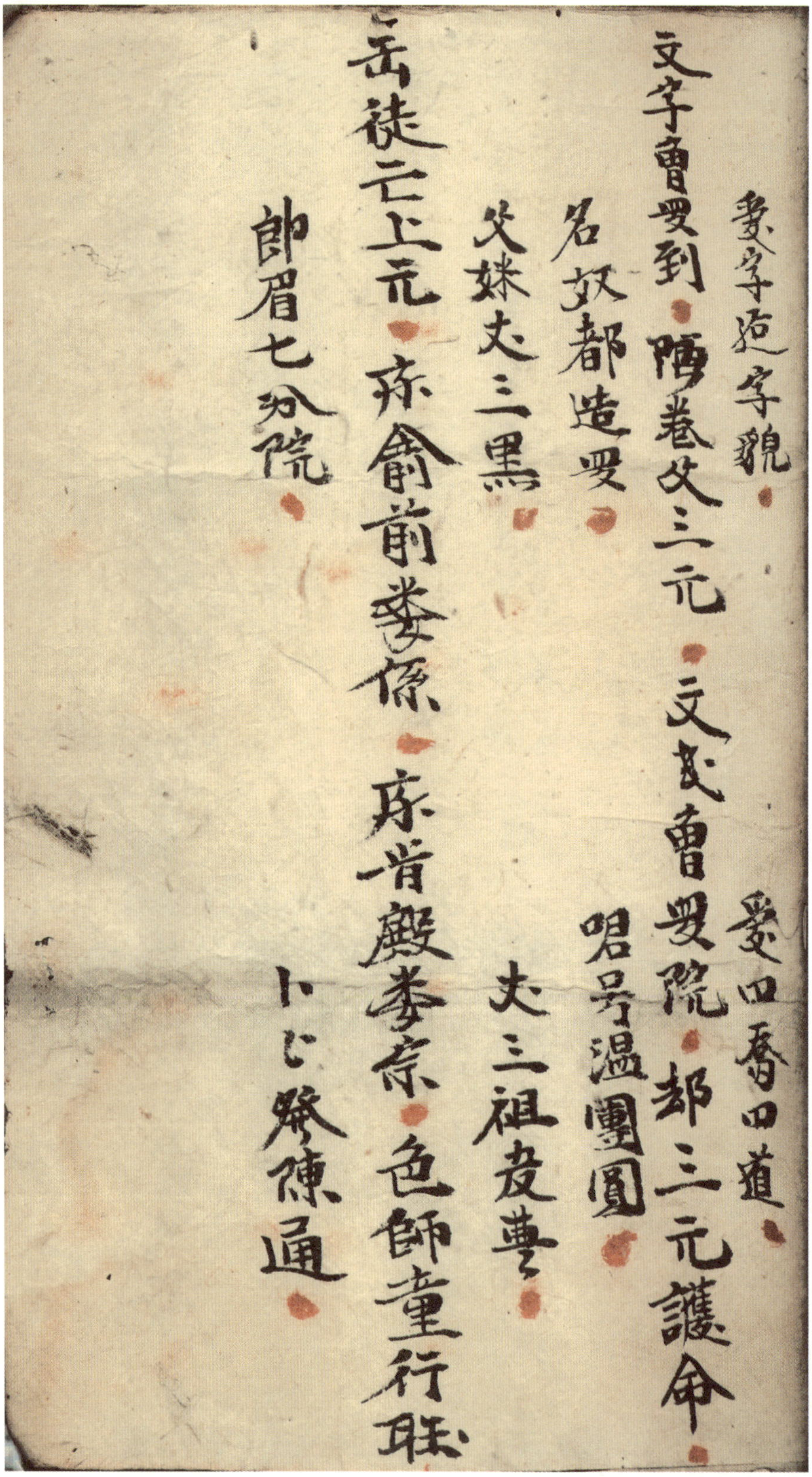

11361 盤古前皇　布依文　清嘉慶十六年（1811）抄本

綫裝。開本高 23 厘米，廣 15.5 厘米。貴州省荔波縣民族宗教事務局布依文古籍研究館藏。

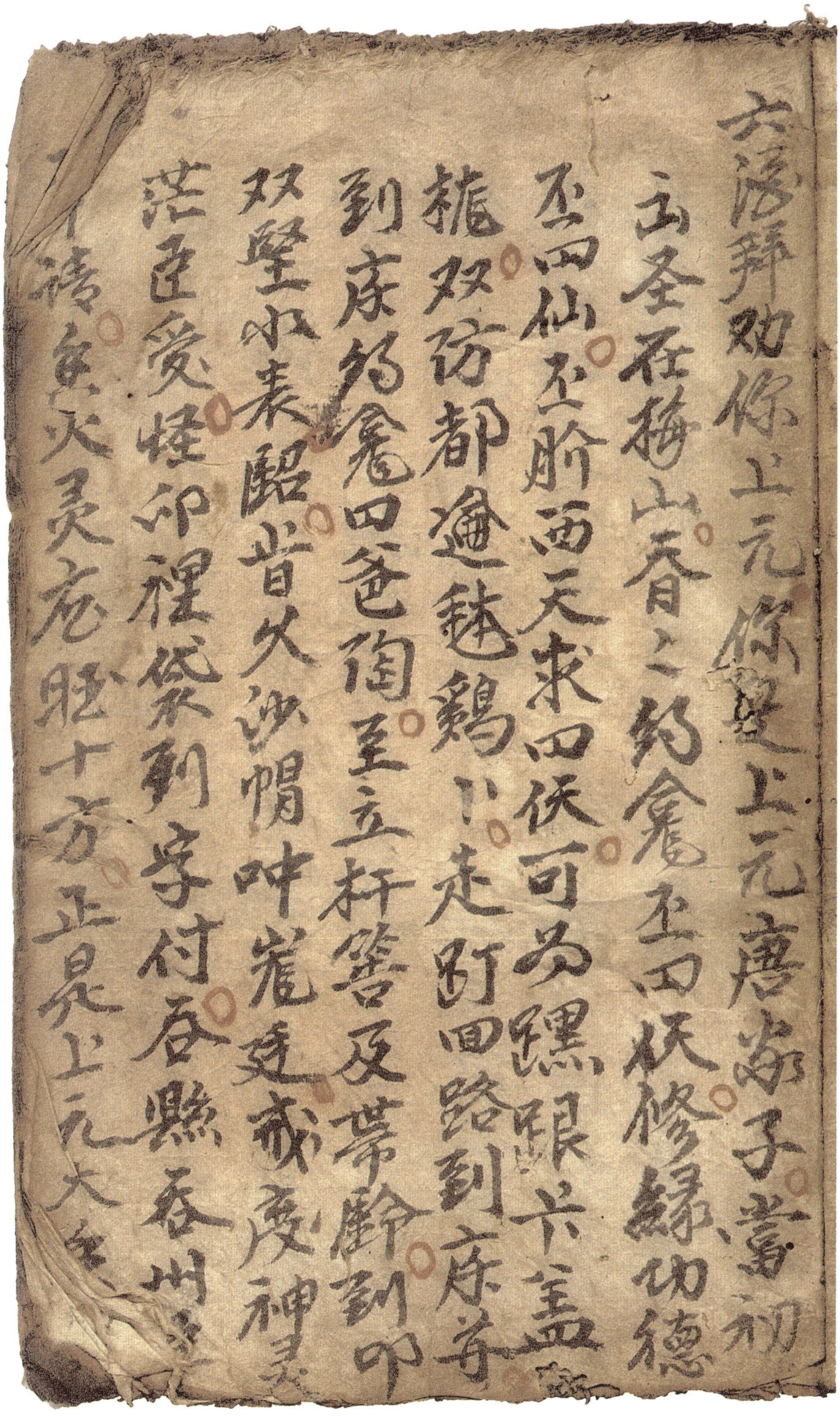

06861 獻酒備用　布依文　（清）姚文撰　清道光寫本

綫裝。開本高 27.5 厘米，廣 17.5 厘米。貴州省荔波縣檔案館藏。

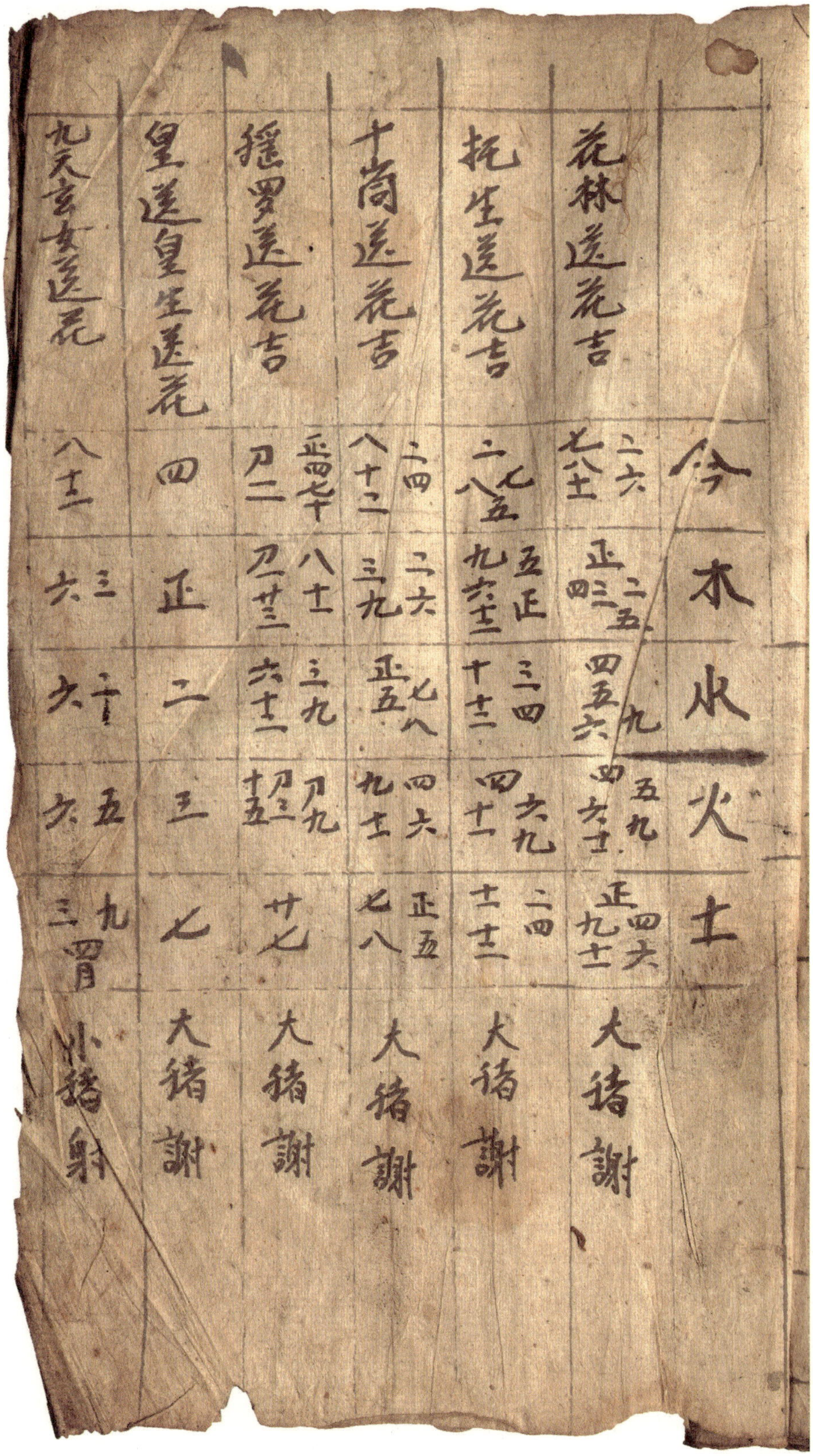

09848 掌訣　布依文　清咸豐五年（1855）抄本

綫裝。開本高 22 厘米，廣 14.5 厘米。貴州省荔波縣檔案館藏。

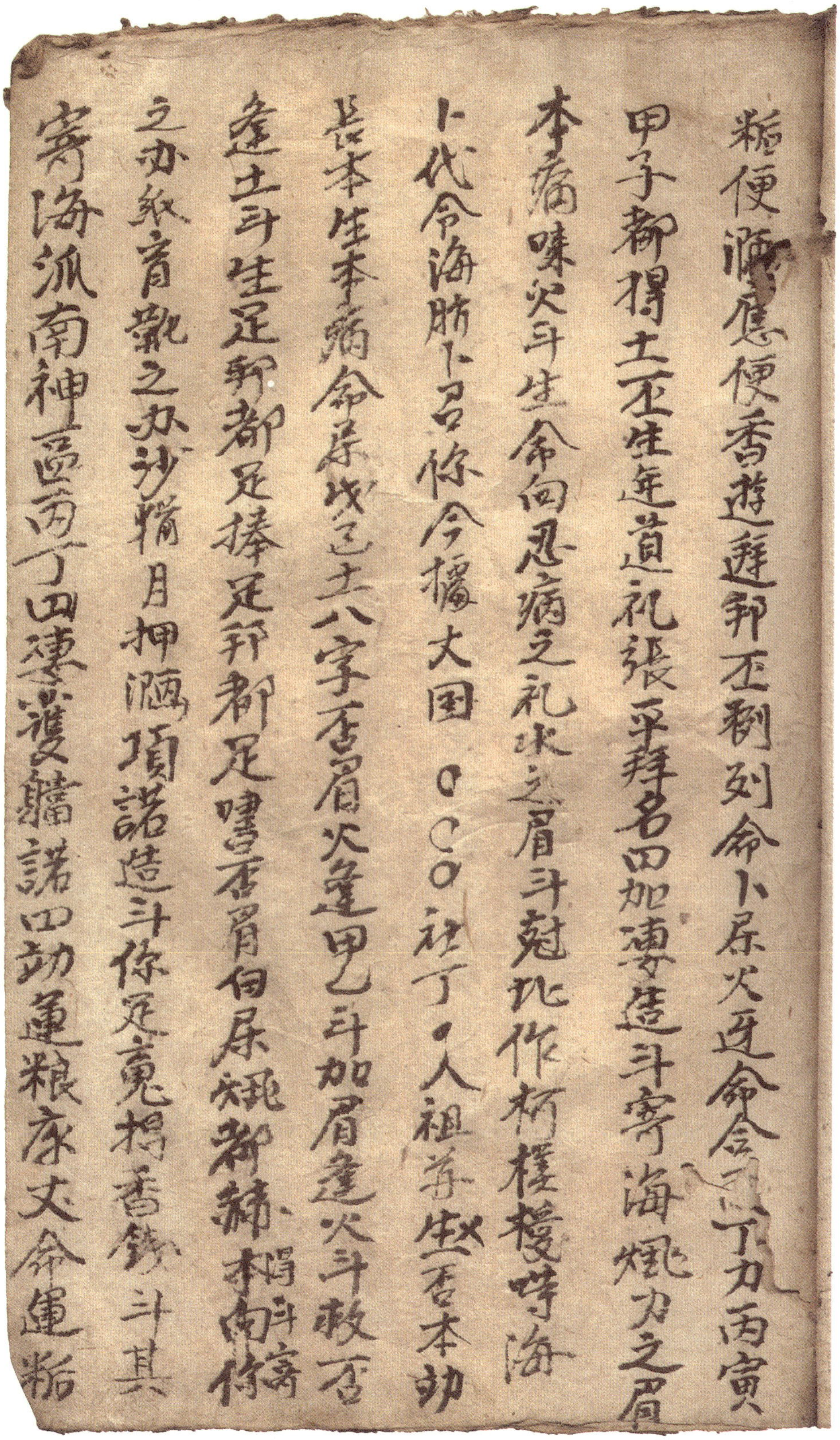

06862 接魂大全 布依文 （清）姚蘭芳輯 清同治七年（1868）寫本

綫裝。開本高 27.5 厘米，廣 17.5 厘米。貴州省荔波縣檔案館藏。

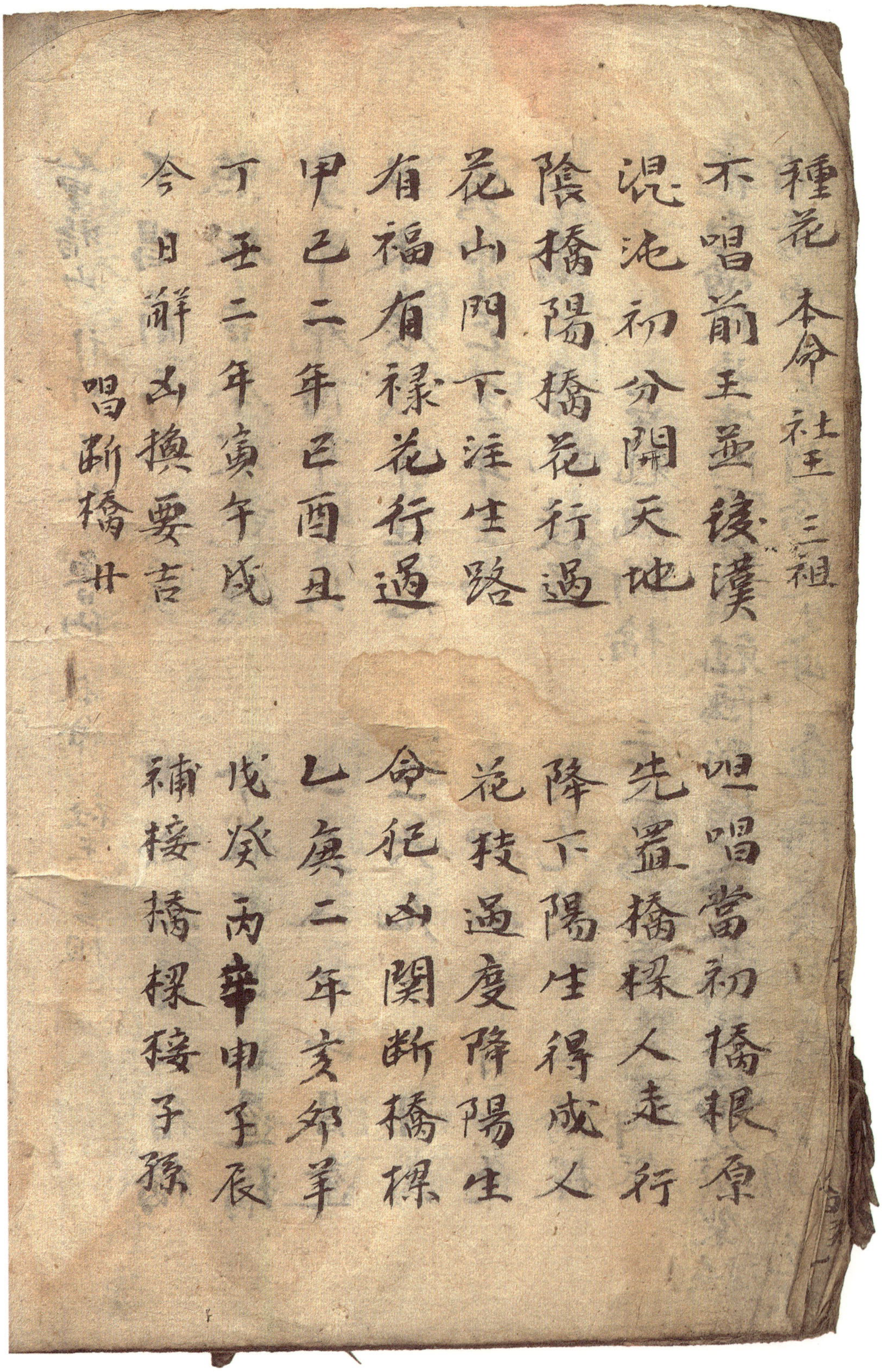
種花 本命 社王 三祖
不唱前王並後漢
混沌初分開天地
陰橋陽橋花行過
花山門下注生路
有福有禄花行過
甲乙二年巳酉丑
丁壬二年寅午戌
今日鮮凶換要吉
唱断橋卅

但唱當初橋根原
先置橋樑人走行
降下陽生得成人
花枝過度降陽生
命犯凶関断橋樑
乙庚二年亥卯未
戊癸丙辛申子辰
補接橋樑接子孫

09849 修橋補路　布依文　清同治八年（1869）岑仕龍抄本

綫裝。開本高 23 厘米，廣 16 厘米。貴州省荔波縣檔案館藏。

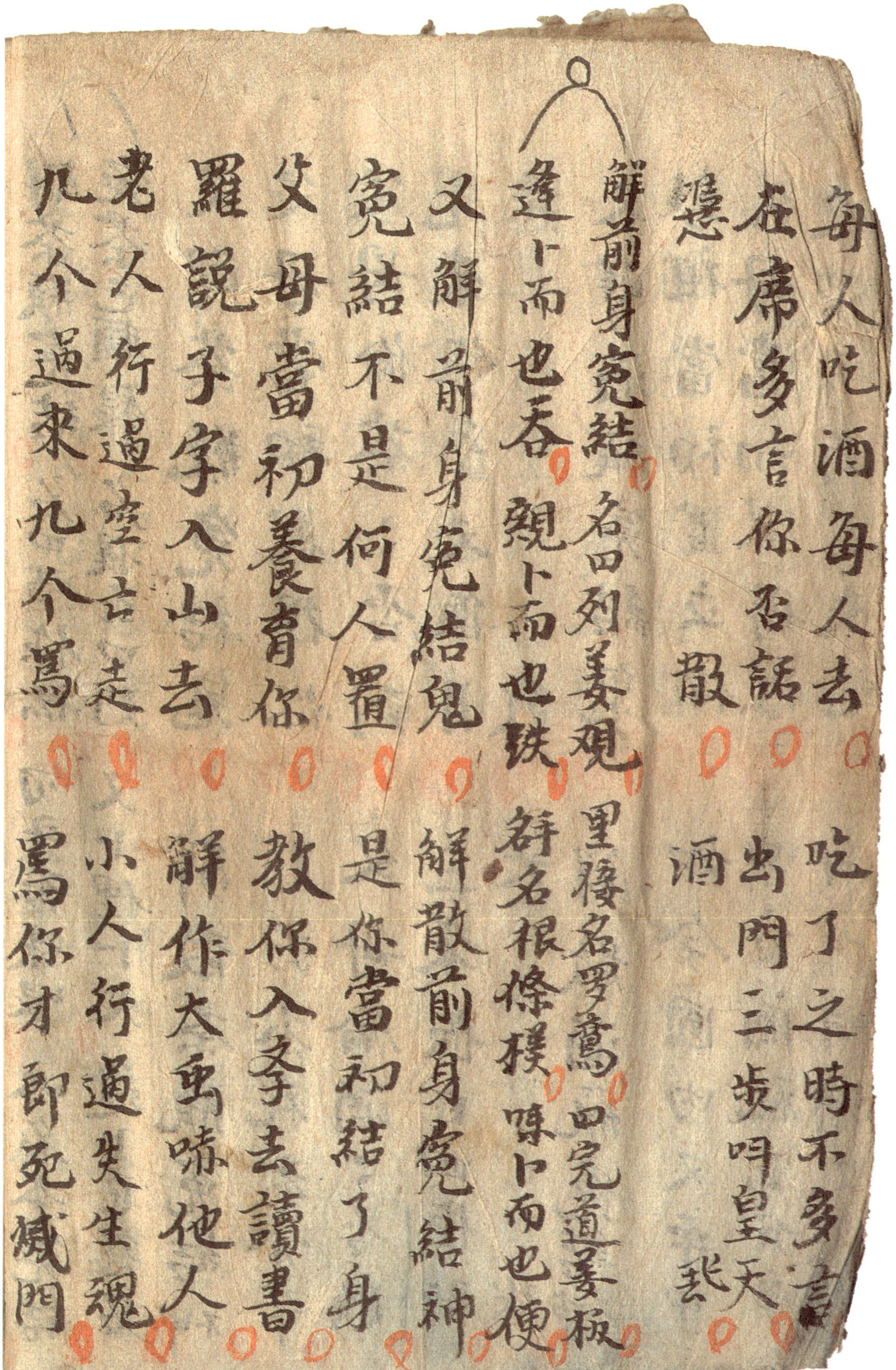

每人吃酒每人去○吃了之時不多言
在席多言你否話○出門三步叫皇天
懸　撒○酒　乱
解前身寃結○名田列姜覌○里倭名罗鸞○田完道姜板○
逢卜而也吞○覩卜而也跌○解名根條樸○喋卜而也便○
又解前身寃結鬼○解散前身寃結神○
寃結不是何人置○是你當初結了身○
父母當初養育你○教你入學去讀書○
羅說子字入山去○解作太歲嚇他人○
老人行遍空古走○小人行遍失生魂○
九个遍來九个罵○罵你才即死滅門○

09850 架橋還願　布依文　清光緒六年（1880）抄本

綫裝。開本高 21.5 厘米，廣 14.5 厘米。貴州省荔波縣檔案館藏。

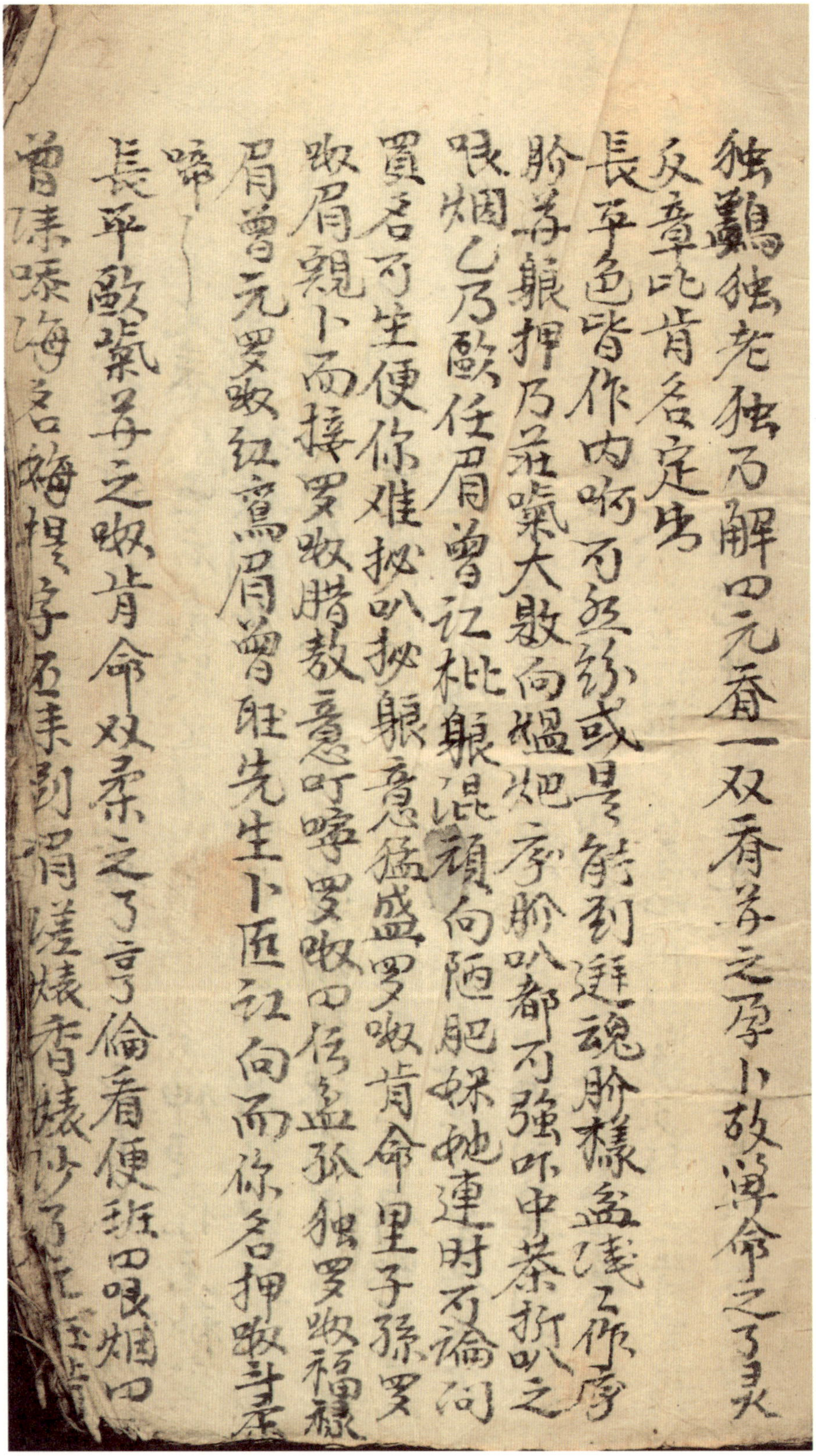

11362 祭解全卷大小通用 布依文 清光緒六年（1880）抄本

綫裝。開本高 24 厘米，廣 14 厘米。貴州省荔波縣民族宗教事務局布依文古籍研究館藏。

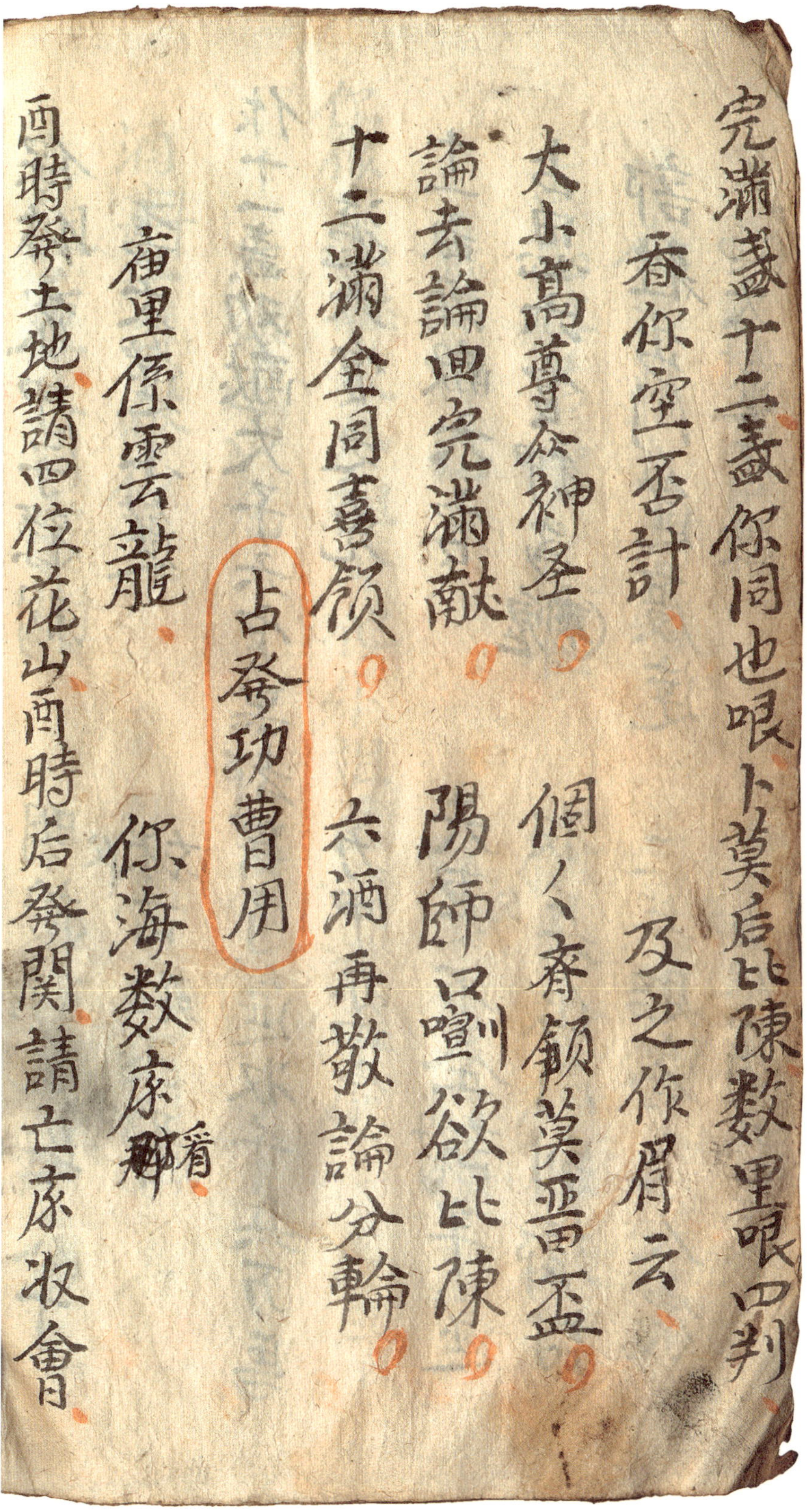

09851 罷筵倒壇　布依文　清光緒九年（1883）抄本

綫裝。開本高 25.5 厘米，廣 15.5 厘米。貴州省荔波縣檔案館藏。

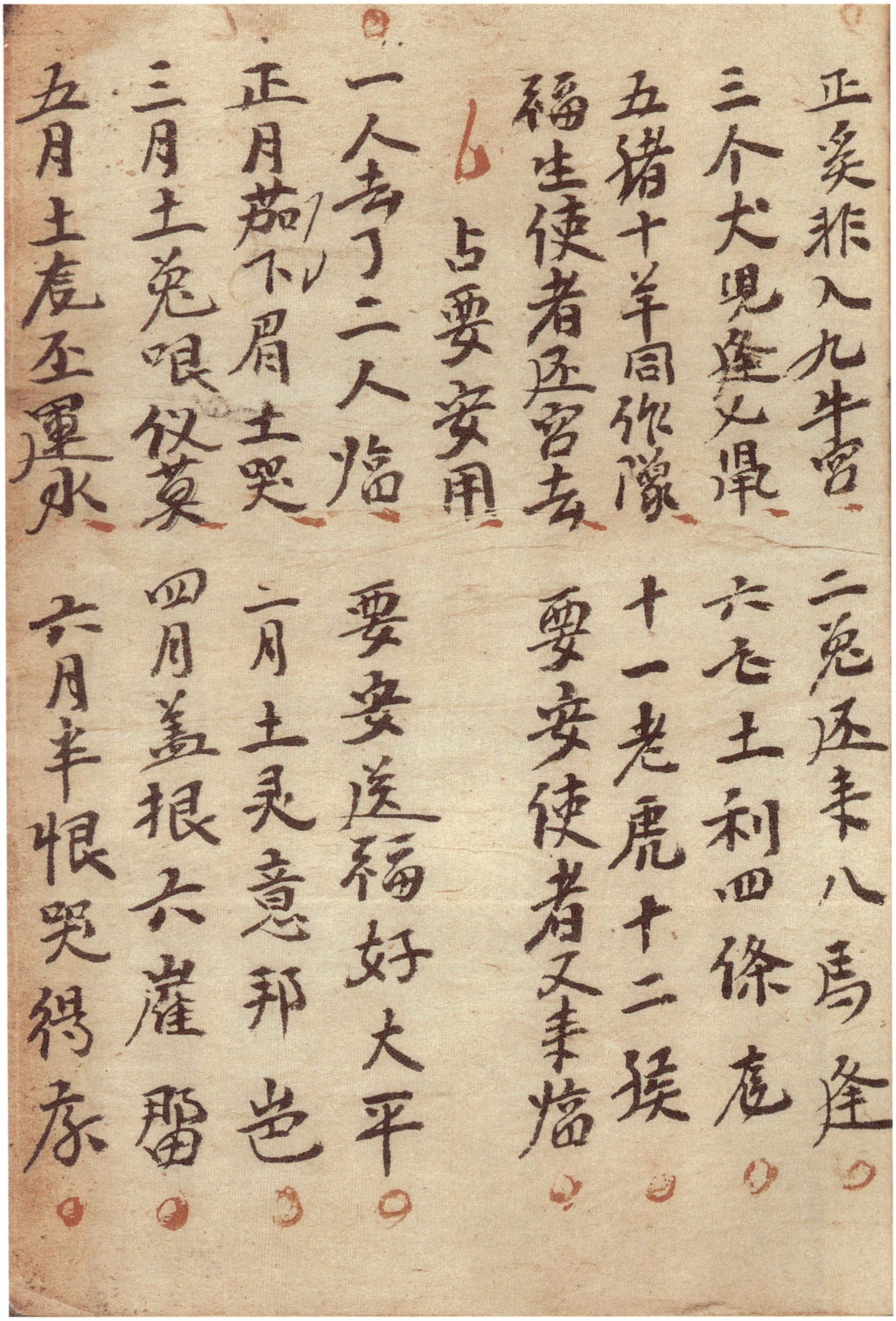
正奚非入九牛宮
三个犬見逢父鼎
五猪十羊同作隊
福生使者逐宮去
占要安用
一人去了二人臨
正月茄下眉土哭
三月土兎哏似莫
五月土虎丕運水
二兎逐来八馬逢
六乜土利四條虎
十一老虎十二猴
要安使者又来臨
要安送福好太平
二月土灵意邦邑
四月蓋根六崖留
六月辛恨哭得康

12257 立願還願書 布依文 清光緒九年（1883）抄本

綫裝。開本高 18 厘米，廣 13.3 厘米。貴州省荔波縣民族宗教事務局布依文古籍研究館藏。

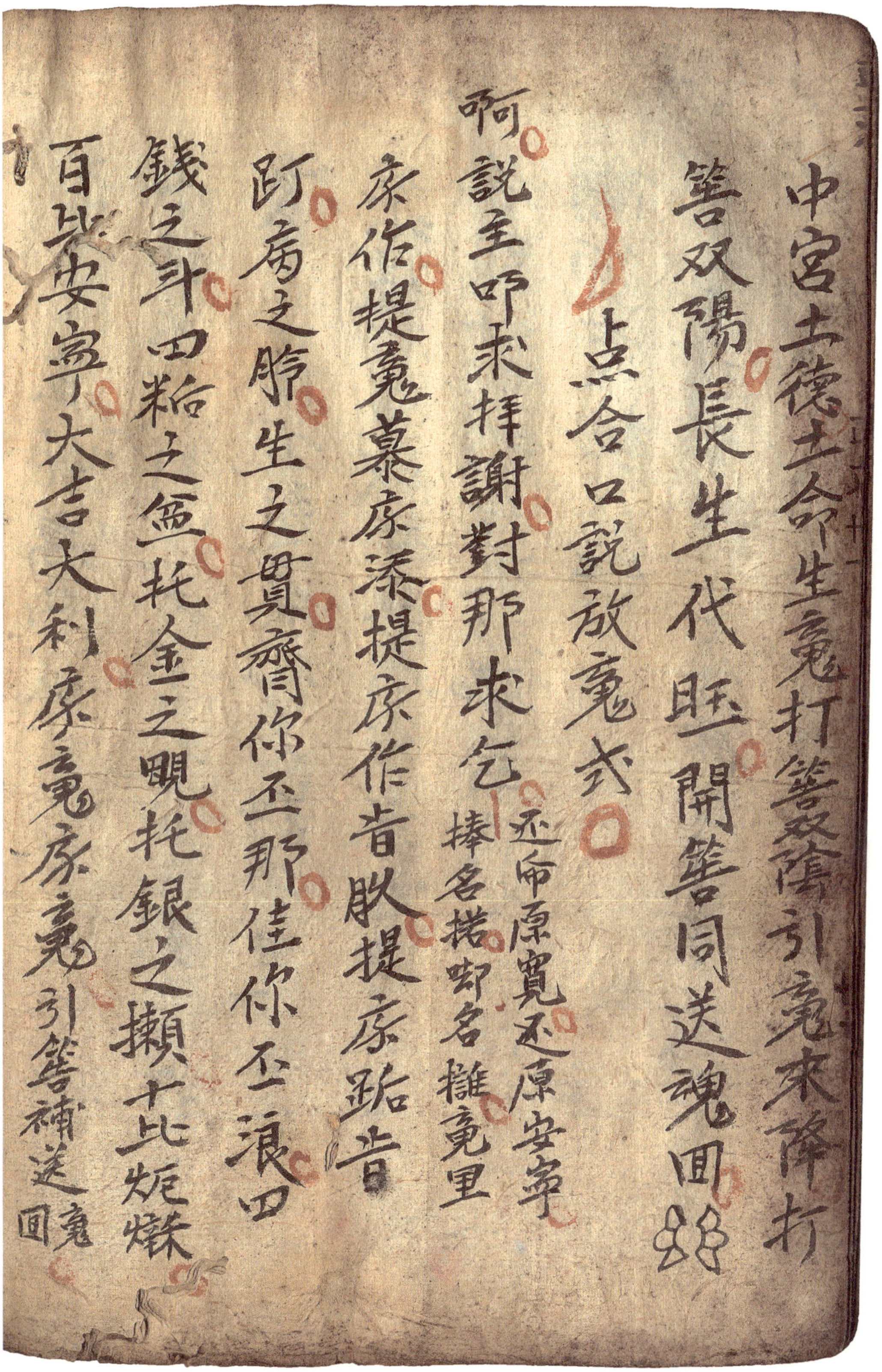

09852 祭祀請神　布依文　清光緒十二年（1886）抄本

綫裝。開本高 25 厘米，廣 17.5 厘米。貴州省荔波縣檔案館藏。

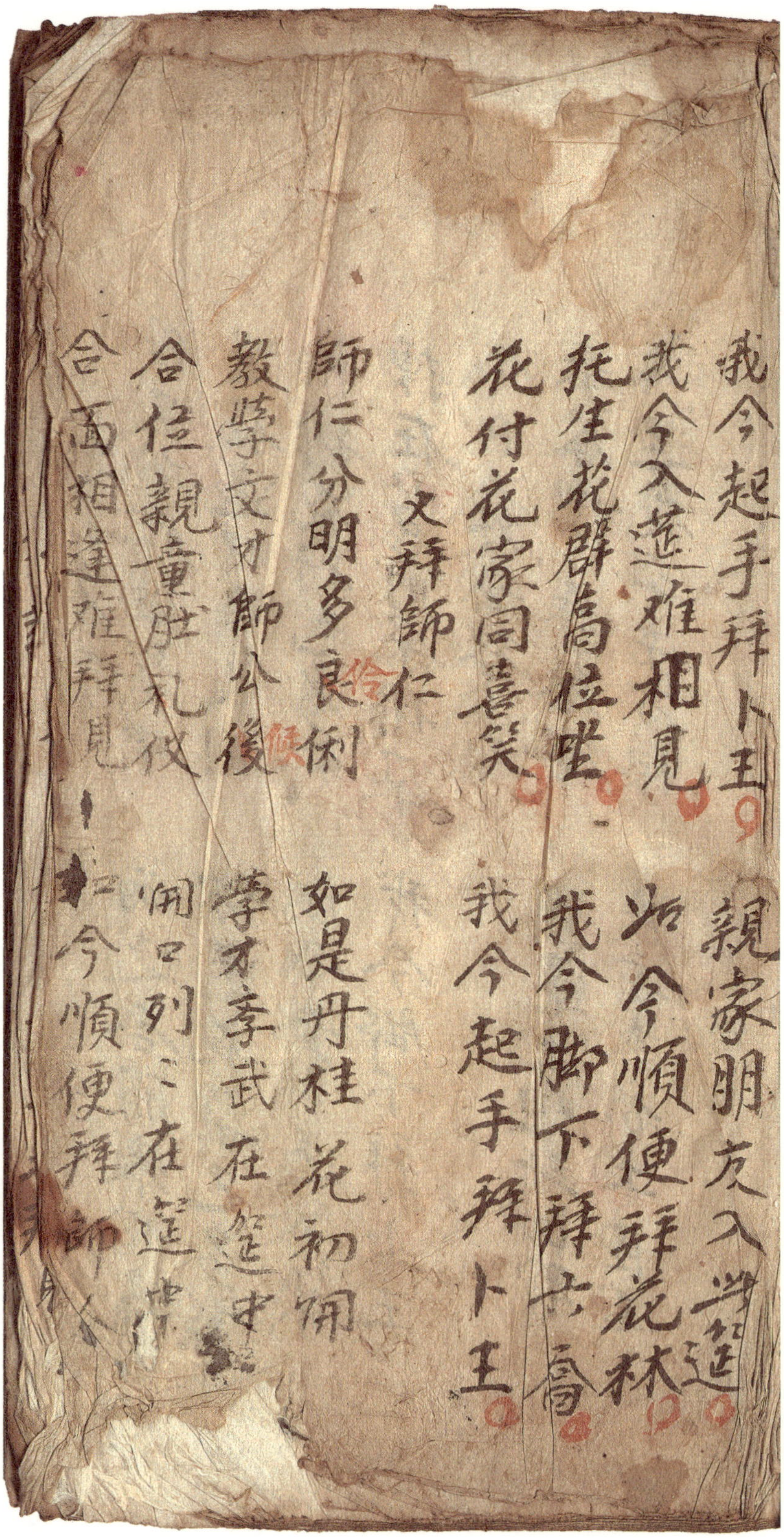

09853 儺願問答　布依文　清光緒十二年（1886）抄本

綫裝。開本高 25.5 厘米，廣 15 厘米。貴州省荔波縣檔案館藏。

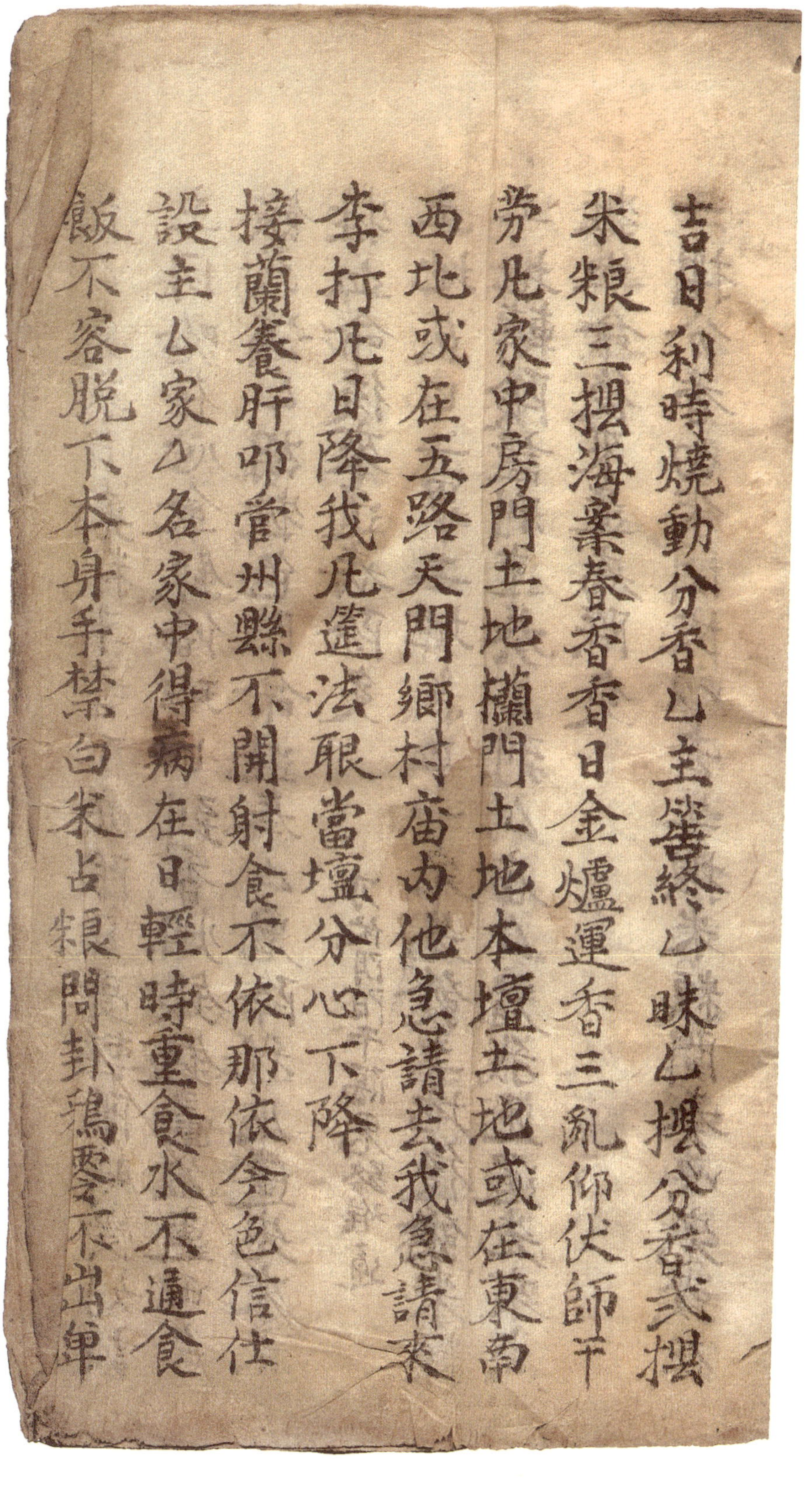
吉日利時燒動分香乙主善終乙昧乙摆分香式摆
米粮三摆海棗春香香日金爐運香三亂仰伏師下
劳凡家中房門土地攔門土地本壇土地或在東南
西北或在五路天門鄉村廟内他急請去我急請來
李打凡日降我凡蓮法服當壇分心下降
接蘭養肝卯曾州縣不開射食不依那依今色信仕
設主乙家乙名家中得病在日輕時重食水不通食
飯不容脱下本身手禁白米占粮問卦鴉零不出卑

06863 解書神廟　布依文　（清）莫振先撰　清光緒十六年（1890）寫本

綫裝。開本高 22 厘米，廣 12 厘米。貴州省荔波縣檔案館藏。

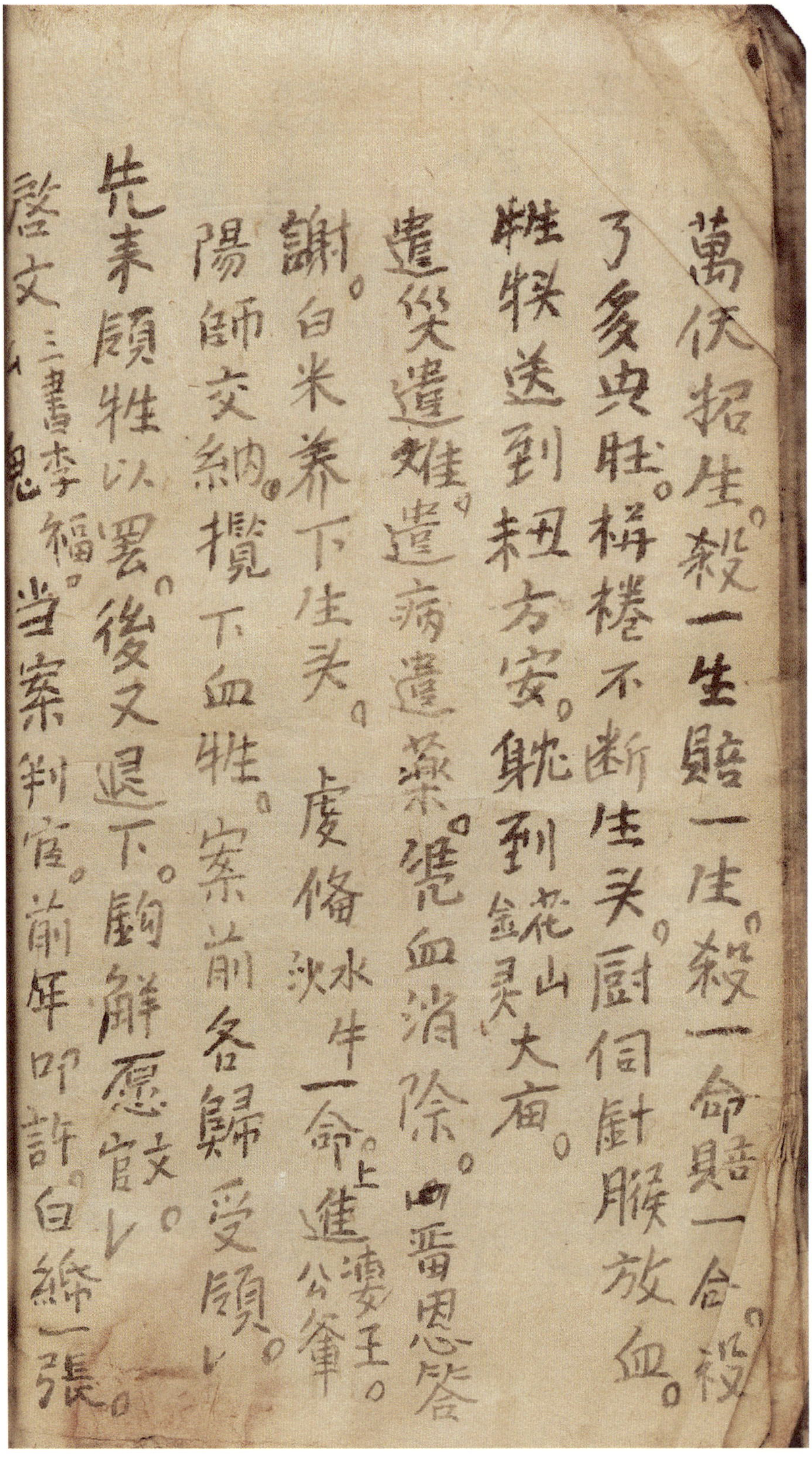

12258 早晚儀疏　布依文　清光緒十七年（1891）抄本

綫裝。開本高 25.1 厘米，廣 11.4 厘米。貴州省荔波縣民族宗教事務局布依文古籍研究館藏。

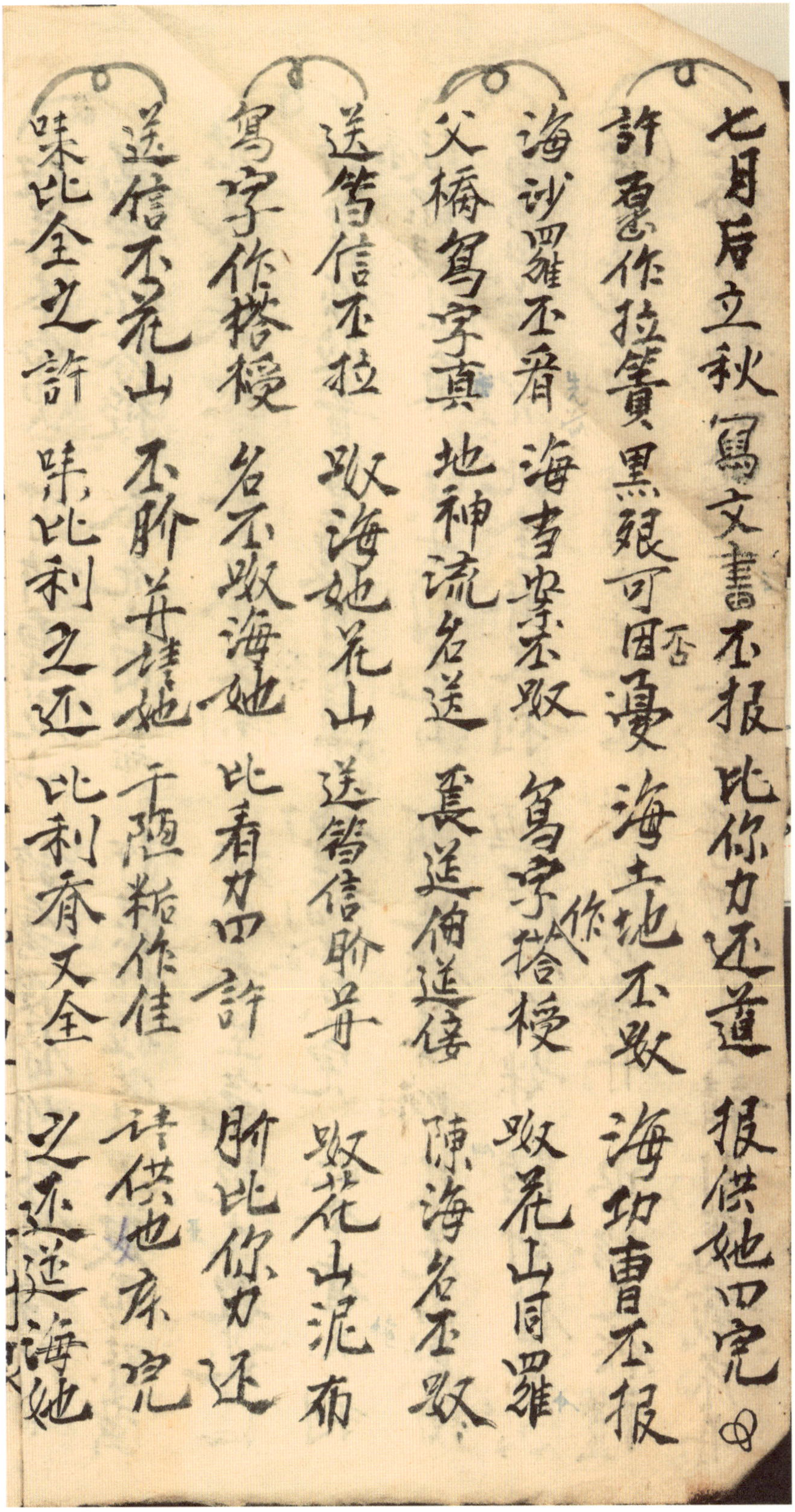

七月后立秋寫文書丕報比你力还道報供𡛂口完
許𢞁作拉簀黑艰可田漫海土地丕敗海功曺丕報
海沙羅丕看海书桨丕敗寫字作搭㥕敗花山同羅
父橋寫字真地神流名送袁送佃送傍陳海名丕敗
送笞信丕拉敗海𡛂花山送笞信盼并敗花山泥布
寫字作搭㥕名丕敗海𡛂比看力口許盼比你力还
送信丕花山丕盼并𡛂千陋粘作佳请供也床完
咮比全之許咮比利之还比利脊又全之丕还送海𡛂

11363 祈請婆王　布依文　清光緒三十年（1904）抄本

綫裝。開本高 24.5 厘米，廣 14.5 厘米。貴州省荔波縣民族宗教事務局布依文古籍研究館藏。

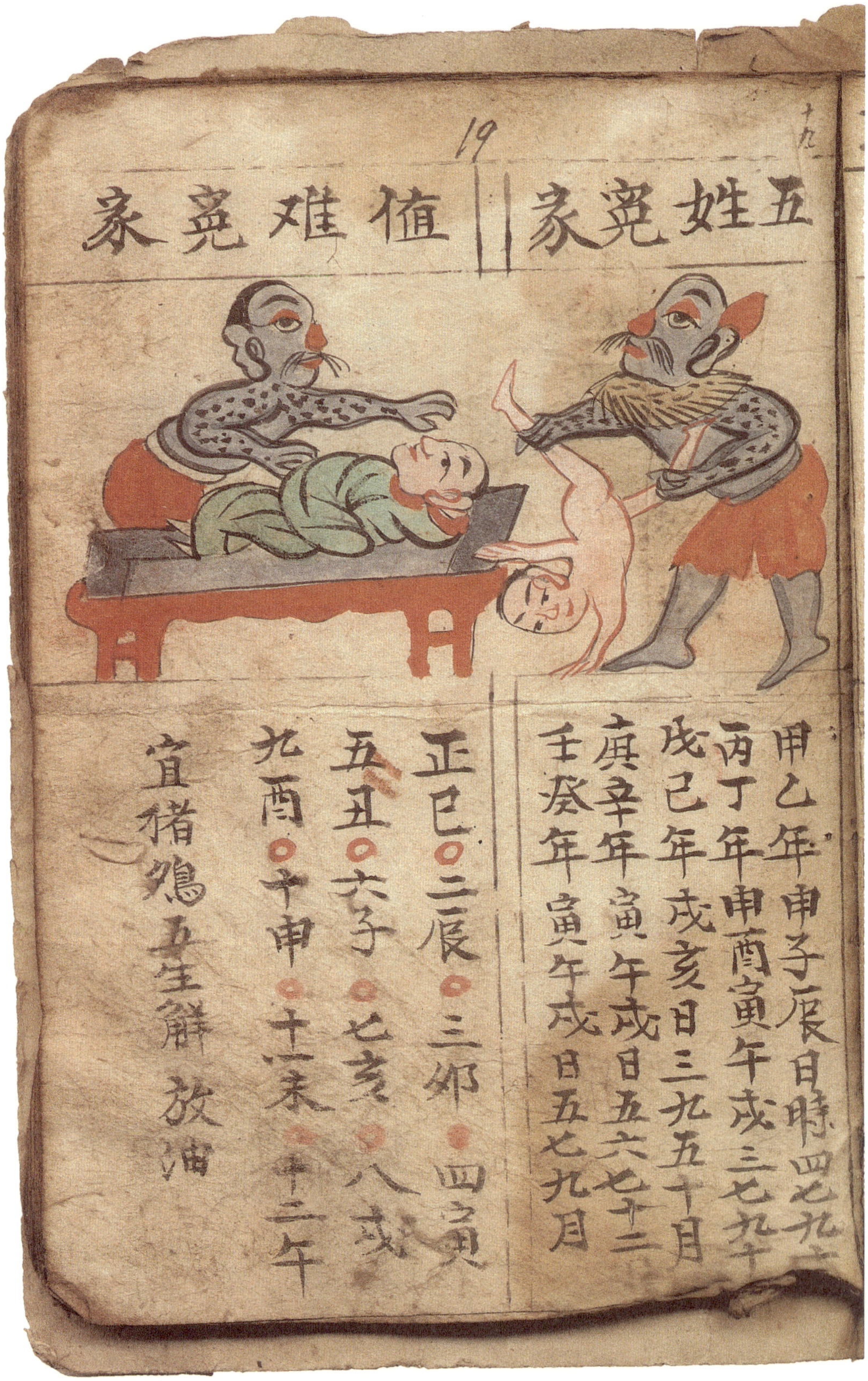

06864 關煞向書注解　布依文　（清）莫玉昆撰　寫本

綫裝。開本高 22 厘米，廣 12 厘米。貴州省荔波縣檔案館藏。

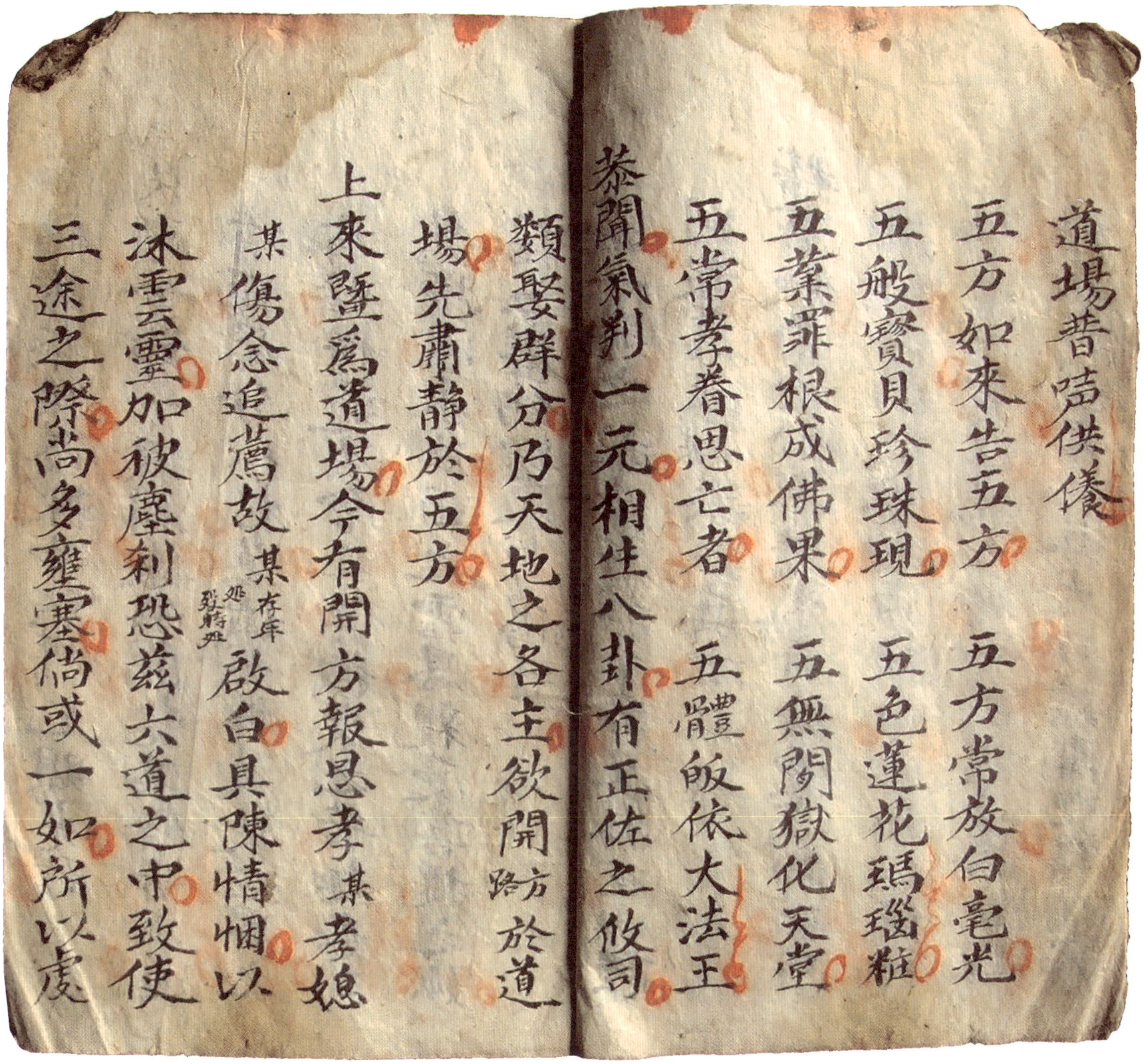

09854 **儺書**　布依文　清抄本

綫裝。開本高 32 厘米，廣 20.5 厘米。貴州省三都水族自治縣檔案館藏。

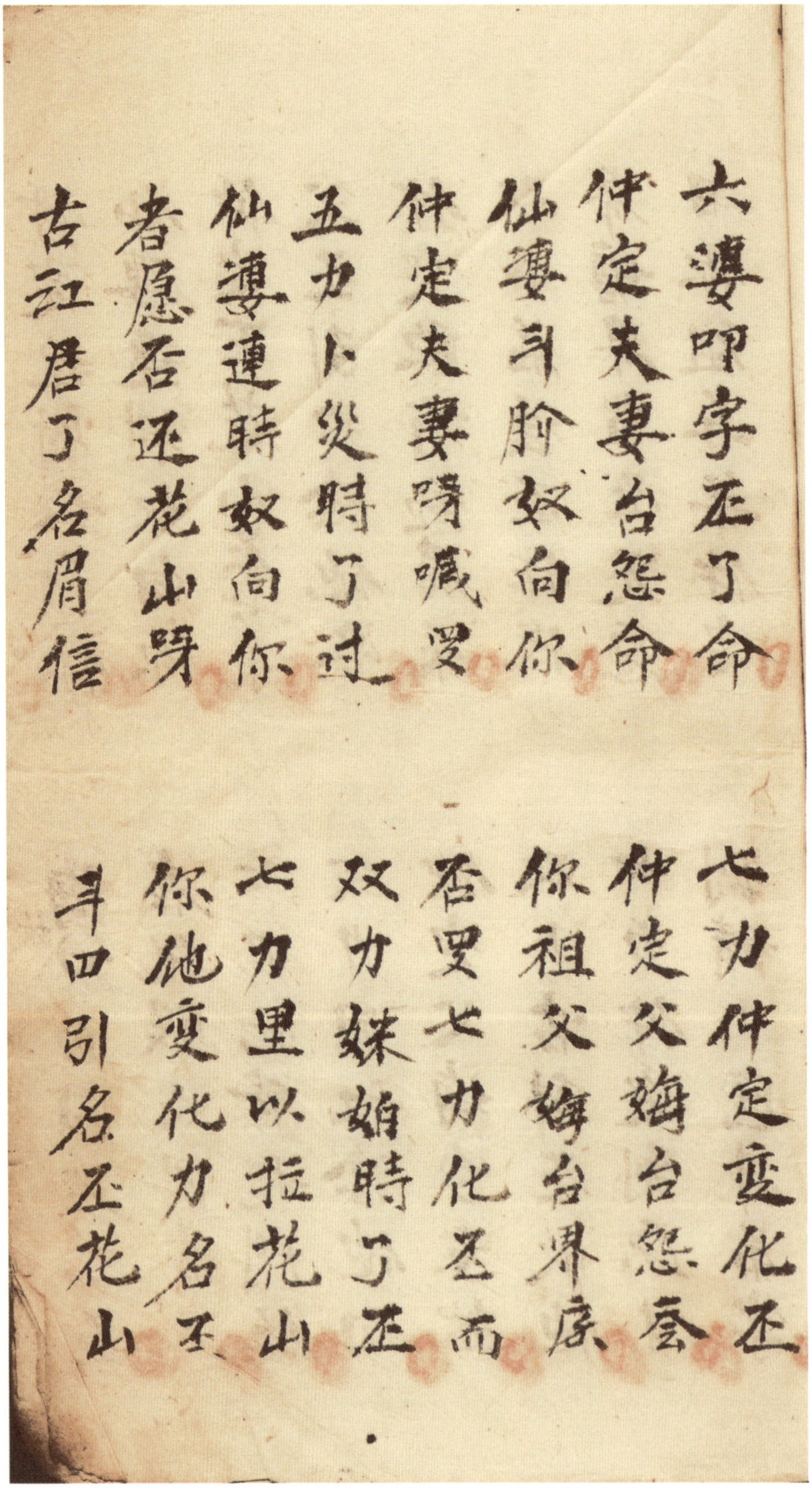
六婁叩字丕了命
仲定夫妻台怨命
仙婁斗肸奴向你
仲定夫妻嘮喊罗
五力卜災時了討
仙婁連時奴向你
者愿否还花山呀
古江居了名眉信

七力仲定变化丕
仲定父嬸台怨叁
你祖父嬸台界序
否罗七力化丕而
奴力妹始時了丕
七力里以拉花山
你他变化力名丕
斗四引名丕花山

11364 鉅鹿氏 布依文 清抄本

綫裝。開本高 23.7 厘米，廣 14.3 厘米。貴州省荔波縣民族宗教事務局布依文古籍研究館藏。

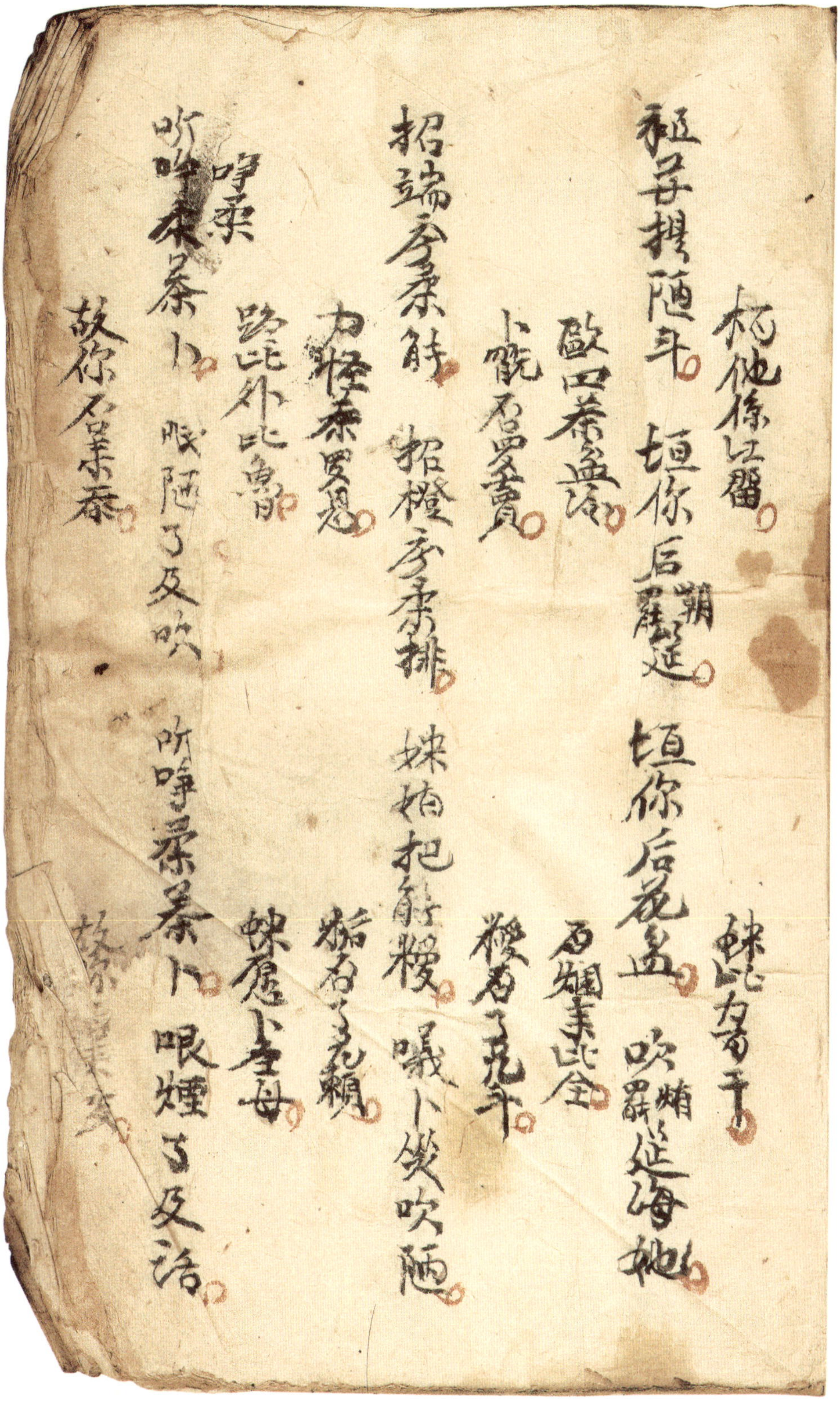

11365 做橋　布依文　清抄本

綫裝。開本高 24 厘米，廣 15.7 厘米。貴州省荔波縣民族宗教事務局布依文古籍研究館藏。